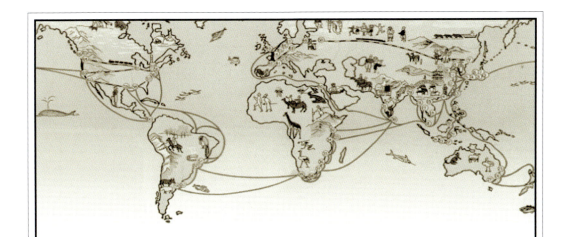

大連ところどころ

【画像でたどる帝国のフロンティア】

秦　源治
劉　建輝　著
仲　万美子

晃洋書房

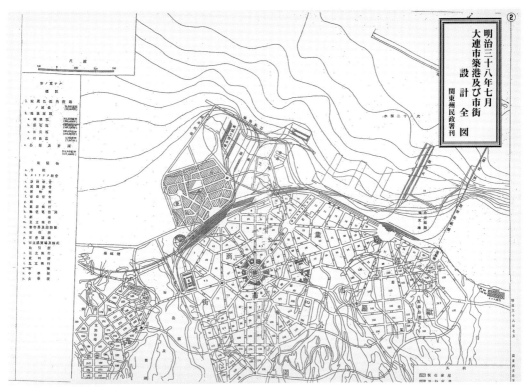

明治38年7月大連市築港及び市街設計全図(関東洲民政署刊)

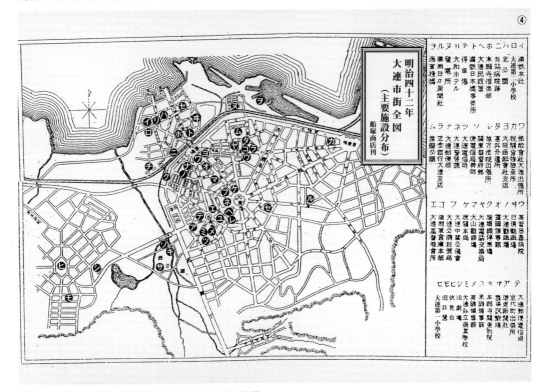

明治42年大連市街全図(主要施設分布・船塚商店刊)

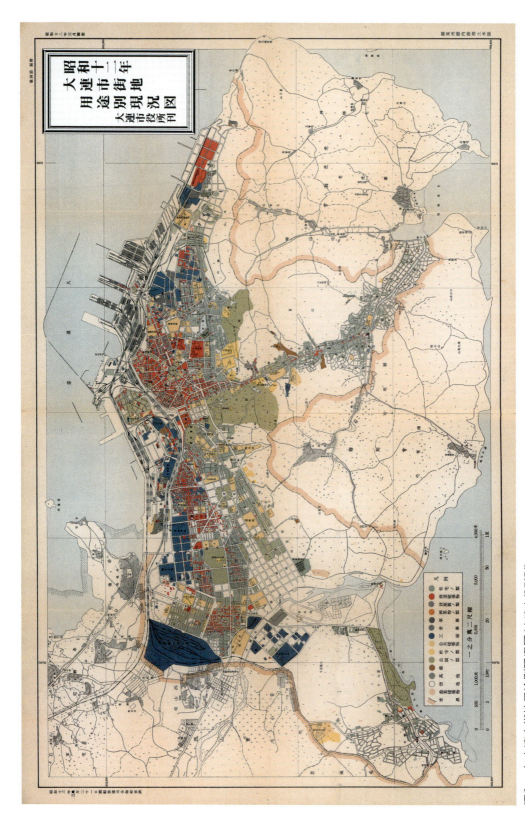

昭和12年大連市街地用途別現況図（大連市役所刊）

満蒙の交通産業案内「大連之図」(吉田初三郎筆)

「大連」(吉田初三郎筆)

吉田初三郎が描いた旧大連駅舎正面(2009年秦友人祝揚氏撮影)

「星ヶ浦」(吉田初三郎筆)

「旅順」(吉田初三郎筆)

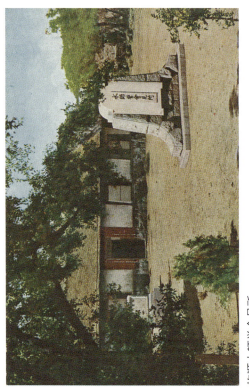
旅順水師營会見所

大連埠頭内地行定期船出帆の盛観

旅順港口の全景

大連大埠頭

大連埠頭大豆及び大豆粕の堆積

大和ホテル

ジャンク貿易港大連北海岸の盛観

中央大広場

大連満鉄本社全景
Main office of S. M. R. Co., Dairen.

電気遊園地
ELECTRIC PARK, DAIREN.

大連医院
DAIREN HOSPITAL NOTED FOR ITS WELL EQUIPMENT

中央公園の景観
VIEW OF CENTRAL PARK, DAIREN.

連鎖街心斎橋通りの夜景

大連駅(昭和12年新築)

連鎖街の鳥瞰

浪速通りの盛観

遊里の逢坂町

星ヶ浦公園

大連日本橋の景観

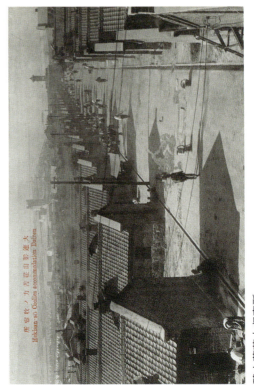
碧山荘苦力収容所

大連ところどころ
【画像でたどる帝国のフロンティア】

目　次

大連ところどころ
【画像でたどる帝国のフロンティア】

目　次

序論　受け継がれる帝国の記憶──大連近代都市空間の成立　●005
　1❖集落「青泥窪」時代の大連　●005
　2❖ロシア帝国租借地としてのダリーニー　●006
　3❖帝国日本に受け継がれたモダン都市・大連　●010

一　ロシア・日本両帝国の威光として作られた町──大連　●015
　1❖ロシア帝国の遺産　●015
　2❖移転する中心──大広場の誕生　●036
　3❖継承された都市文化──各公園の成立　●049
　4❖水師営物語──旅順で展開された大連奪取の攻防戦　●063

二　大連、そして満洲に「夢」を託した日本人　●071
　1❖夢の大連航路　●071
　2❖大陸へ飛ぶ──日本民間海外航空小史　●092

三　内地をリードする大連のモダン空間　●101
　1❖大連駅物語　●101

2❖大連の広場文化 ··· 105
　　3❖夏目漱石も称賛した大連電気遊園（小村公園）·············· 116
　　4❖連鎖商店街・百貨店・市場 ································· 122
　　5❖市内交通（大連の電車・バス　ア・ラ・カルト）·············· 133

四　メディアと娯楽 ··· 161
　　1❖新聞と通信社 ··· 161
　　2❖娯楽──ライブ視聴・鑑賞空間 ····························· 168

五　異郷に生きる ··· 183
　　1❖公教育の展開 ··· 183
　　2❖映画館・劇場 ··· 218
　　3❖日本球界を凌駕した大連野球界 ··························· 235

関連略年表 ··· 245
参考文献 ·· 251
あとがき ·· 261

1) 本書は、序論は劉建輝、第四章第2節は仲万美子、あとがきは両名で執筆し、それ以外は秦源治の執筆稿を抜粋し、これらを同一テーマのもとで再構成したものである。
2) 本書の掲載画像資料については、特に出典を記載していないものはすべて国際日本文化研究センターの所蔵である。
3) 本書には、今日の視点から見れば、不適切な表現が一部見られるが、歴史的背景等を考慮し、あえてそのままの表記とした。

序論 受け継がれる帝国の記憶
——大連近代都市空間の成立

　阿片戦争後、列強の度重なる侵攻により、中国の都市、とりわけ沿岸部の都市は、既存の伝統的な形態のほかに、さらに二つの新しい類型が生まれた。一つは、在来の都市（県城等）の城外（郊外）にいわゆる租借地が設けられ、その発展とともに新旧両市街が拮抗しながら融合していくタイプで、例えば上海や天津、また瀋陽などがその例として挙げられる。いま一つは、元々はあくまで一村落にすぎないが、そこにたまたま新たに駅や港が構築されたことによってにわかに出現した都市で、例えば青島や大連、ハルピンなどがつまりこの類型に入る。そして、もし前者の都市で展開されたのは一種の異文化ないしは異文明の衝突と融合のドラマであるとすれば、後者の空間で演出されたのはまさしく列強、すなわち各帝国の一方的な文化権力とその欲望のショーであると認めることができる。その意味で、両者は同じ植民地都市と称しながらも、その性格がきわめて異なっており、またそれぞれの中国近代史において果たしてきた役割も大いに分かれていると言えよう。

　本書では、そうした後者の都市の中でももっとも典型的な存在である大連を取り上げ、その都市空間の成立と変遷のプロセスをたどることによって、いわゆる西洋の都市文明ないしは都市文化がいかに中国に移植され、またその移植の「記憶」がいかに後の支配者によって継承されていったかという中国近代都市の一類型のありかたについていささか明らかにしてみたい。

1 ❖ 集落「青泥窪」時代の大連

　遼東半島の南端に位置する大連地域が初めて中国の史書に登場するのは、どうやら遠い戦国時代に遡るが、いわゆる中央権力が浸透し、確実にこの地方で統制を敷くのはおよそ明の初期と言われている。明の遼東統治は、遼陽都指揮使司の下に中、左、右、前、後の五衛と東寧衛、自在州を遼陽に置き、また遼東半島には海州衛、蓋州衛、復州衛、金州衛を設け、その金州衛に旅順口や大連湾の守備を当たらせた。そしてこの時期に金州城を修築したのみならず、倭寇の来襲に備えるためにまだ青泥島と言われた大連に防御の城堡鐓台を構築した記録も確認されている。

　その青泥島が清代に入って、青泥窪と呼ばれるようになり、長い間歴史の表舞台から消えていたが、第二次阿片戦争の時、なぜかイギリス軍の上陸地点に選ばれ、その2万人にも及ぶ英軍の駐屯によって、一躍注目される場所となった。そしてこの英軍の駐屯をきっかけに、

大連の地理学的な重要性がようやく中国側にも気付かれ、以後いわゆる洋務運動の中で、李鴻章らによって旅順の軍港建設とともに、大連湾の各地において多くの砲台建造が急速に行われたのである。

　従来、大連の前史を語る際に、よくそれを一辺鄙な「寒村」として扱ってきた。しかし、前記のように、少なくとも19世紀後半の段階では、それはすでに近くに旅順という大きな新興の軍港を持ち、また周囲には多くの西洋式の新築砲台が点在する大きな「村落」となっていた。むろん明確な人口統計こそ存在しないが、およそ60近くの集落に1000戸を下らない住民が半農半漁の生活を営んでいたと言われている。そして、これらの集落は明らかに当時の政治的、軍事的統治機構の金州地方政府に隷属し、その行政的管轄下に置かれていた。その意味で、後のロシア治下において金州が逆に大連に従属させられ、その一行政区となったのは、まさに「異文明」の侵攻による地政学的な「転倒」を象徴する典型的な事例と言えよう。

2 ❖ ロシア帝国租借地としてのダリーニー

　1897年11月15日、ドイツは二名のドイツ人宣教師が山東省で殺されたことを理由に山東半島の膠州湾を占領した。この突然の事態を受けて、清政府は1896年9月に結ばれた「露清密約」に従い、急遽ロシアにドイツ撤兵の斡旋を依頼した。そしてロシアはこうした中国側の依頼を大義名分に、膠州湾のドイツ軍に圧力をかけるためだと称して、かつて幾度も入手しようとしてついに実現できなかった極東の不凍港である旅順と大連に、同じ年の12月19日にシベリア艦隊を派遣し、現地への駐留を実現した。

　その後、ロシアはこうした駐留の「実績」を踏まえて、まず1898年3月清朝政府に旅順と大連の租借を内容とする「旅大租地条約」（「パブロフ条約」）を結ばせ、また同年4月と7月にそれぞれ租借地の拡大を内容する「続訂旅大租地条約」と東清鉄道南満洲支線の修築を内容とする「東省鉄道公司続訂合同」を押し付けた。この一連の条約の締結によって、大連一円はほぼ完全にロシアの支配下に入ってしまった。

　旅大租借地を入手した当初、ロシアは、まず旅順に最初の殖民政権——軍政部を設置したが、その後1898年8月に正式に州としての行政を与え、租借地行政庁を成立させた。そして一年後の1899年8月に皇帝ニコライ二世の名義で「暫行関東州統治規則」を頒布し、租借地を一方的に「関東州」と改名して、関東州庁をアムール総督の管轄下に置いた。同時にニコライ二世はまた勅命を出して、大連湾にロシア語で「遠方」を意味する都市ダリーニーを建設し、それを自由貿易港とすることを内外に宣言した。ロシアが既存の軍港である旅順と並んで大連に自由貿易権のある商港を建造しようとしたのは、一つは膠州湾を占領したドイツの青島経営に対抗するためであり、もう一つは当時中国北方最大の港である営口港をなんとしても牽制したいという事情があったように思われる。そしてこの帝国の権益と威光にかかわる二つの要素は、後にいわゆる大連経営のありかた、ひいてはその都市形態の形成にまで実に大きな影響をもたらしたのである。

「暫行関東州統治規則」に基づき、州内の行政区域は大きく旅順、大連、貔子窩、金州の四つの都市とその他の五つの行政区に分けられた。その中で大連の行政管轄区域としては市街区、老虎灘区、沙河口区の3区が設けられ、市街区以外の2区が郊外区と定められた。これにより行政上の区分がひとまず成立したわけであるが、ただこの時点において、大連の市政はまだ本格的に始動する段階には至っていなかった。というのも、勅命の頒布で大連が一新興都市として現実的に誕生はしたものの、その後の3年近くの間、市役所はもちろん、市長さえ存在しなかったからである。そのため、初期の大連市政は実質上ほぼ東清鉄道会社によって運営されていたのみならず、商港都市としての基盤をなす港湾建設や都市計画などもことごとくこの鉄道会社に一任されたのである。そのあり方は、例えば日露戦後における日本の「満洲経営」が一時ほとんど南満洲鉄道株式会社（以下満鉄と略す）に委ねられた状況ときわめて類似しており、こうしたところからもいわゆる両「国策」会社をつなぐ一種の帝国的「記憶」のようなものが認められよう。

　一大自由貿易港を目標とする大連の建設を任せられた東清鉄道会社がその全事業の責任者として時の同会社の技師長、かつてウラジオストクのエゲリセリルド埠頭築造の経験を持つサハロフを任命した。その彼はペテルブルクで約半年間の準備を経て、1899年春、ロシア帝国の威信を賭ける壮大な建設プランを携え大連に赴任した。そしてその後、1902年5月の勅令により大連の特別市制が実施されたのを受けて、そのまま市長に昇進し、日露戦中の大連陥落まで約3年もの間その地位に座り続けていた。

　サハロフを中心に作成された大連港築港と市区建設の総合都市計画は、1899年からの4年間で、総投資額が約1400万ルーブルを予定する第一期事業と、第一期事業の規模を4倍に拡大し、追加投資も3000万ルーブルを要する第二期事業からなる二段階のものだったが、偶然にも第一期工事がほぼ完了したところで日露戦争が勃発し、サハロフらの大建設計画はついに途中で頓挫してしまったのである。

　市区建設に限って言うと、第一期工事では、まず市街と付属設備用地として東西両青泥窪とその他25村落の土地5万4000余畝（3300ha）と家屋を45万ルーブルも投じて強引に買収し、整備した。そして、かの有名なG. E. オスマンによる改造後のパリ市街に模範を取り、中心部からの貧民（中国人）の排除、大街路や公園、広場などによる近

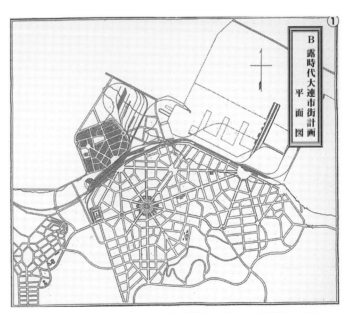

序-1　露時代大連市街計画平面図「地図で見る大連発展の足あと」（『20世紀大連会議』）

代的都市空間の演出を実現するために、市街全体を欧羅巴市街、中国市街、行政市街の三区域に分割し、都市機能の分離と住民の「すみわけ」を実施した。

　三つの市街の中で、中心的な位置を占めたのは、もちろん欧羅巴市街だが、その当初の規模は、南山北麓から商港までのおよそ4平方キロで、北は鉄道を隔てて行政市街と隣接し、西はもと青泥窪村の所在地に新設された西公園（後の中央公園）を境とした。市街内では、多数の道路が整備され、その総延長は約4万7000メートルにも達したと言われている。

　中国市街は、西公園のさらに西の方に広く展開されているが、第一期工事では、西公園付近（後の伏見台）の地区画定はほぼ完了したものの、その全体の街区設計についてはまだ完全に確定されていなかったようである。

　上記の二市街に比べて、行政市街は、面積が約0.45平方キロとやや小さく、西、北は海に臨み、東は工場と貨物停車場に隣接し、南は鉄道線路を隔てて欧羅巴市街と相対している。この地区は売却や貸与に利用せず、もっぱら市庁機関、東清鉄道関係者の住宅や宿舎建築用地にだけ充てたので、市役所（後の資源館）や市長官舎（後の満洲館）、東清鉄道汽船会社（後の大連倶楽部）など、後のいわゆる露西亜町の主な建築物が、この時期すでに次々と完成していた。

序-2　露西亜街全景

　パリにモデルを求めた大連市街、とりわけ欧羅巴市街の最大の特徴は、市街内に数個の大広場を作り、そこから大通りを四方八方に放射させながら、さらにそれらの大通りを環状道路で連結させることによって、各広場を中心に街路が幾重にも円形を描いているところにあると言える。中でも市街の中心に位置する最大の広場は、直径700フィート（213メートル）もあり、ここから東西南北に10本の幹線道路を放射状に向かわせる一方、その周囲には官庁や寺院、銀行、劇場などさまざまな公共建築をめぐらせることになっていた。時のロシア皇帝ニコライ

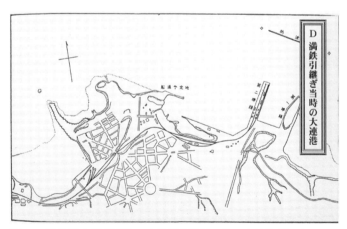

序-3　満鉄引き継ぎ当時の大連港「地図で見る大連発展の足あと」
　　　（『20世紀大連会議』）

二世に因んでニコライスカヤ広場と命名されたこの場所は、いわばまさしくロシア帝国の支配を象徴するもっとも「権力」的な都市空間だったのかもしれない。

　欧羅巴市街のもう一つの大きな特徴は、町全体における都市機能の分離をさらにその内部で徹底させ、いわゆる商業区、市民区、邸宅区の3区域をそれぞれ市内の地形に応じて設けたことにある。例えば、商業区は、およそ6500㎡を有し、北は鉄道線路、南は後の西通と山縣通を境界としていて、その土地がわりあい平坦であるため、主に会社や銀行、商店などの用地に充てることになっていた。また、市民区は、面積が約5500㎡で、北は商業区と隣接し、東は後の土佐町と朝日町を境としている。区内の土地にはやや傾斜が多く、地隙も散在するが、役所や銀行、商社等の下級職員および中流以下の一般市民の住宅予定地として使用されることになっていた。そして、邸宅区は、3区域の中でもっとも小さく、およそ4100㎡を占めるが、後の土佐町と朝日町を境界に、町の東部にある山麓の傾斜地に位置し、一種の閑雅な空間として、庭園付の広壮邸宅などの建設に利用される予定であった。

　一方、第一期工事では、市内街路も大いに整備され、広場を始めに、大街、並木町、街、小路と細かく五種類に分けられ、急ピッチに建設作業が進められていた。その主要なものとして、例えば、モスコフスキー大街（後の西通と山縣通）、キエフスキー大街（後の監部通と寺内通）、ザゴロドヌイ大街（後の西公園町）、サンクト・ペテルブルグ海岸大街（後の寺児溝から東広場を経て濱町に至る道路）、サムソンスキー並木町（後の長門町と敷島町）の五つの幹線街路を挙げることができるが、この中で、モスクワ大街の幅員は113フィート（34メートル）に達し、その他の大街も85フィート（26メートル）を有している。そして幅85メートルを持つ並木町には、後に大連のシンボルにもなったアカシアが南ロシアから輸入され、何列にも植樹されていた。

　街路と同時に公園の整備も短期間に推進された。もっとも規模が大きかったのは西公園（後の中央公園）で、ちょうど中国市街と欧羅巴市街の中間に位置し、ほぼ在来の西青泥窪村跡地全体に等しい広大な面積を占めていた。この公園は、当時市公園と称して、一種の公共性をアピールしたが、実質的には中欧両市街を分離する役割も担っていたと見て間違いないだろう。この西公園に対し、旧東青泥窪村の跡地を整備して建設されたのはいわゆる後の東公園だが、その園内に地隙を利用して二つの大きな貯水池が作られていたため、前者と同様の市公園としての機能を持つ一方、供水という実用的な役割も果たしていたようである。そして、この東西両市公園の他にまた三つの小公園があって、一つは旧中国人墓地を取り壊した跡に位置し、後に松公園になっていた。後の二つはそれぞれ邸宅区内の正教寺院付近と行政市街

序-4　大連大広場公園及び市街全景

にあり、後に前者は朝日広場（付近）、後者は北公園となっていた。

なお、第一期事業では、市街以外の郊外の諸施設として、例えば傅家庄付近に陸軍所属の療養病院や市立療養病院、馬欄河下流の塩田付近に競馬場、老虎灘と棒垂島に海水浴場や別荘などの設置計画も立てられたが、いずれもまだ着工に至らないまま日露戦争を迎えたのである。

このように、いわゆるロシア治下の大連では、まだ不十分ではあるものの、すでに後日に見られるような都市空間の輪郭がほぼ出来上がったと言えよう。これは単に以上の諸用地の区画や道路、公園などの整備だけではなく、例えば当時すでに完成した主な公共施設の建築物、市役所や市長官舎、東清鉄道汽船会社（以上前出）、男女中学校（内装工事が未完成、後の満鉄本社事務所）、水上警察署（後の東洋ホテル）、東清鉄道病院（後の工業博物館）、露清銀行（後の正金銀行）、欧羅巴市場（後の第一市場）などを見ても、その一端をうかがうことができる。そして、後述するように、この輪郭はいわばロシア帝国の一つの「遺産」として、ほぼそのまま新たな統治者である帝国日本に継承され、その後数十年にもわたって、あたかも一種の「記憶」のように長らく機能し続けていたのであった。

3 ❖ 帝国日本に受け継がれたモダン都市・大連

明治37年（1904）2月、朝鮮半島や「満洲」の権益をめぐる日本とロシアの長い外交交渉が決裂し、いわば起こるべくして起こった日露戦争はついに戦端を開いた。そして、開戦してから約4カ月後の5月30日に、すでにロシア軍やロシア人市民が旅順に撤退した後の大連

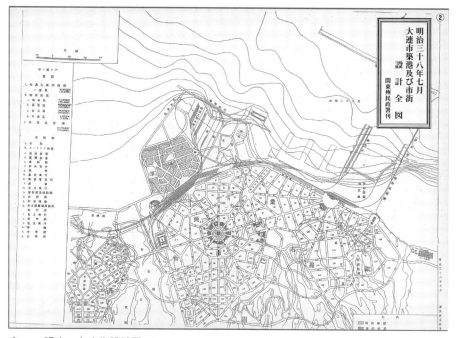

序-5　明治38年市街設計図（関東洲民政署刊）

をほぼ無血で制圧し、その後の50年にわたる「満洲」進出の橋頭堡を獲得した。

　大連を占領するやいなや、日本軍がさっそく軍政署を設置し、一時完全に軍政を敷いたが、その後、新設の遼東守備軍司令部の下でまず明治38年（1905）の紀元節にあわせて在来のロシア名であるダリーニーを大連に改名し、また同年の6月23日に正式に民政機関である関東州民政署を成立させた。そして9月7日に日露講和条約（ポーツマス条約）が結ばれたのを受けて、日本はいわば始めて「合法」的に関東州の権益を継承し、その経営にも本格的に乗り出した。

　中でも、まだ軍政時代の明治38年（1905）4月に、当時の軍政署がすでに「大連専管区設定規則」を公布し、ロシア治下の「すみわけ」政策を踏襲する形で市内を軍用地区、日本人居住地区、清国人居住地区に分ける一方、「大連市街家屋建築取締仮規則」の頒布などによって、都市計画の実施を始めたが、明治38年（1905）9月からの一般邦人自由渡航開始に伴う日本人人口の急増を受けて、まず段階的に軍用地区を民間に提供し、そしてその一年後の明治39年（1906）9月1日に関東都督府官制の成立による大連民政署という完全な民政機関の開庁が実現されると、大連はまさに内地を含む日本の民政治下で唯一の自由港、また国際都市としてその姿を変え始めたのである。

　新たな統治形態の下で再出発した大連は、その都市計画の核となる市街建設と港湾建設について、それぞれ関東都督府と設立したばかりの南満洲鉄道株式会社が担当した。具体的には、まず明治40年（1907）1月に旧ロシア治下の市街計画を基礎として西公園以東の大連市区計画を決定し、またその翌年の8月に満鉄沙河口工場東方鉄道線路以南の37万7500坪を工場地区に指定した。その後、さらに同年の9月に伏見台の約10万4000坪、明治44年（1911）5月に小崗子と李家屯の33万坪、大正2年（1913）5月に沙河口一帯を順次に市区計画に編入し、開拓と整備を重ねたのである。

序-6　大連本願寺敷地より市街全景を望む

　そして、大正4年（1915）9月に関東都督府による「大連及旅順市規則」の制定に基づき、同10月から両市において特別市制を実施し、またその後の大正13年（1924）5月の関東州市制の発布により、いわゆる地方自治制度の下で本格的な市制を開始することになるが、この間、まず大正8年（1919）6月に、市区計画並地区区分と街路等級を定め、また工場や住宅、商業地区として小崗子、伏見台以西の沙河口、馬欄河に至る地域において、新たに約205万坪の市街大拡張計画を立てる一方、これにあわせた形で全計画地域に住宅、混合、工場、商業用地の4種の区分も決定した。なお、その後も大正13年（1924）に沙河口会の一部、西山

屯会、昭和3年（1928）に西山会の一部、老虎灘会、寺児溝屯などの隣接地を次々と市区計画に編入し、後のいわゆる「大大連」の基礎を早くも作り出したのである。

　このような周辺への拡張が進められる一方、在来の市街地については、基本的にロシア統治時代の設計を襲用し、そのさらなる完成を目指した。ただ、新征服者の威光を表すために、町名などは徹底的にそれに相応しいものに変更された。例えば中心部と大通には出征した陸海将軍や軍衙から命名し、その他の街路には日本国内の国名に因んで名前を付けた。監部通、大山通、西通、山縣通、寺内通、児玉町、乃木町、東郷町、美濃町、飛騨町、伊勢町、信濃町、播磨町、浪速町、長門町、敷島町などがそれである。その後、市街拡張が進むにつれ、新開地にはそれぞれその地の性格に合わせた町名を付けるようになるが、それも内地の「権力」と植民地特有のモダン性を示すものにほかならなかった。例えば、文化住宅街の南山麓の町名は柳町、桜町、桂町、朝日町と付けられ、海岸沿いのリゾート地や住宅街の町名は向陽台、文化台、光風台、長春台、晴明台、鳴鶴台、秀月台、桜花台、青雲台、桃源台、臥龍台、平和台などと命名された。一方、ロシア時代の中国街である北崗子、西崗子を小崗子と改名し、その町名には中国市街に倣って宏済街、永安街、福徳街、平順街などと中国街名をあてたが、その西の工場新開地には真金町、白金町、黄金町、京町、仲町、巴町、元町、西町とまた日本の町名を付けたのである。

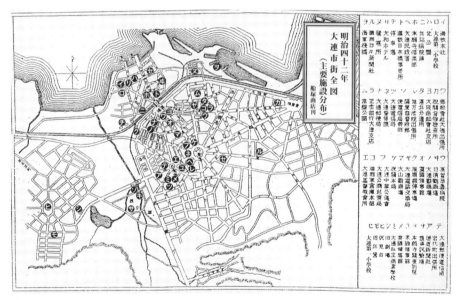

序-7　明治42年市街図（船塚商店刊）

　ロシア帝国の「遺産」を受け継ぎ、その「威光」のさらなる発揚を目指す意気込みがかつてロシア治下においてももっとも整備に力を入れていた公園や広場などの大規模な改造と改修にも現れた。例えば、大正15年（1926）に関東庁から移管を受けた旧西公園については、大連市は昭和3年（1928）から十カ年継続事業で工費30万円を投じて改良に着手し、その後いったんは廃止するが、昭和8年（1933）から再度21万円の予算を組んで七カ年継続事業と

して取り組み、園内に花壇や水泳場、相撲場、児童遊園などを次々と新設した。またロシア時代から大連の中心だった大広場の場合は、大正3年（1914）まさにその中央に初代関東都督大島義昌大将の銅像を建立し、またそれと前後してその周辺には大連民政署、市役所、ヤマトホテル、朝鮮銀行、逓信局、正金銀行などの「権力」を代表する施設を立て続けに完成させ、いわゆる帝国的空間をまざまざと見せ付けたのである。

序-8　清閑なる郊外に開け行く文化住宅街

　一方、内地と「対抗」する形で、後に「モダン大連」と呼ばれるゆえんのさまざまな都市の「装置」もこの時期から次々と完成している。例えば、明治42年（1909）に、満鉄がまず電気遊園を旧中国市街の伏見台に建設し、またその直後に星ヶ浦遊園をおよそ10万坪の土地に数十万円の大金を投じて大々的に造営したのである。

　このように、いわゆる日本治下の大連は、周辺への拡張や在来市街の改造、公園や広場の再整備、さらに町名の変更など、実に多くの都市計画事業を施し、その姿を変えてきたが、しかし、すでに見てきたように、その骨格は基本的にやはり帝国ロシアの「遺産」を踏襲し、その「拡大再生産」を行ったに過ぎない。そこには「帝国」という権力形態は、まさに一種の「記憶」として都市空間の中に現れ、両統治者間のこの支配の継承関係がけっして単なる外交条約などではなく、むしろ都市の「身体」の中に深く刻まれていると言えよう。その意味で、本書は、いわばこの都市の身体に刻まれたさまざまな記憶を呼び起し、その追体験を試みようとするものにほかならない。

ロシア・日本両帝国の威光として作られた町――大連

Chapter 1

1 ❖ロシア帝国の遺産

「大連」の名称が最初に出てくるのは、清朝時代の光緒6年(1880・明治13年)のことである。この年、北洋大臣李鴻章が、軍事顧問のドイツ人ハネッケン(1855-1925)の意見を入れ、西太后に対し大連湾に軍港建設を奏議した際に「大連湾」の名称を用いている。

清時代、遼東半島は王城の地、北京(ペキン)はもとより、中国古代から開けていた河北、河南、山東半島とも海路至便の位置にあり、就中半島の東南端、天然の良港大連はようやくにして、その価値を発揮していくことになる。安政4年(1857)、英仏連合艦隊が華北侵攻のため旅順に入ってきたことで、遼東半島が初めて世界史に登場してくるのである。この時に英国海軍によって大連湾の測量が行われている。

大連湾は当時の英国ヴィクトリア女王の名をとって「ヴィクトリア・ベイ」、旅順は女王の娘婿アーサー殿下の名から「ポート・アーサー」(露語ポルトゥ・アルツール)と名付けられた。この時、測量したジョン・ワードの英国海図は1860年に完成したが、湾の名称はこの土地の住人が呼んでいた「大利俺湾(ターリェン・ワン)」が用いられた。この「ターリェン・ワン」が1880年になって出された前述の奏議文書に「大連湾」の漢字名をもって登場し、現在に至るという順序のようである。要は、「ヴィクトリア・ベイ」も「ターリェン・ワン」「大連湾」も全て海面の呼称であって、湾の南岸の陸地は、依然として「青泥窪(チンニーワ)」と呼ばれていた。

日清戦争(1894-95)後の下関条約で、日本が清国から得た遼東半島は、ロシア・フランス・ドイツの「三国干渉」により、日本に圧力を加え、清国へ返還させるのである。しかしながら、ロシアは明治31年(1898)、パバロフ条約によって、関東州の25カ年の租借権・東清鉄道の敷設権および運営権を清国から獲得する。

そして、旅順に極東太守府を設け、アレキセィエフ海軍大将が太守となり、皇帝の命を受けて、旅順に軍港を、大連には商港を建設することになる。初めの計画では、柳樹屯に商港を求める予定だったが、測量の結果、水深が浅く大型船舶の停泊には不向きだったので、対岸の青泥窪に計画を変更した。ここは十数件の土着漁民が、東青泥窪と西青泥窪、それに黒咀子(露西亜町付近)に細々と暮らしていた名もない一漁村に過ぎなかった。

明治32年(1899)、8月11日の大連自由港建設に関する勅令の中で、ロシア皇帝ニコライ

二世は、この港都に「ダリーニー」の呼称を与えた。「ダリーニー」の意味は「遠隔の」という形容詞が本来のもののようであるが、「遠隔の港」若しくは「遠隔の都市」というふうに名詞化して使われていた。

　明治35年（1902）5月17日、露帝は勅令をもってダリーニー特別市制を布き、東西青泥窪ほかの土地1万余坪を買収し、この地を画してその管轄区域とし、東清鉄道の大連商港および市街地建設の技師長サハロフ氏を市長に任命し、管轄区域を市街区・老虎灘および沙河口区の3区に分かった。さらに、市街区は行政市街・欧羅巴市街・中国市街に3分した。サハロフの都市計画は、市の中心に直径700フィート（213.5メートル）の「ニコライエフスカヤ広場」（当時の皇帝ニコライ二世を記念して命名したもので、日本統治時代は「大広場」と改称）を設置。この広場から放射状に10本の道路を通すもので、パリの都市構造を模したものであった。露治時代の行政市街地は、東清鉄道関連の社屋や行政官庁の庁舎および官舎、社宅など、風格ある建物が軒を並べており、日露の戦いで日本軍が占領した当時、市街の形態が整っていたのは、この市街のみであった。この一帯は、近代欧風都市大連の発祥の場所ともいうべき地域であって、当時の人々は親しみを込めて「露西亜町」と呼んでいた。

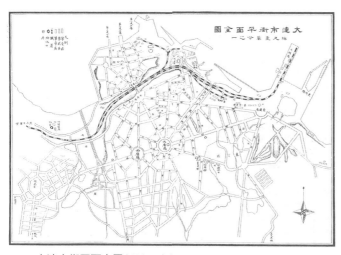

1-1　大連市街平面全図（明治38年）

　日露戦争（1904-05）後のポーツマス講和条約によって、日本はロシアがこの地に関してもっていた利権を継承してから、地名として「大連」の名称が新登場するのであるが、具体的には講和に先立つ日本軍占領後の明治38年（1905）1月27日付遼東守備軍令達第3号で「明治三十八年二月十一日以降『青泥窪（チンニーワ）』ヲ『大連（ダイレン）』ト改称ス」とした。

（1）露西亜街──ロシア統治下の中心地

　明治32年（1899）、帝政ロシアが東清鉄道に託してダリーニーの年建設を始めたとき、行政市街として最初に建設された市街地である。鉄道線路の通り掘割りに架かる跨線橋を北に渡ると、この街が広がっていた。

　日本軍が大連を占領したときに、市街地として形成されていたのは、この行政市街区のみであった。露治時代の建物は、そのまま行政機関や満鉄の施設に利用し、官職員や満鉄社員も洋館建てを住宅とした。この一郭は、山城町1）、児玉町2）、北大山通り3）、乃木町4）及び浜町5）の5町に分けられたが、当時の人々はこれを「露西亜町」と呼んでいた。

　正式な町名ではないが、軒を並べる洋風建築を見た大連在住の日本人達は、帝政露西亜の

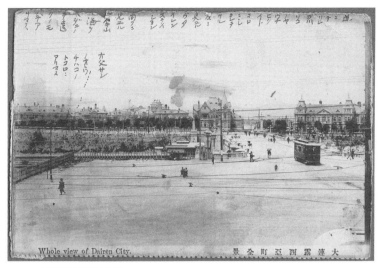

1-2 大連露西亜町全景

1-3 大連日本橋全景（橋の向こう側は露西亜町）

底力を感じ取り、「ロシアの建物が並ぶ町」という意味合いで使っていた。

（2）露治時代の建造物

① 行政市街鉄道跨線橋

　露治時代に行政市街と欧羅巴市街の間には、掘割りを走る鉄道路線を跨いで、全長約27メートル、幅約3.6メートルの木造の橋が架けられていた。

　日露戦争時にロシア軍はこの橋を破壊して旅順へ撤退したので、占領直後に設置された青泥窪軍政署は、ただちに木造の仮設橋を架けて復旧した。大連で代表的な陸橋となる「日本橋」の原型である。

1-4　大連港橋並に大連取引所と市街の一部

1-5　大連一の美橋　帝都を偲ぶ日本橋

〈日本橋〉

　明治38年（1905）6月、関東州民政署が開設されると、他の全ての建設工事に先立って仮設木造橋の架け替えに着手し、東京・水道橋の設計図を基に2年余の歳月を費やし、鉄筋コンクリート造りの本格的な陸橋が明治41年（1908）3月に竣工した。当時大連唯一の枢地にあったので「日本橋」と命名された。

　この「日本橋」は、皇居前の二重橋のような眼鏡橋で、5連アーチ（大3、小2）の長さは約97メートルであった。袂には塔が立てられ欄干には美術的な意匠を凝らした街灯が設けられた。橋の下は大連港と大連駅を結ぶ鉄道線路が通り、橋上には路面電車も走った。北の橋畔を西側へ下った場所には最初の大連駅があった。

〈勝利橋〉

　戦後、中国では「日本橋」を「勝利橋」と名を改めて、健在である。もっとも橋を飾っていた装飾電灯は取り外され、欄干は白くペンキを塗られて、外観はすっかり変わってしまった。交通量が増え狭隘になったため、2006年（平成16）になり勝利橋と2メートルの間隔をおいて「新勝利橋」が建設された。市民は「姉妹橋」と称している。

　新旧両橋が共存して橋の交通負担のバランスをとることを目的とし、しかも旧橋の景観効果を損なわないよう、新橋は外観も規模も旧橋と類似して建造されたが、竣工した新橋は旧橋よりやや高く見える。新旧橋ともに歩道を設け、3車道としているので両橋で6車道となる。新橋の橋幅は15.77メートル、うち車道が11メートルで、その他は歩道と欄干が占める。

② ダリーニー市庁舎

　ダリーニー市街地の建設を託された東清鉄道の事務所として、行政市街区の北西、明治33年（1900）頃に竣工した北欧ルネサンス様式の外観を有する建物で、幹線道路の突き当たり

に位置し、アイ・ストップとしての効果は抜群であった。

明治35年（1902）5月に、ダリーニー特別市制度が施行されると、東清鉄道事務所をダリーニー市庁舎とし、最高責任者のサハロフ技師長はそのままダリーニー市長に任ぜられ、絶大な権力の下に遠大な埠頭建設と都市計画を推進しつつあった。

日露戦争時に、金州が占領されたと聞いた露将ステッセルは、港湾設備ほか全施設を破壊の上、全市民はただちに旅順へ引揚げるよう命令し、サハロフ市長は市庁舎の一部を爆破して撤退した。

1-6　市の文化施設を飾る資源館の外容

この建物は1世紀の間に、東清鉄道（株）事務所→ダリーニー市庁舎→青泥窪軍政署→遼東守備軍司令部→遼東兵站監部→関東州民政署→大連民政署→満鉄本社→満鉄大連ヤマトホテル→満鉄大連医院分院→満鉄地質調査所・満蒙物資参考館→満蒙資源館→満洲資源館→（戦後の中国で）大連自然博物館と実に数奇な運命を辿り、「20世紀都市」としての大連を象徴している。

〈青泥窪軍政署・遼東守備軍司令部〉

明治37年（1904）5月30日、ダリーニーを占領した日本軍は、ただちに旧ダリーニー市庁舎を修復し、第二軍に隷属する青泥窪軍政署を設置し、第二軍の北上に伴い第三軍に移管した。青泥窪軍政署が最初にした仕事は、もぬけの殻になったダリーニー市内の建物の管理だった。

同年9月14日に遼東守備軍司令部が遼陽にて組織され、同11月16日その司令部をダリーニーに移すと、旧ダリーニー市庁舎を司令部としたので、青泥窪軍政署は旧東清鉄道汽船会社本社跡へ移転した。

〈遼東兵站監部〉

明治38年（1905）5月19日、遼東守備軍を改変し満洲軍総兵站監部を設け、それに付随して遼東兵站監部が大連にて編成され、遼東守備軍司令部跡に入り5月20日から事務を開始した。この時、守備軍に属した各軍政署は廃止、各兵站司令部に軍政部を設けてその業務を継承した。

兵站管区が北へ拡張して大連の位置がやや込後方に偏するようになってきたため、6月25日遼陽に前進し、大連には関東州民政署なる特別行政機関が設置された。したがって、大連における遼東兵站部の存在は、僅か1カ月余に過ぎなかった。

〈関東州民政署・大連民政署〉

　関東州民政署なる特別機関は満洲軍総兵站監部に隷属し、主として関東州内における行政事務を掌理するものである。初代の民政署長は石塚英蔵で、部下はことごとく文官たる軍属を以て充当された。

　明治38年（1905）9月5日、ポーツマス講和条約により平和回復し、満洲全軍の凱旋となり、同年10月31日満洲軍総司令官の隷下に関東総督府が遼陽に編成されたが、やがて新設の行政機関へ引き継がれた。

　明治39年（1906）9月1日、関東都督府が旅順にて開庁し、都督官房及び民政部、陸軍部の二部とし、州内を三行政区に分かち大連、旅順、金州に各民政署を置いた。大連民政署は関東州民政署の後を継ぎ、石塚英蔵署長は民政長官となり、初代民政署長には関屋貞三郎が任ぜられた。

　明治40年（1907）2月、満鉄本社の大連進出に伴い庁舎をこれに譲り、日本橋北畔の旧東清鉄道汽船会社本社跡へ移転した。

〈南満洲鉄道株式会社　本社〉

　明治39年（1906）11月26日東京で設立された南満洲鉄道株式会社（以下「満鉄」という）は、翌40年（1907）3月5日に本社を大連に移転し、旧ダリーニー市庁舎の建物を本社屋として同年4月1日より営業を開始した。

　満鉄がここを本社としたのはわずか1年余りで、明治41年（1908）12月に東公園町へ移転し、その後は大連ヤマトホテル本館として使われた。

〈満鉄大連ヤマトホテル本館〉

　1908年（明治41）末に満鉄本社が東公園町へ移転した跡を、内部改装し同42年（1909）5月から大連ヤマトホテル本館とし、旧ダリーニーホテルを大連ヤマトホテル別館として使用することになり、本館・別館を合わせ客室数は47室となったが、それでも客室不足の根本的解決にはならなかった。したがって、大連を訪れた賓客の接待には、旧ダリーニー市長公邸を転用した満鉄総裁公邸（のちの通称：満洲館）が使われたりもした。明治42年（1909）に文豪夏目漱石が、時の満鉄総裁中村是公の招聘で満韓を訪れた折り、大連で宿泊したのはここであった。

　このような状況のため、ヤマトホテルの新築は急務であり、満鉄は明治42年（1909）から大広場に面する地に新たな大連ヤマトホテルの建設を始め、大正3年（1914）3月に竣工・移転し、8月1日から開業した。

〈満鉄大連医院小児科分院〉

　新ヤマトホテルが大正3年（1914）3月に竣工し移転した後に、大連医院小児科分院として利用された。他に大きな病院がないため、大連医院の患者数は満鉄職員のみならず、一般市民や中国人にも門戸を開いていたので大幅に増え続けており、早くから新築の要望が出され

ていた。

　満鉄は明治43年（1910）5月、大連医院の新築を決めたが、紆余曲折の末に大正15年（1926）4月、薩摩町に宏壮な総合病院・満鉄大連医院が開院して、本院・分院とも吸収された。

〈満洲資源館〉
　満鉄大連医院が新築移転したのに伴い、空き家となった建物を利用して大正15年（1926）10月に「満蒙物資参考館」として開館。原油成分を含む油母頁岩を始め、調査員が満洲各地を回って収集した鉱物標本などを展示し注目を集めた。

　これに先立ち、明治40年（1907）4月撫順炭田の地質調査を担当した鉱業部地質課を母体に、明治43年（1910）5月1日に地下資源を調査・研究する機関として「地質研究所」が設けられ、同45年（1912）2月に「地質調査所」と改称されて、「満蒙物資参考館」に併設されていた。館内には満洲の農産物・林産物・水産物・鉱産物の標本などが陳列してあった。

　その後、昭和3年（1928）11月に「満蒙資源館」となり、更に昭和7年（1932）12月に「満洲資源館」と改称され、正面玄関の右側に「満洲資源館」、左側に「地質調査所」の看板が掲げられており、長らく市民に親しまれていた。また、油母頁岩など日本では見られない標本展示があって市内遊覧バスが必ず立ち寄る観光名所の一つでもあった。

〈大連自然博物館〉
　戦後、中国も長らく「大連自然博物館」（正面玄関上の文字は、時の中国科学院長郭沫若の書）としてその展示を維持してきたが、雨漏りが激しく歴史的建築物として修復を開始。新たな博物館を黒石礁に新築し、1998年（平成10）に移転した。

1-7　満洲資源館正面

③ 東清鉄道汽船（株）本社

　帝政ロシア時代に埠頭、汽船部門に携わる東清鉄道汽船本社として、行政市街（露西亜町）の入口に、明治35年（1902）に建造された。この建物も、日本統治時代は占領直後から、各種施設に転用された。

　第六十三連隊本部→青泥窪（大連）軍政署→大連民政署→大連倶楽部→（満鉄社宅）→工業博物館→日本橋図書館と次々に活用され、最後には集合住宅としても使用された。

〈青泥窪（大連）軍政署〉
　明治37年（1904）11月、遼東守備軍司令部が遼陽から金州を経てダリーニーに移動してきたのに伴い、「青泥窪軍政署」は庁舎をこれに譲り、この建物を占めた。翌38年（1905）2月

1-8　大連民政署

11日以降は、「青泥窪（チンニーワ）を大連（ダイレン）と命名」の令達書が出て「大連軍政署」と改称された。同5月、遼東守備軍を改変し遼東兵站監部が編成されると、軍政署は廃止された。その後、遼東兵站監部が遼陽へ進出し、関東州民政署が置かれた。

〈大連民政署〉

　明治39年（1906）9月、関東都督府の下に設置された「大連民政署」は、関東州民政署の業務を引き継いだが、翌40年（1907）2月、東京から移転してくる満鉄本社のために前庁舎を譲って、こちらの建物へ移った。

　明治41年（1908）3月、大連大広場に新築中の庁舎が竣工したので、露西亜町を出て新市街地へと移転して、官公署ほか主要施設が新市街地へ進出する嚆矢となった。

〈大連倶楽部〉

　大連民政署が大広場へ移転の後、大修繕を施し室内の装飾を善美にして「大連倶楽部」と称する大連在住の欧米人を中心としたクラブとなった。もちろん、満鉄総裁が代々会長を勤め満鉄の幹部社員もその会員になれるのだが、実態は欧米人クラブに使っていた。

　明治42年（1909）9月に夏目漱石が大連などを旅行したとき、中村総裁に伴われてこのクラブを訪れ、英語の飛び交うバーで酒を飲んでいる。

　そのとき、中村は漱石に満鉄が大連倶楽部に集まる欧米人に対抗しなければならない旨を語っている。倶楽部の設立は、満鉄の欧米列強への対抗意識の表れでもあった。

　この倶楽部は、当時の大連市街の中で最高級住宅地と呼ばれていた南山麓（加茂川町〜大連神社の近く）に敷地を求め、大正13年（1924）9月5日に新築工事を起工し、翌14年（1925）11月7日に竣工した新館へ移転した。

　これに先立ち満鉄は大連倶楽部とは別に「大連満鉄社員倶楽部」を興し、建物は東公園町の満鉄本社側に大正13年（1924）12月竣工した。

〈工業博物館〉

　技術の進歩発達と技術者の向上親睦を図り社会の福利を増進する目的で、大正13年（1924）2月に設立された社団法人満洲技術協会が創立した「工業博物館」は、大連倶楽部が転出後の建築物を利用して開設された。満洲の新興工業の基礎となるべき各種資料を蒐集展示していた。

しかし、ここも大正15年（1926）3月に大連医院跡へ移転した。

〈日本橋図書館〉
「工業博物館」の後は、満鉄経営の「日本橋図書館」が設置された。大連には満鉄本社前に威容を誇った大連図書館のほかにも所在地の地名を冠した図書館が7館あった。そのうちでも日本橋図書館は、トンガリ屋根に赤煉瓦の印象が特に市民の記憶に残る図書館であった。全てが開架式で自由に図書を閲覧することができ、内地の図書館に比べて一段の進歩を示していた。

1-9　日本橋図書館

その後、沙河口、埠頭の2館は大連図書館分館に、近江町、日出町、南沙河口の3館は満鉄社員文庫となり、日本橋、伏見台（明治45年〈1912〉電気遊園図書閲覧所として設置されたが、のち伏見台図書館と改称）の2館は昭和14年（1939）に併合され、小村公園（旧電気遊園を改称）内の小村侯記念図書館となった。

長らく市民に親しまれた図書館であったが、最期には集合住宅に流用されて、寂しく終戦を迎えた。

〈北九州市立国際友好記念図書館〉
中国・大連市と北九州市が友好都市契約を締結して15周年となるのを記念して、大連日本橋図書館のレプリカが北九州市門司港レトロ地区に建てられ、平成7年（1995）3月25日に開館した。このレプリカは、元の建物を精密に実測、調査し、外壁の煉瓦や石材は大連から取り寄せ、石工も大連から招くなどして忠実に復元したものであって、ドイツ系ハーフティンパー様式による茶と白のコントラスト、煙突やドーマー（屋根の小窓）、尖塔部分などが印象的な建物である。1階エントランスホールには大連市、仁川市を紹介するビデオコーナー、2階が中国を中心とする東アジアの文献、資料などを収蔵した図書館、3階に大連市のほか友好・姉妹都市に関する資料展示コーナーを設けている。

「北九州市門司港レトロめぐり海峡めぐり推進事業」の目玉の一つとしてのこのレプリカ図書館は、見事に的中して一躍観光名所となって、多くの人々を引き付ける成果を挙げた。

〈大連市東方歴史芸術博物館〉
旧日本橋図書館の建物は、終戦前から集合住宅として流用されたまま戦後の中国でも一般市民の住宅に長らく使用されてきたので、瀟洒だったこの建物も荒れ放題となり老朽化が著

しくなっていた。

　大連市は、北九州市門司港レトロ街に建設されたレプリカ建築「国際友好記念図書館」が観光の目玉となった刺激を受けて、1995年（平成7）末に既存建物を撤去した跡地に、そのレプリカの資料を利用し、材料を日本から逆輸入して再びそのままの形で「大連市東方歴史芸術博物館」として、1996年（平成8）に新築復元された。

④　ダリーニー市長公邸

　東清鉄道技師長サハロフの社宅として、東清鉄道本社から歩いて数分の所に明治33年（1900）に建てられた邸宅で、行政市街の住宅としては最大のものであり、露西亜町経営の中心とされた。サハロフが明治35年（1902）5月市長を兼ねると「ダリーニー市長公邸」と呼ばれるようになった。

　ロシア風にドイツ風が加味され、凝った意匠の豪邸であって、楼頭高き所に「1900」と建築年を明記してあった。

　北公園はもともとこの公邸に付随した庭園であったという。

〈満鉄総裁公邸〉

　明治40年（1907）3月、満鉄は東京から大連へ移転するにあたり、大連民政署から旧ダリーニー市庁舎を譲り受けて本社を構えると、同時に旧ダリーニー市長公邸を「満鉄総裁公邸」として使用することとした。それまでは、遼東守備軍司令官西寛二郎大将が居住していたという。

　玄関を入ると大広間があり、ここは舞踏室で150人程を集めてダンス・パーティーを催すこともできたし、隣接のヤマトホテルに賓客があると、ここで遇すこともあった。大広場に大連ヤマトホテルの新築落成をみるまでは、公式の集会や祝賀会等の開催場としては、唯一の場所であった。

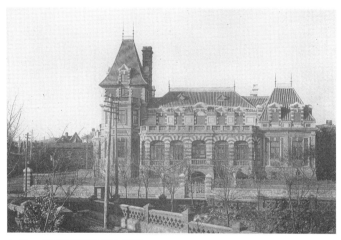

1-10　満洲館（満鉄総裁公邸）

〈満洲館〉

　星ヶ浦西門山手の小松台所在の大蔵公望男爵邸を譲り受けて、満鉄総裁公邸が星ヶ浦へ移った跡は、満鉄創業の記念館として「満洲館」と称し、それまでと同様に賓客の接待やイベントの開催などに本格的な公会堂として利用された。

昭和18年（1943）2月28日夜半に出火して全焼してしまい、復旧はならなかった。

〈大連造船廠船舶技術工業学校〉
　戦後中国大連市は、造船廠所属の「船舶技術工業学校」の建物を新たに建てた。旧建物の容姿に似てはいるが、昔の重厚味の面影はない。

⑤　ダリーニーホテル
　露治時代、東清鉄道会社本社（ダリーニー市庁舎）の東側に隣接して、東清鉄道経営のダリーニーホテルがあった。客室数は16と小規模だったが、ダリーニーでは最高の格式を誇っていた。

〈満鉄大連ヤマトホテル〉（のち別館）
　満鉄は鉄道の営業を始めると欧米人が宿泊可能なホテルとして、沿線各地に直営のヤマトホテルを設置することにした。最初に開業したのは大連ヤマトホテルであり、旧ダリーニーホテルを改修して客室13室で、明治40年（1907）8月1日に開業した。
　大連は欧亜連絡のための満鉄線と上海航路の接続地点であるだけでなく、満鉄本社が置かれた都市であるから、当然欧米人の宿泊客だけでなく満鉄を訪れる賓客も多く、とても収容しきれず、寝台列車や上海航路の船中で宿泊をしてもらうことを勧める羽目となり、急場凌ぎに周囲の住宅を買収して客室を増やすという状況であった。明治41年（1908）末に隣接する満鉄本社が移転した跡を、内部改装で客室数を拡充してホテル本館として使用し、こちらは別館となった。
　大正3年（1914）3月、大広場に新築の壮麗豪華な大連ヤマトホテルが完成し移転した後の本館は、満鉄大連医院小児科分院として利用されるが、満鉄大連ヤマトホテル別館のその後は何になったかは知らない。

⑥　ダリーニー鉄道病院
　大連医院は、大連病院という名前で開院したときには、東清鉄道が建てた鉄道病院を利用していた（中国語では病院のことを医院というので改称した）。
　しかし、その建物は日露戦争時には日本軍の野戦病院として使われ、旅順攻撃時の負傷者を大量に収容するなど傷病兵で溢れていた。

〈満鉄大連医院〉
　満鉄は応急修理を施して大連医院としたが、戦時中に被った建物の傷みが酷く、かつ老朽化も厳しかった。
　当時の大連には他に病院がなく、満鉄社員のみならず一般市民の利用者も年を追って増えていったため手狭であった。
　そこで、満鉄は大正元年（1912）に新たな病院の新築を決め、露西亜町を出て薩摩町に大

1-11 満鉄大連医院

正3年（1914）に工事が始まったが、第一次世界大戦の影響で工事を中断、大正6年（1917）末になってやっと2棟の病棟が竣工したので、薩摩町分院と呼び、内科の一部として小児科と伝染病棟を移したのみで、残りの工事は中止されてしまった。その後、設計上に紆余曲折があって本院の完成は、大正14年（1925）12月で、開院は翌年（1926）4月のことである。

〈工業博物館〉

大正15年（1926）4月に大連日本橋畔から山城町へ移転した。本館は満洲技術協会の経営にかかった。

満洲における産業の基礎である各種の資料を蒐集陳列するもので、建物内部を工業、満蒙、交通の三館に分かち、工業、交通の二部はそれぞれ当業者よりの出品を主とし、満蒙部は満蒙の原始的工業資料を羅列して、一般に満洲の工業的概念を得るに適切で、大いに利用されていた。

⑦ 東清鉄道汽船（株）事務所

東清鉄道の子会社である東清鉄道汽船会社は、ダリーニーから中国各地へ定期航路を開設し、船舶運営に携わっていた。この建物は本社の別棟で事務所として使用されていて、本社と道を隔てて対峙し行政市街の入り口を扼していた。

1-12 鉄道提理部

〈野戦鉄道提理部〉

日露戦争中、日本軍は占領地における東清鉄道を、兵員や軍需物資の補給などに利用しようと試みたが、実際には機関車や貨車の殆どは占領前にロシア軍によって持ち去られていたので、線路は残っていても輸送できない状態であった。そこで、野戦鉄道提理部という鉄道経営の部隊を編成し、占領地に送り込ん

で、軌道幅員を狭軌に改築し、日本から機関車や貨車を占領地に送って鉄道輸送を行おうとした。

　明治37年（1904）6月14日、野戦鉄道提理部の総員865人と資材等を載せて佐渡丸は宇品港を出航したが、不運にも玄界灘で露艦の襲撃を受けて損傷し、沈没は免れたものの148名もの多数の犠牲者を出した（のちに、慰霊のための殉難碑を大仏山の麓に建立した）。再挙を期して、7月1日には丹波丸が第二陣の隊員を載せて下関を出帆し、7月5日に無事に大連に到着した。7月7日、煉瓦造りの堂々たる東清鉄道汽船会社の別棟に「野戦鉄道提理部」の本部を設置し、機関車・車輛の組立て、線路の改修や破損車の修理など、文字通り軍の活動の足として不眠不休の作業を続けた。7月18日にはダリーニー市から郊外にかけて、約22.5kmで列車の運行が正式に始まり、占領が拡大するにつれて運行距離も延びていった。

　戦後も野戦鉄道提理部は満洲に残り、保線と守備に従事していた。

　明治40年（1907）4月、満鉄は営業を開始するにあたり、残留の野戦鉄道提理部から資材や人員（職員2180名及び雇員4239名）を引き継いだ。

〈満鉄工務課・満鉄鉄道工事事務所〉

　旧ダリーニー市庁舎を本社として満鉄が開業した時、その社屋に入りきれなかった工務課は、野戦鉄道提理本部跡へ分離して執務、活動をしていた。

　満鉄本社が東公園町へ移転すると、野戦鉄道提理部を引継いだ工務課は組織を拡大し「満鉄鉄道工事事務所」となり、引き続き野戦鉄道提理本部の建物を使用した。

　その後の満鉄組織図によれば、昭和4年（1929）8月、鉄道部の下に大連鉄道事務所、昭和14年（1939）3月、鉄道総局〜奉天鉄道局の下に大連工事事務所とある。昭和20年（1945）8月では、奉天・新京工事事務所はあるが大連の名称はない。

〈大連列車段・大連工務段〉

　戦後中国でも、鉄道関係の事務所に使用されていた。ただし、その後に「勝利酒店（ホテル）」となったようである。

⑧ 東清鉄道（株）商業部汽船部事務所

　行政市街入口の東清鉄道汽船（株）本社の裏手辺りに、のちに日本人が「化物屋敷」と呼んだ巨大な建物があったが、それも角地のある建物に相応しく、玄関を角に開けていた。

〈大連予備病院〉（通称化物屋敷）

　露西亜町の一角に建つ上記の建物は、日露戦争では日本軍の野戦病院の一部となり、旅順攻撃の負傷者が大量に送り込まれた。通称〈化物屋敷〉と呼ばれていた。建物内部が複雑で中に入ると出口が分からなくなるという説や、野戦病院のときにここで多数の兵士が亡くなったことに由来するという説もある。

1-13　大連予備病院

〈集合宿舎〉
　その後は二十戸建て集合宿舎として、使われたりしていた。

⑨　ロシア正教会聖堂

　行政市街地の一郭に建てられたダリーニー最初の聖堂。日本人が新天地に住み始めたときに真っ先に建てるのは神社であるといわれているが、ロシア人にとって欠かせられないのが聖堂・礼拝堂である。三百人収容の小規模のものであったが、露治時代は教会兼小学校として使われていた。

1-14　正教会聖堂

　日露平和回復後、日本人小学校として転用されたが、東公園町に新校舎が竣工し移転していって間もなくの10月14日、本物件が私有財産であることが判明し、その所有者へ返還された。
　その後、大正7～8年（1932～33）頃に、建物は取り壊され敷地は25区画に細分化されて、日本統治時代の住宅が建った。

〈大連尋常高等小学校〉
　明治39年（1906）3月29日、関東州民政政署令第13号により、露西亜町にあるロシア正教会聖堂を仮校舎に使用するに決定（校地4520坪、うち運動場4295坪、校舎煉瓦造二階建、建坪125

坪、延率231坪、8教室のほか地下室および付属舎1棟を有する)。

　同年5月1日、「大連尋常高等小学校」を創設開校した。当時の就学児童は、4学級尋常科62名、高等科13名計75名、教師4名であった。大連における小学校の開祖である。

　この建物の位置は、満洲資源館の南側にあたる山城町9番地にあり、それまでは陸軍の将校用の病院として使用されていた。この仮校舎旧ロシア教会は、設備も不充分であり、かつき狭隘のため東公園町に新校舎を建設し、明治41年(1908)4月1日に移転して新校舎で授業を開始した。

⑩　ロシア正教会礼拝堂

　行政市街の入り口、東清鉄道汽船の別棟前広場を北東に進むと、小さな円形広場の真ん中に小規模ながら「ロシア正教会礼拝堂」が建っていた。屋根などは純ロシア式で、デザインも中々よく出来ていた。ロシア人は通りすがりにもよく拝んでいた。

　この礼拝堂の建設にあたり、東清鉄道会社技師長サハロフを始め軍、民の要人、市民ら多数が集まり、ダリーニーの文字を刻んだ銅版を埠頭の方角に向け、「ダリーニーの建設ここに始まる」という意味で定礎式をしたという。その時集まった人達の間から金銀財宝が次々と投げ込まれ、定礎板の上をおおったと言われ、それにセメントを流して固め、その上に礼拝堂を造ったと言い伝えられている。

〈六角堂〉

　日本人はこの礼拝堂を「六角堂」と呼んでいた。建物は方形だが、上の方の屋根が六角だったからであろうか。実際は八角もあったのである。

　満鉄では道の真ん中にあるので取り壊せといい、露西亜町の人々は日露戦争の記念物だから永久に保存すべきと、意見が対立のまま過ぎてゆき、日本橋区の子供神輿の置場になったりして、六角堂の建物はそのままの姿で1950年代まで残っていた。

1-15　六角堂

⑪　行政市街の公園

　行政市街地のほぼ中央にある。北はロシア町波止場に近く、西はダリーニーホテルに隣接し、東は幹線道(北大山通)を隔てて社宅街になっている。そのように住宅や大きな建物に固まれた中庭という感じの公園で、東清鉄道が経営していた。ダリーニー市長公邸にも近く、その付属庭園の形をなしていたようである。

1-16　北公園

ロシア式の積み方をした煉瓦塀が巡らされ、塀の外を歩いていても公園の中がよく見えていた。

ロシアが大連から撤退した後は、相当に荒らされていた。

〈北公園〉

満鉄は、この公園を修復して「北公園」と名付け、満鉄社員及び付近住民の憩いの場とした。町中にあるため、中央公園の広大さとは比較にならぬ狭さであり、遠望もきかないが、異国情緒の残る佇まいの中に、小じんまりとした遊び場として、多くの市民に親しまれた。

入り口近くに水鳥や鶴などのいる金網張りのケージがあり、鴛鴦や白鳥もいて、さながら小動物園の感があった。

この鳥小屋から少し丘を登った所に、ロシア風の丸太小屋があったが、これは埠頭構内にあった元水上警察署で、大正8年（1919）頃、埠頭を改築するときに、折角の大連における木造ロシア風の代表的な建物を壊すのは惜しいと、記念に残すことになり、そのまま北公園に移築した。その後しばらく東洋ホテルというホテルに使っていた。園内にはこの他に大弓場、スケートリンク、テニスコート2面や倶楽部室などがあった。

春は花見に、夏は涼みに、秋は紅葉を賞で、そして冬はスケートにと、多くの市民が憩い楽しんで利用した。

〈北海公園〉

戦後、中国はこれを「北海公園」と改名し、そのまま公園に利用していた。園内は植込みや砂利を敷き詰めた庭園で、手入れは行き届いている。

⑫　満鉄の従事員養成所

満鉄は、明治40年（1907）4月を以て開業したが、その名のように鉄道営業を以て本位とし、これに従事するものは上高級職員から下駅夫・火夫に至るまで、専門的技術を要するものである。これに着目して、鉄道実務に従事する中堅社員を養成する目的にて、開業早々の9月1日に児玉町7番地にあった露治時代の建物（前歴は不明だが、満鉄の所有になっていた）を利用して「従事員養成所」を設置した。日本人青年と中国人青年の2班に分けて、一般的素養のあるものを選択して指導に当たり、成績も頗る見るべきものがあった。

後年、工業学校設立の議が起こると、建物をこれに譲って自らは乃木町の六角堂の近くに移り、「満鉄大連育成学校」を創設した。

〈南満洲工業学校〉

　満鉄は中堅技術者の養成を目的として、明治44年（1911）5月20日に満鉄従事員養成所の建物を仮校舎として譲り受け、「南満洲工業学校」を設立した。土木・建築・電気・機械・採鉱の5学科からなっているが、この学科構成は満鉄の事業そのものに直結しており、満鉄は自前で中堅技術者を養成しようとしたのである。そして実際に初期の卒業生の多くは満鉄に入社している。

　大正3年（1914）3月8日、伏見ヶ丘に建設中の本校舎の大部分が竣工したので、仮校舎より移転をした（9月に落成）。その後、大正11年（1922）5月20日、専門学校令による満鉄立「南満洲工業専門学校」に昇格した。南満洲工業学校は大正15年（1926）3月31日に廃止になった。

〈大連高等女学校〉

　石本鑓太郎（のちの大連市長）が経営する大連女学院は、大正3年（1914）3月に私立大連高等女学院と改称し、南洲工業学校転出後の児玉町の建物を満鉄より借り受け、経費約六千円を投じて校舎の修理・改築、校具及び器械等備品を整備し、学校教育の体制を確立した。

1-17　大連高等女学校

　大正3年（1914）6月11日、関東都督府告示第61号を以て、官立「大連高等女学校」を創設し、同時に旧私立大連高等女学院を合併して、児玉町の校舎、校具一式を引継ぎ、同年9月5日児玉町仮校舎において開校式を挙行した。大正6年（1917）5月7日、神明町に新築校舎の一部竣成し、3日間に渉り移転した。

　なお、本校は昭和3年（1928）3月24日、告示第30号を以て「大連神明高等女学校」と改称された。

〈南満洲教科書編輯部〉

　関東庁並びに満鉄経営の日本人学校では、いずれも国定教科書を使用するのは当然であるが、児童の生活環境が内地とは著しく異なるので、これに順応した教育を施せる地方的郷土的教材を蒐録した教科書が必要であり、新たに関東庁及び満鉄の教育方針に適合する教科書編輯のための事業を起こした。すなわち、関東庁では大正3年（1914）に初めて教科書編輯に着手し、次いで同9年（1920）教科書編纂委員会を設けた。一方満鉄では大正6年（1917）教科書編輯係を置き、それぞれが管下の各学校に使用させる教科書の編纂に当たらせることになった。しかし、別々に教科書を編輯するのはすこぶる不経済であり、双方から合同編輯の

議が唱えられ、慎重な研究を経た結果、効率性を考え組織を一本化することとし、両者が共同出資（関東庁3：満鉄7）して、大正11年（1922）1月「南満洲教育会教科書編輯部」が誕生し、庁舎は児玉町7番地にあった赤煉瓦の二階建てに設置した。

　大陸に不穏なムードが強まり始めた頃、満洲の教育にも、大きな変化が起きていた。昭和7年（1932）、関東軍の強い影響力の下に、満洲国が成立。日中戦争が始まった昭和12年（1937）には、満鉄が経営していた付属地の行政権を満洲国へ移譲することになった。日本人子弟の教育については、日本側が行うことには変わりないが、主体は満鉄ではなく、日本大使館教務部とされた。自由でユニークな「満鉄の教育」の終焉である。満鉄に代わって前面に出てきたのが、日本大使館であり、関東軍である。満洲独自の教科書や副読本を発行していた南満洲教育会教科書編輯部は、日本大使館教務部と関東局（関東庁の後身）の合同経営となり、名称も「在満日本教育会教科書編輯部」と変更され、編輯内容も満洲独自色が後退し、裏返せば内地のテキストに限りなく近づいていった。

⑬　ジャンク波止場

　帝政ロシアは、ダリーニー市建設に要する木材・石材など大量の建設資材を中国に求め、その輸送にはジャンクと呼ばれる帆走船に頼っていた。その大型のものでも千石を搭載するに過ぎないが、水夫が少なくてすみ、燃料を要しないジャンクこそ、近海航路の補助機関として最も必要であった。そこで、ダリーニー港とは別にジャンク専用の波止場を設け、積荷の積み降ろしを行ったのである。幾百千のジャンクがこの波止場付近に投錨して順風を待つ風景は、新都市建設の活気を思わせた。

〈露西亜町波止場〉

　北大山通りの先に設けられていた大山埠頭は、俗に露西亜町波止場といわれ、ジャンク専用の岸壁だった。ジャンクがもたらした数々の物資は、石畳の上に陸揚げされ、碇泊する船の帆柱が林立していた。積み出される物資は殆ど中国本土向けで、満帆のジャンクは次々と岸壁を離れて行った。林立する赤い帆旗が夕陽に映えて黄昏れる一刻は、何となく哀愁を感じさせる風景でもあった。

　また、コンクリートで固められた堤防から釣り糸を垂れると小鯖の群れが大挙して泳ぎ回っているのが見られたし、釣り舟で沖合に出ると豪快に太刀魚釣りが楽しめた。甘井子、柳樹屯行き定期船の発着所もここにあった。

1-18　露西亜町波止場

〈黒嘴子碼頭〉

戦後になって、昔の露西亜波止場はずっと沖合まで埋め立てられ、今は「黒嘴子碼頭」と称して木材専用埠頭となっている。

⑭ ダリーニードック

　帝政ロシアは、ダリーニー港の建設を東清鉄道に託して、5基の突堤と4基のドライドックの建設が計画されて、着々と工事が始まっていた。

　造船所は港湾にとっては不可欠な施設であり、この頃小型ドックの完成によりダリーニー港としての機能は大いに高まっていた。次いで大型ドックも着工されてはいたが、未完成のままで旅順へ撤退した。

　日露戦争における日本軍のダリーニー占領時、実際に完成していた施設は、2基の突堤と1基の小型ドライドックだけであった。それでも、ダリーニー港にはダリーニー駅から延長された引込線が大桟橋と呼ばれた突堤に達して、貨物の積み替えの便を図っていた。

〈大連海軍ドック〉

　露治時代に計画された埠頭の西側すなわち、露西亜町の東側の浜町に広がる工場地帯に造船所が設けられて、商港としての機能を飛躍的に高めていた。全長115メートルの石造の大型ドライドック1基も着工されたが未完成のまま日本軍が占領した。日本海軍はこれを完成させ、少時の間陸海軍の艦船の修復に活用した。

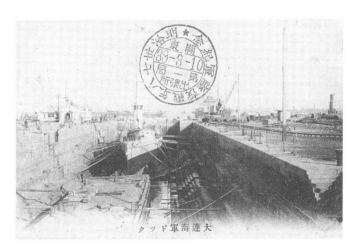

1-19　海軍ドック

　明治40年（1907）4月、満鉄の開業とともにこの船渠を軍から引継ぎ、満鉄の所有するところとなったが、当初は運営を川崎造船所に委嘱していた。

〈川崎造船所　船渠〉

　満鉄は開業とともに本船渠を引継いだが、明治41年（1908）7月以降、その経営を神戸に本社を置く川崎造船所に委ねた。川崎造船所は満鉄からその施設を借受け大連出張所を開設し、修船・造船業務を開始した。

　引継ぎの当時は、3000トン級の船舶を収容し得る程度のものであったが、大正2年（1913）から改築に掛かり、大正3年（1914）3月には完成した。すなわち、渠口の幅員を243メートルに拡張し、頭部を9.1メートル延長して6000トン級の船舶を入渠させることが出来るようになった。

大正12（1923）4月に満鉄が子会社の満洲船渠を創設したのに伴い、川崎造船所は撤退した。

〈満洲船渠（株）船渠〉
満鉄は、撤退した川崎造船所の施設を満洲船渠（株）に引継がせ、造船業務を行わせた。

〈大連汽船（株）満洲船渠〉
昭和6年（1931）9月、満洲船渠（株）がこれも満鉄の子会社の大連汽船（株）に併合され、大連汽船（株）満洲船渠工場となった。
昭和19年（1944）9月26日、大連に米B29爆撃機2機による空襲があり、大連船渠などが直撃弾を受けた。不運にも学徒動員中の南満工専生が犠牲となった。

〈大連造船廠〉
戦後、接収されて「大連紅旗造船廠」と称した時代がある。
1960年（昭和35）「大連造船廠」において、中国人の手による初の1万トン級貨物船「躍進号」が進水した。ただし、処女航海で謎の沈没を遂げたという。

⑮ ダリーニー火力発電所

帝政ロシアは、行政市街の東外れの地に、当時東洋一と称された高さ約64メートルの大煙突をもつ発電所を建設した。ダリーニー港に入る船舶から最初に見える建造物がこの大煙突であった。
この大煙突の建設に当たり、日本技術の名声を挙げた有名な話がある。当時ロシア人の技術では出来ないと、日本人工学士佐藤成教は期するところがあって、この難工事を引き受けたと言われている。もし、戦争になって日本軍がダリーニーを占領した場合、まず必要なものは電灯と鉄道と考えた佐藤は、煙突の基礎部に頑丈な箍を何条も填め込んで、少々のことでは破壊できないように施工したのである。
ロシアがダリーニーを放棄するとき、この大煙突を破壊してさろうとしたが、どう爆薬を仕掛けても遂にその目的を達せられず、そのままにして撤退した。それが、直ぐに日本側に利用され、満鉄の大煙突として浜町の一角に直立したのである。

〈大連満鉄発電所〉
ロシアの撤退時、一部を破壊されたが、佐藤工学士の機転により最小限の被害に止まっていた。満鉄は本社の大連移転とともに、東清鉄道が建設したこの石炭火力発電所に修理を施し、修復成った「大連満鉄発電所」を稼働させて明治40年（1907）10月から市内に電気の供給を開始した。電気の供給が市街地を明るくしたのは疑いの余地もない。このように、発電所は大連建設の旗手となったのであった。
しかし、既存の発電機は石炭の消費量が多く効率が悪いので、明治41年（1908）から順次

新たな発電機を導入し、電力消費の増大に対応した。

電気の供給に合わせて満鉄は明治41年（1908）8月、大連電気鉄道という子会社を作り、市内に路面電車を走らせた。

また、満鉄が明治42年（1909）9月に開園させたのが、電力消費の権化のような「電気遊園」（のちの小村公園）であり、明るさが文明の象徴であることを誇示するものであった。

1-20　大連満鉄発電所

〈南満洲電気（株）天の川発電所〉

浜町の発電所が老朽化してきたことにより、新たな発電所の建設が図られて、大正11年（1922）8月に、かつて日本人が親しみを込めて呼んでいた「大連富士」の裾野に「天の川発電所」が完成した。

大正広場から黒石礁行きの電車に乗って馬欄河を過ぎる辺りから、味の素工場から匂いがただよい、その傍らに出来た天の川発電所の冷却池の噴水が印象的だった。

⑯　ダリーニー築港事務所

発電所とドライドックの中間辺りに、ダリーニー港建設に携わる「ダリーニー築港事務所」が瀟洒な姿を見せていた。

〈大連海軍防備隊司令部〉

日本軍が大連を占領すると、港湾守備のための海軍防備隊が設置され、その司令部にダリーニー築港事務所があてられた。

〈大連築港事務所〉

平和回復がなり、海軍防備隊が引き上げた後には、ダリーニー当時と同じ役割の「大連築港事務所」がこの建物を利用した。

(3) ロシア風情街

1998年初に、大連市政府が大連を国際観光都

1-21　海軍防備隊司令部

1-22　ロシア街遠景

1-23　ロシア風情街現在(『大連』中国撮影出版社　2005年)

市・国際商業都市にしようと、新しい目標を打ち出した。かつての露西亜町は、建設から一世紀を過ぎた現在でも、中国人にとっても異国情緒溢れる街であり、旧児玉町・山城町一帯を観光の街とするべく北欧式建築を修繕し化粧直しするなどの改造工事を進め、「ロシア風情街」と命名し観光地域として整備された旧児玉町通りとして2002年に完成した。

1996年に復元されて街の入り口に建つ旧日本橋図書館が一際目立っている。ここを訪れる観光客も多く賑わいを見せている。

また、旧乃木町の黎明寮、乃木寮の建物もロシア風に改築され、辺りの建築もロシア風情街の建築物に合わせて北欧風建築に改修されている。

ロシア人が立てた都市計画をもとに、日本人が街路を造り、そこに中国人が生活するという状態が大連の最初の第一世紀だとしたら、二世紀目は中国人が自ら街づくりを行う新たな世紀であると言えよう。

2 ❖移転する中心──大広場の誕生

(1) 大広場

　大広場は、露治時代に計画された「ニコライエフスカヤ広場」を踏襲した円形広場で、大連の中心地であった。そこから十条の放射道を発し、広場に面する十街区のうち七街区には、大連民政署（のちの大連警察署）、朝鮮銀行大連支店、関東逓信局、横浜正金銀行大連支店、東洋拓殖大連支店、大連市役所、大連ヤマトホテルなど、日本の機関の建物が日本人建築家の手によって設計・建設された。それらは大連を代表する優れた建物であると同時に、20世紀前半の日本による満洲支配の象徴的都市空間でもあった。あとは大清銀行（のちの中国銀行）大

1-24　大広場鳥瞰図(『満洲写真帖』南満洲鉄道株式会社　昭和4年)

1-25　大連大広場

1-26　大連市中央大広場の美観

連分行と英国領事館で、残る一街区だけは終戦まで空き地のままであったが、戦後になって、中国が文化劇場を建てた。

(2) 大広場周辺の建造物

① 大連民政署・大連警察署

日本の統治が始まって大連の都市建設は、露治時代に立てられたダリーニー都市計画をおおむね踏襲しつつ、着々と整備が進められていった。それには、

1-27　大連民政署

官民を問わず、それ相応の建物を新築していかねばならず、大連の中心となるように設計された。かつてのニコライエフスカヤ広場は大広場と名前を変えたが、その広場に面して初めて建設されたのは、「大連民政署」である。それまでは、露西亜町日本橋の北畔にある満鉄所有の建物を借用していたのであった。

明治41年（1908）3月、中央と左右に尖塔を有する煉瓦造り二階建の新庁舎が堂々と竣工した。ハンブルグなど欧州の市役所を参考に設計された斬新なデザインは、多くの人々に目を見張らせるものがあった。

大正10年（1921）6月、大連民政署警務課が独立して大連警務署に、次いで大正13年（1924）に「大連警察署」となって、民政署は大連市役所に併設とされた。

〈遼寧省対外貿易経済合作庁〉

戦後、中国人民解放軍の施設として使われて、ボロボロになっていたが、すっかりリフォームされた。ただし、特徴的だった3本の尖塔は取り払われて無残な格好となり、あの西欧風の建築美はまったく失せてしまった。

その後、貿易関係の合作庁の庁舎となり、尖塔も原状に修復されて、国家クラスの歴史的記念建築物の指定を受けた。

② 横浜正金銀行大連支店

日露戦争中の明治37年（1904）8月に、早くも「横浜正金銀行」は、日本軍占領下のダリーニー行政市街（乃木町）民屋に、青泥窪出張所を開設の後、大連出張所と改名して監部通の露清銀行跡に移転した。そして明治39年（1906）3月には、大連支店に昇格した。

更に明治42年（1909）12月、大連の中心地として整備が始まった大広場の一画に、バロック様式のドームを載せた煉瓦造り二階建の大連支店を新築した。大広場に面して建ったのは大連民政署に続いて二番目の竣工であり、この建物は、満洲で一、二を争う本格的な洋風建築であった。

横浜正金銀行は日本唯一の外国為替管理銀行として、日本人の海外における経済活動を側面から支援しており、以後終戦まで営業を続けた。

　同行は支店に昇格すると、銀本位の横浜正金銀行券を発行し広く流通したが、為替相場が不安定なこともあって日本人には不評であった。

　そこで、大正2年（1913）からは金本位の横浜正金銀行券を発行した。一つの銀行が異なる紙

1-28　正金銀行

幣を発券して混乱したので、大正6年（1917）日本政府は大連での金券発券業務を朝鮮銀行大連支店に移管をした。以後満洲中央銀行の設立まで、横浜正金銀行券と朝鮮銀行券が大連をはじめとした満洲各地で流通した。

〈中国銀行　遼寧省分行〉
　戦後、横浜正金銀行の建物に入ったのは「中国銀行」の大連市分行でその後、遼寧省分行と店名が変わったが、今も現役の銀行である。

③　大清銀行　大連分行

　横浜正金銀行に対抗して大連に進出したのは、清朝の戸部（大蔵省）によって設立された「大清銀行」の大連支店であり、その状況を裏づけるかの如く、大広場に面した敷地に明治43年（1910）6月に竣工する。大広場に面して三番目に建てられた建物であり、その姿も横浜正金銀行大連支店の向こうを張ったルネサンス様式で、両脇に小ドーム、中央にフランス風マンサール屋根を載せている。大清銀行の進出は中国人実業家に歓迎された。辛亥革命後には「中国銀行」となって銀本位の紙幣を発券したが、大連での流通度合いは横浜正金銀行券に及ばなかった。

1-29　大連中国銀行

1-30　大連英国領事館

戦後、大連市教育局・教育委員会、中信実業銀行大連分行中山辨事処と、転々と使い廻されているようであるが、やはり古巣の銀行に落ち着くのであろうか。

④　英国領事館

英国領事館は、新築が決まりながら長らく着工が遅れ、起工したのは大正元年（1912）秋のこと。同2年（1913）9月には内装を残してほぼ完成していたが、冬季の工事には難があるので一時中断し、竣工したのは大正3年（1914）春のことであった。

大連には、英、米、仏、独、ソ連、オランダ、スウェーデン、フィンランドなど各国の在外公館があったが、大広場に面した一等地に建てられたのは、英国領事館だけであった。それは、日露戦争当時の日英同盟の誼からと、世界に君臨する大英帝国の力の誇示にほかならない。不幸な大戦中は、閉鎖を余儀なくされた。

〈大連市婦女連合会六一幼児園〉

戦後、本館裏に別棟を建て増し、「大連市婦女連合会六一幼児園」として活用していたが、人民広場（酬浦鴎）南側に新築された新幼稚園へ移転したため、1996年（平成8）に建物は取り壊された。

〈第二大連賓館〉

旧英国領事館の跡には、1997年（平成9）に、真ん中に丸屋根のある「第二大連賓館」が建てられた。大連賓館は大連人民政府交際所を兼ねているので、本館だけでは手狭となり、別館の増設となった。

⑤　満鉄大連ヤマトホテル

露西亜町にあった旧ダリーニーホテルを使って、明治40年（1907）に開業し、翌年満鉄本社（旧ダリーニー市庁舎）が転出した跡を本館として利用していた「大連ヤマトホテル」だったが、大連を訪れる賓客の接待には満鉄総裁公邸（旧ダリーニー市長公邸）を当てたりする状況に、その新築は急務であり、賓客接待と社交の場の目的も持ったホテルだからこそ、市街地の中心地である大広場に面して新築されたのである。

明治42年（1909）6月に起工して基礎工事を終え、建物本体の工事が始まったのは明治44年（1911）、竣工したのが大正3年（1914）3月のことで、起工から竣工まで5年の歳月を費や

して建てられた。

建物は、鉄骨煉瓦造り地上4階、地下1階、客室数は115室、収容人員175名で、当時としては満洲一の格式を誇った巨大な「大連ヤマトホテル」であった。

その外観もその名に違わず本格的な三層構成のルネサンス古典様式であった。大広場を挟んで、横浜正金銀行大連支店と向かい合っている構図は、日本の都市では見られない都市空間の演出であった。

1-31 大連ヤマトホテル

〈大連賓館〉

1990年（平成2）、中山広場（旧大広場）にある「大連賓館」（大連ヤマトホテル）は市の中心に位置し、大連火車站（大連駅）より2km、大連港客運站（大連埠頭）まで3km、大連国際機場（周水子飛行場）までは13kmと、交通の便もよく地理的に恵まれている。古代ローマ式建築を取り入れたこの大連賓館は、南楼（本館）、北楼（以前は「雲山賓館」と呼ばれていた）の二つの部分に分けられていて、総建坪は1万5000㎡もある。南楼は5階、北楼は4階建てで、各種の豪華な客室が121室、204名の収容能力を持っている。ホテルの設備も整っており、重厚で独特の風格を持つホテルである。近年、内装をリフォームし、近代的な機能を持つホテルに生まれ変わった。

狭隘となり不便さが生じても、保存建築指定のために増築もならず、隣接してあった幼稚園（旧英国領事館）が移転した跡地に、本館を補完する別館として、「第二大連賓館」が新築された。

⑥ 朝鮮銀行 大連支店

大正2年（1913）8月20日、朝鮮銀行は大山通に大連出張所を開設、翌3年（1914）10月に支店に昇格した。大正7年（1918）1月に大広場の一角に、新築中だったルネサンス調の「朝鮮銀行大連支店」が竣工した。建物の正面にコリント式のオーダーが並んでいたが、それらは大連

1-32 朝鮮銀行大連支店

でも最も美しいオーダーであった。在満各営業所の総括店としての性格を持って理事の駐在した同店は、発券業務や国庫金の取扱いも行っており、関東州内における中枢金融機関としての地位にあって、横浜正金銀行と満洲の金融覇権を競った。

終戦後は、ソ連司令部から度々の閉鎖命令を受け、3度目の昭和20年（1945）12月8日には遂に閉鎖して、中国側に引渡した。

〈中国人民銀行　大連市分行〉

引き継いだ中国側では、旧横浜正金銀行と同様に金融機関として使用し、「中国人民銀行大連市分行」となった。

1999年頃、裏手に当たる白玉街（旧佐渡町）の旧水道事務所跡に12階建て新ビルができ、中国人民銀行はそこへ移転した。

〈中国工商銀行　中山広場支行〉

中国人民銀行の移転後、店内を改装のうえ、「中国工商銀行中山広場支行」が入った。

⑦　大連市役所

大正4年（1915）10月1日、大連民政署は告示第12号を以て、大連市西通32号地に設置し、同時に初めて大連市政事務を開始して、初代市長に石本鏆太郎氏を選出した。その約1ヵ月後の11月2日に大連ヤマトホテルにおいて盛大なる開庁式を行った。

やがて、新市庁舎建設の議が起こり、大広場に面する地に関東都督府営繕課長松室重光の設計図により工事に着工し、大正8年（1919）4月に竣工した。玄関の庇(ひさし)には唐破風がつき、それを支える玄関両脇の柱上部には和風の斗栱(とうぎ)が付いている。中央に立つ塔は、京都祇園祭の山車をモチーフにしていると言われる。

大正13年（1924）8月1日、関東州市制の施行により、内地の市制に準じて市政事務が拡大された。

1-33　大連市役所

また、大連民政署から大連警察署が独立したのに伴い、その庁舎を譲って民政署は市役所に併設された。その民政署も、昭和12年（1937）6月、長者町に関東州庁の新庁舎が竣工し旅順より移転すると、州庁に吸収された。

〈大連市財政局〉

戦後、この建物は、大連市政府の分庁舎として、労働文化局、

財政局、税務局、労働局、交通局、糧食局等々、種々の部局が入れ代わったりしていた。

〈中国工商銀行　大連市分行〉

現在は、中国工商銀行大連市分行が占めており、魯迅路（東公園町）側には大連市地方税務局がある。

⑧　関東逓信局

関東州の地域内における郵便事業は、日露戦争中各野戦部隊に設けられた郵便部に端を発している。戦後、軍政を早期に平時の民政に改める必要から、明治39年（1906）9月1日から関東都督府官制が施行され、監部通の局舎の1階に郵便局、2階に郵便電信局が設けられ、野戦郵便局の業務を継続した。明治41年（1908）11月1日に通信管理局と改めた。

1-34　関東庁逓信局

大正7年（1918）9月14日、大広場に面して建築中の局舎が竣工し、通信管理局は監部通の局舎から移転した。

大正8年（1919）4月11日、関東庁官制により関東庁通信管理局となり、次いで大正9年（1920）10月23日、関東庁逓信局と改称された。

満洲国が成立したのに伴い、昭和7年（1932）4月1日、日本大使館内に関東局が設けられ、関東庁逓信局はその管下に所属した。昭和9年（1934）12月26日、関東局官制施行により、更に「関東逓信局」と改称された。

〈大連市郵政局〉

日本統治時代と変わらず、中国側は現在も「大連市郵政局」の名称で、郵便電信管理の官庁として現役で使用されている。ただし、上海路（大山通）側は中山電話局となっている。

⑨　東洋拓殖（株）大連支店

東洋拓殖（株）大連支店は、大正6年（1917）9月に近江町に

1-35　大連東拓ビル

事務所を設けていたが、長期間空き地となっていた中国銀行と市役所の間に宏壮なるビルディングを建築し、昭和11年（1936）8月竣工により移転した。戦前の大広場で最後に建った9番目の建物で「東拓ビル」と称した。19世紀から20世紀初頭のアメリカ商業建築の影響を受け、建物の外観を3分割し、下層には大きなアーチ窓を連ねている。

〈中国交通銀行　渤海分行〉
　戦後は、この建物も種々の変化を経ている。1979年（昭和54）頃はホテルだったようであるが、その後1階には「中国交通銀行渤海分行」が入っている。1989年（平成元）頃となると旧大連市役所と同じく大連市政府の分庁舎の如く、城市建設局、文化局、物価局、審計局等、6階の増築部分に統計局、水利局、機械工業管理局等である。

⑩　南満洲鉄道（株）（満鉄）本社
　大連の行政機関であった大連民政署が明治41年（1908）3月、大広場に面して庁舎を新築し、露西亜町から移転したとき、もう一つの支配機関であった満鉄も、同年12月にその本社を露西亜町から東公園町に移転した。
　ダーリニー時代に男子中学校として新築途上にあった未完成の建物に満鉄が改修・増築工事を進め、本社本館として使用したのである。また、本館の後方に建つ別館も、本館同様に満鉄が改修して使用した。
　その後、この東隣にこれも建築途中だった女子中学校が、関東都督府陸軍部の所有となって兵站倉庫や捕虜の収容所に使われていたのを譲り受けて、本社の一部とした。
　ちなみに、西側（男子中学校予定校舎）を「夏目館」、東側（女子中学校予定校舎）を「松原館」と称していたのは、共に兵站司令官の名を取って付けたものである。

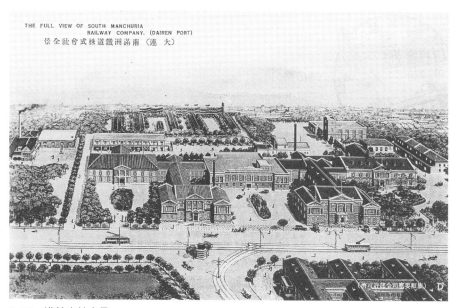

1-36　満鉄本社全景

満鉄は表向き半官半民の鉄道会社であるが、その実態は満洲支配のための国策会社であった。しかし、学校、病院、図書館から遊園地といった公共施設を運営し、消防からゴミ収集まで行っていたので、日本人の生活にはなくてはならない身近な公的機関でもあった。

昭和初期年（1920年代末）には建物が手狭となったため、昭和7年（1932）に鉄筋コンクリート造り地上8階建ての新本社の建設計画が立てられたが、実現しなかった。

1-37　南満洲鉄道株式会社本社

満洲国成立後、満鉄本線と満洲国国有鉄道とを一元的に経営する必要が生じ、奉天の鉄路総局と大連本社にあった鉄道部門を統合して、昭和11年（1936）10月1日、新たに鉄道総局が設立されたので、あたかも満鉄本社が奉天に出現したかの感があったようだが、あくまでも終戦・会社解散まで本社はそのまま大連に存続していた。

1-38　満鉄本社正面

戦後、大連鉄路局、鉄路学院、瀋陽鉄路局大連分局、大連鉄道有限責任公司と度々、名称が変更されているが、一貫して鉄道関連に使用されている。

⑪　満鉄大連医院

満鉄が大連に建て経営する総合病院。本館の建物は、鉄筋コンクリート造り、地上6階、地下1階、延べ床積が3万㎡とい

1-39　満鉄総裁室現在（2008年劉撮影）

一　ロシア・日本両帝国の威光として作られた町——大連

1-40　大連医院鳥瞰図

う巨大な建物であった。規模雄大、最新式の設備を有し、当時東洋一と謳われた。

　露西亜町で「満鉄大連病院」という名前で開院したときには、東清鉄道が建てた鉄道病院の建物を利用していたが、日露戦争時に日本軍の野戦病院として使われたこともあって老朽化がひどく、また、当時の大連には他に病院がなく、満鉄社員のみならず一般市民の利用者も年を追って増えていったため、手狭でもあった。このようなことから、早くから新築の要望が出されていた。

　なお、明治42年（1909）3月に「満鉄大連病院」を「満鉄大連医院」と改称したが、日本語の〈病院〉は、中国語では〈医院〉ということなので、この名称変更は中国人の患者も診察対象とし、門戸を開くという意思表示でもあった。

1-41　大連医院全景

満鉄は明治43年（1910）5月、大連医院の新築を決め、その敷地を市内薩摩町8番地に求めた。ここは露治時代の離宮建設地として保留していたものである。大正に入り満鉄は民政署から土地を借りて建設用地を造成し、大正3年（1914）に第1工事が起工されたが、第一次世界大戦による資材不足で工事は中断し、大正6年（1917）12月に至り、ようやくにして3階建て2棟および付属建物の竣工をみ

た。これを薩摩町分院と呼び、内科の一部として小児科および伝染病棟を移した。しかしながら、本館と残りの病棟を建てる計画は頓挫してしまった。

その後、計画を一新し、米国フラー社と請負契約を結び最新式の設計と工事施工方法により、大正12年（1923）3月、本館の新築に着手した。工事は順調に進み、大正13年（1924）夏には建物が大連の街に姿を現わ

1-42　大連医院正面

し内装工事に取り掛かるところまで進んでいた。ところが、10月にフラー社は満鉄に工事契約の解除を申し出て、工事の中途で撤退をしてしまった。残工事は大連に本店を置く高岡久留工務所と長谷川組の共同企業体が請け負い、ようやく大正14年（1925）12月に竣工し、大正15年（1926）3月に全部の移転を完了し、4月1日から正式に開院した。

大連市民にとっては待望の総合病院の完成であり、満鉄にとっても北京の協和医院を上回る規模と設備を誇る東洋一の病院として、その自負心を満たすものであった。満鉄大連医院は、大連市民の健康と生活を守る医療機関として、忘るべからざる最大の施設であった。

戦後、中長鉄路医院、大連鉄路医院、瀋陽鉄路局大連医院と、満鉄が経営した戦前と同様に、名称から見ても分かるようにそのまま鉄路局所属のようである。現在でも、現役の医院として機能している。

(3) 戦後の大広場

明治37年（1904）5月30日に、日本軍は帝政ロシア支配下のダリーニーに無血入城したが、それから41年後昭和20年（1945）8月22日に、今度はソ連軍が大連を無血占領した。

大連は、ダリーニーの時代から日本統治時代を通じて、軍事拠点とはならず、あくまでも商業都市として発展してきたものであった。

日本がダリーニー占領後の数年間、関東都督府や満鉄が、東清鉄道の建設した建物を暫定的に利用しながら新たな施設を建設したように、戦後の中国も、大連市政府が関東州庁の旧庁舎を使い、中国人民銀行大連市分行は旧朝鮮銀行大連支店を利用し、旧大連ヤマトホテルは大連賓館と名を変えてそのままホテルとして使用されるなど、空き家になった建物を利用していた。1950年代には急激な人口増加に対処して市街地の中心に集合住宅を建設したりして、新しい大連の都市づくりを始めたとはいえ、1966年5月の文化大革命開始から1977年8月の終結まで、大連市政府などが既存建築を建て替える余力などはなかったと言える。

結局、大連の市街地が面目を一新するのは、高層建築の建設が始まった1980年代末からである。かつては、斯大林（スターリン）路と呼ばれた旧山縣通の人民路では、富麗華大酒店（フ

ラマホテル）を皮切りに国際酒店、大連海関、香格里拉大酒店（シャングリラホテル）、新世紀大厦などの高層建築が、わずかの間に軒を連ねるようになったが、それはこの地域に限ったことではなく、市街地を見渡せば雨後の筍のように高層建築の林立が始まった。

　しかし、やみくもに建物を高層化しているわけではなく、例えば、旧大広場に面する中国人民銀行は朝鮮銀行大連支店として建てられた建物を利用しながら、その後方に高層建築を建設している。

　しかし、大規模な再開発や建て替えにより、現代的な高層ビルの建築ラッシュで、中にはこれらの歴史的建造物が解体されたり改築されたりして大連の都市の特色である「異国情緒」は失われ、色褪せ始めている。

〈中山広場〉
　戦後、中国に復帰して大広場は「中山広場」と改名された。そして、1950年には空き地のまま最後まで残っていた街区に、中国人の手で「大連市人民文化倶楽部」が建てられ、これで十区画の全てが埋まった。
　実は、大連市政府城市計画局では中山広場に面する建物は大連市の代表的景観を構成する

1-43　中山広場現在1（元ヤマトホテル・1-46まで2008年劉撮影）

1-44　中山広場現在2（元横浜正金銀行）

1-45　中山広場現在3（元朝鮮銀行）

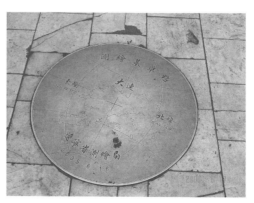

1-46　中山広場現在4（元大島義昌銅像跡）

要素として保存・再生の指導を行ってきた。すなわち、中山広場は大連の顔であり、そこに面して建つ建物もまた大連の顔として存在していると、大連市政府は認識するようになったのである。そこには大胆な発想の転換があった。旧横浜正金銀行をはじめ旧ヤマトホテルや旧朝鮮銀行などは日本の支配下に建てられた建物だが、それを単に支配の象徴・遺物として見るのではなく、建物の存在意義を認め、従来の遺物を新たな遺産と見なすというものである。つまりは、中山広場にある近代建築は大連市のランドマークともなり、重要文化財に指定された歴史的建造物であり、建築遺産であるとしたのである。戦後1950年に新築された人民文化倶楽部の玄関周りが当初は平凡なデザインであったのが、周囲に調和させて1998年にギリシア風に改修されたのもその一環であろう。

したがって、中山広場もその規模と外形を維持しながら、植栽を全面的に更新して、新しい広場に生まれ変わったのである。ただし、この広場の周りに建つクラシックな建造物は、おおむね旧態を保ち戦前の機能を残しながら厳然と建っており、かつ当時の機能のままに使用されていることは、驚異的なことであるが、背後の隣接地にメタリックな超高層ビルが屏風のように建ち並び、何となくぎこちなくなってきていることは否めない。

3 ❖ 継承された都市文化──各公園の成立

(1) 大連市内の公園

大連市は緑山碧水に恵まれて、それ自体がすでに公園と言い得る。公園の定義が不明確で、有名無実のものであったり、未完成のものだったり、いつの間にか消えてしまった幻の公園であったりして、その数は正確には分からないが、公園として特に施設したものは、大連では、中央公園（元・西公園）、星ヶ浦公園、電気遊園（のちの小村公園）、北公園、東公園などがあげられる。以下、その主なものを簡単に紹介していく。

① 中央公園（西公園）

中央公園は大連市の中央に位置し、緑山、春日山の山嶺が東北市街に面し、緩傾斜をした一帯の地域であって、総面積100万㎡（32万坪）、大連最大の公園である。もと白楊、杏等の樹林であり景勝の地だったのを利用し、かつて明治31年（1898）頃から、ロシアが極東経営の根拠地としてダリーニー市を建設した際に公園に選定し、南ロシア地方からアカシアを移植し、これに地方産の種苗を配し、園内道路や橋梁を築造し、都市公園としての設備を進捗中で未完成ではあったが、猿や虎の檻などはあった。間もなく日露開戦となり、明治37年（1904）5月、日本の占領統治下に入ったものである。

日露戦争終結後、関東都督府がこの公園を管理するに及んで西公園と名付けたが、当時園内に猛虎を飼育しており、草分けの頃には日本人の女傑を虎に食わしたという話があったので、別名虎公園とも呼ばれていた。

その後関東庁においては、花園、運動場、遊覧道路等の施設整備に努めていた。野球興隆

1-47 中央公園忠霊塔を望む

1-48 薫風緑陰さわやかなる中央公園

の気運に後押しされて大連実業団・大連満洲倶事部両チーム専用球場の建設が決まり、大正9年（1920）8月、実業グラウンド開きが行われ、同じ頃に西公園グラウンドを拡充改修した満倶球場が完成し、観客3万人収容可能の堂々たる野球場2カ所が備わった。

また、朝日広場にあった表忠碑を緑山山麓の景勝地に移設することになり、大正14年（1925）秋から工事にかかり、4万9000円を費やし、4400坪の浄域に多角形建築美を誇る忠霊塔を建設し、大正15年（1926）4月25日、除幕式と共に日露戦争で蓋平以南（旅順を含まず）の戦死者6032体の遺骨の奉遷・鎮魂祭が行われた。

その直前の大正15年（1926）4月1日、市において関東庁より公園の移管を受け、旧来通りの西公園と称したが、市街地が次第に発展するのに伴って中央に位置するようになったので、昭和3年（1928）頃に中央公園と名を改められた。公園前電車通の一帯を西公園町と称した町名は中央公園町とはならず、そのままの名が残されている。

その後、専門技術家の設計の下に昭和3年（1928）度より年間3万円の十年継続事業として、これが改良に着手して昭和10年（1935）の今日に至ったのであるが、市への移管後において投じた経費は約14万円である。現在施設としては、野球場2カ所のほか、弓道場、硬球テニスコート3面、児童遊戯場、池、乗馬場、料亭等があるが、昭和3年（1928）以来改良計画に着手施工中であって、すでに児童遊園2カ所、昭和9年（1934）度において25メートルの児童用プール、相撲場、保健浴場等の施設が完備され、自然と人工美の調和した公園として市民のよき憩いの場であった。なお、本園内の植物には、次のようなものがある。

松20万本、アカシア10万本、イタチ萩10万本、柏5万本、楓5万本、連翹（レンギョウ）3万本、側柏（コノテカシワ）3万本、ユスラ梅2万本、桜1万5000本、その他杏、柳、白

楊等
「春季」スミレ、アザミ、タンポポ、レンゲ、花菖蒲
「秋季」撫子、桔梗、女郎花、朝顔、ダリア、グラジオラス

　園内にはアカシアの木が多い。特に公園を伏見台に抜ける大道には樹齢百年に近いアカシアの大本が両側に並び、開花期になると花のトンネルを形づくり、訪れる人々の目を楽しませてくれた。

　忠霊塔に向かって、左側に満倶球場があり、右側に実業グラウンドがあった。

　毎年6月頃に始まる恒例の実満戦は、大連市民を二分し、長らく市民を楽しませてくれた。そして、その勝者が東京神宮球場で行われる全国都市対抗野球大会に出場の栄を担い、第一回から第三回まで満倶・実業の大連勢が三連覇を遂げ、黒獅子旗が玄界灘を越え大陸に渡った。このように実力ある実満戦が毎年、両球場交互で行われたということは、大連のファンにとって恵まれていたと言えるだろうし、市民の誇りでもあった。この忠霊塔に隣接して相撲場があった。小中学校での相撲熱が盛んで、各種の相撲大会がここで開催された。夏場はよく軍楽隊の演奏もここで行われた。

　昭和8年（1933）2月、かつて

1-49　大連西公園勝景

1-50　緑陰に風憩う大連の中央公園

1-51　緑滴る西公園

より日本相撲協会の待遇に不満を持っていた出羽の海一門の力士たちは大の里（大関）、天龍（関脇）その他の同調者と共に関西相撲協会を結成し、本場所や巡業を行っていたが、昭和12年（1937）12月に解散するに至った。その後、大の里は大連に渡り相撲の普及に当っていたが、病を得て昭和13年（1938）1月に死亡した。「人情に厚く人柄も良かった大の里」はその死を悼まれ、大連市民や相撲界の人々により中央公園市立相撲場横に記念碑が建立され、同年7月29日に丁度東京大相撲巡業で来連中の横綱双葉山も参加して除幕式が行われた。

　緑山の中腹を縫って、遊覧道路がある。この道路は松山台から春日池に至る約1.5kmの舗装道路で、ここからは更に広い視野が得られ、大連湾の対岸甘井子はもとより遥か柳樹屯、大和尚山も遠望できた。夏の夕方には浴衣がけで子供らを連れ、散策の一刻を楽しむ人たちも多く見受けられた。

1-52　花咲き笑う麗しの中央公園

〈大連常盤小学校「剥製の虎」伝説〉
　大連常盤小学校の正面玄関を入ると、右手に大きなガラスケースに収まったシベリア産の巨大な猛虎の剥製が置かれていた。学校のお守りと言われ常盤小の名物でもあった。虎視眈々と辺りを睥睨し弩迫力があった。新入の一年生は怖じ気づき、在校生も足早に前を通り過ぎていた。外来のお客さんも度肝を抜かれたという。

　ロシア統治時代に、時の奉天総督府増棋将軍から極東太守アレキセーエフに献上されたもので、明治44年（1911）秋まで西公園（のちの中央公園）で飼育されていた。虎の死後は剥製にして常盤小にて保存されていたが、どうして小学校の玄関番になったのかは詳らかではない。その猛々しい姿は、常盤小出身者に均しく強烈な印象を残している。蛇足ながら著者（秦）もそのうちの一人である。

　明治37年（1904）2月10日、日露戦争が開戦し、日本軍（第二軍）は遼東半島に上陸し金州を占領後、ダリーニー（大連）に向かうや、アレキセーエフ極東太守は大連を放棄して旅順へ遁走した。その際、一人の日本婦人が機密書類を盗んだ女スパイだとして捕らえられ、虎の檻に放り込まれて咬殺されたとの風説が流され、公園の虎の檻の立て札にもそのことが書いてあった。明治の戦時画報には、絵入りでその事件が報道されている。

　しかし、虎の飼育係だった中国人の西吉忠さんは、そのことを全面的に否定しているので、この話はやはり眉唾ものだったのかもしれない。

　虎の檻は天井の高い頑丈な石造で、いつ行っても虎は薄暗い左奥の一段高い所に寝そべっ

ていた。この虎を目がけて日本人たちは石を投げるのだが、鉄格子に阻まれて虎までは中々届かない。前述の流説を信じる日本人が憎しみの投石を続けるのである。しかし、この虎もやては死して皮を残し、剥製となって常盤小学校の一隅に安置されることになった。虎亡きあと檻には月の輪熊が入れられたが、知名度は流石に遠く虎に及ばず、遂に「熊公園」の名は生まれなかった。

否の異説がある。大正 8 年（1919）頃、西公園には虎の檻があり、空になっていたが、2 メートル近い大虎が飼育人（中国人）を食い殺したため薬殺され、剥製にして第三小学校（常盤小）の玄関に飾ってあったのを、小学校に入学して恐る恐る覗き見した、という話である。

戦後、大連を訪れ、青泥窪橋小学（旧常盤小）を尋ねた方々に

1-53　虎の飼育監

1-54　虎の剥製

「虎は見当らなかった」「虎は何処へ行ったのだろうか？」と、疑問を抱かせる虎の末期の真相は、当時の体験者によって、次のように明らかにされている。

玄関にあった母校のシンボル剥製の虎は、終戦後北校舎二階角の電車通りに面した教室にガラスケースごと引越してきた。かくて母校の象徴は五年二組の男子児童約 50 人と机を並べることになったのだが、たしか木枯らし吹く 11 月のある朝、登校した五年二組の誰もが目を疑うほどの大事件が起きた。ガラスケースにその偉容を誇っていた虎は、頭と四肢と尻尾の先だけを残して、そっくり皮を剥がされていたのである。白い布にくるまった藁が胴体の中身であることを、その時に初めて知ったのであった。一体誰が虎の皮を持ち去ったのかと、その時に思った者は誰もおらず、むしろ子供心に驚きと宝物を失った落胆の方が遥かに大きかったと、今も思い出されるのである。皮を剥がされた虎は、そのままにして置く訳にもいかなかったのか、取り敢えず白布がすっぽりとケースの虎の肢体に頭から懸けられ、その状態でしばらく五年二組の教室に置かれていた。

いよいよ常盤国民学校が、第三小学校、常盤尋常小学校以来の歴史を閉ざし、校舎も運動

場も理科の実験器具も運動用具などと共に、大連市政府に引き渡される日が迫ってきた。昭和21年（1946）3月26日（34回生卒業式の翌日）、五年生が総動員され、引渡す必要のないものや不要な書類等を中庭で次々と焼却した。そのうち、皮のない虎も持ち出され火の中に投ぜられた。皮も骨もない藁だけの胴体は、あっさりと燃え尽きた、四肢や尻尾の先は中々燃え切らず、やっとの思いで焼いてしまった。

　しかし、頭だけは頭蓋骨があるせいか、あるいは特殊加工がしてあったのか、中々燃えず、燃やすものがなくなり燃えさしが燻っている中で、黒く焼け焦げた虎の頭がまだ十分に燃え切らないまま残っていたのが、今でも強い印象として残っている。虎はこうして再び会うことができなくなったのである。

② 北公園

　日本橋を渡り戎克（ジャンク）波止場の近くに北公園がある。周囲は露西亜時代に住宅地として最初に建設したところの北大山通を中心に、乃木町、児玉町、山城町等があるが、俗にこの一角を露西亜町と云っている。園内は平地に作った露西亜流の遊歩地であるが、老樹多く運動遊戯場としての設備もあり、北公園幼稚園はこの中にある。

　北露西亜町波止場に近く、西は満鉄公館や病院に囲まれ、東は電車道を隔てて満鉄の社宅街になっており、南は日本橋小学校と隣接する。そのように住宅や大きな建物に固まれた中庭という感じの公園であった。元はダリーニー市長公邸附属の散策道だったと言われる。

　ロシアが大連から撤退したあとは、相当に荒らされていたようだが、満鉄はこの公園を修復して満鉄社員及び附近住人の憩いの場とした。街の中にあるため、小村公園や中央公園ほど広くはないが、異国情緒の残っている小ぢんまりとした遊び場として、多くの市民に利用された。

1-55　北公園1

1-56　北公園2

ロシア式の積み方をした煉瓦塀が巡らされ、塀の外を歩いていても、公園の中がよく見えていた。入口近くに水鳥や鶴などのいる金網張りのゲージがあり、鴛鴦や白鳥もいた。時間になると飼育係のおじさんが、生きた泥鰌や雑穀などを与えると、水鳥たちはピーピーがやがや、我れ勝ちにと群らがっていた。この鳥小屋から少し丘を登ったところに、ロシア風の丸太小屋があった。これは元埠頭構内にあったもので、ロシア人の生活を偲ぶ珍しい建物であるから記念に残すことになり、大正12年（1923）、ここに移された。

このすぐ前には立派なテニスコートが2面並んでいて、白ズボンのスマートな青年たちが、いつも快いボールの音を響かせていた。大連のテニスファンは、皆このコートで対抗競技をしたり、外人選手との模範試合もたびたび行われた。デビスカップの覇者として世界的に知られた太田芳郎選手もここがホームコートであり、また万能選手として有名な飯村姉妹を育てたのも、北公園テニスコートであった。

公園の周りには、運動円木やブランコなど子供らの喜ぶ余り物もあって、家族向きの遊び場として、附近の人たちに喜ばれていた。夏の真昼どきになると水鳥の鳴き声と、時々聞こえてくるラケットの音ぐらいしか聞こえない静かな公園であった。

③ 謎の東公園

大広場から満鉄本社の前を通り、朝日広場に至る道路脇が東公園町であるが、それでは東公園とはどんな公園だったかと問かれると答えに窮する。西公園が中央公園と名称が変わっても、西公園町の名はれっきとして残っているのに、一方で東公園町の名がありながら公園らしきものが何処にも見当らないでは、ちょっと腑に落ちないのは当然であろう。しかしそういえば、満鉄本社の先の左側に白楊のえらく茂った地域があったが、あれがその公園らしい、という古老の話である。満鉄本社前の角に満洲日日新聞社が新築され、その先の広大な地に要塞司令部出張所だの憲兵分隊・陸軍関東倉庫などという、おっかないものができたのが、実は公園の跡地だったのだ。ここに「大連東公園内池畔」と題する絵はがきがあるので、東公園が存在していたという証拠にはなるであろう。

公園とは縁もゆかりもないが、東公園町に因む話題をもう一つ。

満鉄本社の前に、「龍華宮」という小さな黒煉瓦の廟がある。この寺はロシアが大連市街を計画する前からあったもので、古老の話によると、この附近から南山麓に至る一帯は桑畑と沼で、よく鴨撃ちに出掛けたということであるが、この寺は古くから中国人間の信仰が厚く、紅

1-57　東公園内池畔

の旗などを立て賑やかにしていた。

　市の発展と共に、紀伊町、山縣通ができ、満洲日日新聞社や建築協会もでき、龍華宮はビルの谷間に残されてしまった。

　市役所や満鉄から、幾度となく立退きを要求されたが、そこは信仰心深い中国人のこと故、決してその意に応ぜず、頑張っているうち、その立退要求もいつしか立ち消えとなって、寺が動かないということで逆に一層参詣者を多くし、平日も数百人、旧暦の十五日には千人を超えたという。日本人の信者も多く、ご利益も確かだったらしいが、誰も御本尊が何であるかを知るものはいなかった。

　ここの信徒代表は、海運会社政記公司の社長で、市会議員でもあった張本政という富豪であった。

④ 松公園（常盤公園）

　奥町の北のはずれに近い右側に、大連には珍しい老松の繁った松公園があった。地積狭小で周りを小街区に囲まれ、松公園とは名ばかりで、特に松樹が多かったわけではない。しかし、常緑の松のイメージからか、またの名を常盤公園とも呼んだ。公園の直ぐ脇に近隣の有志により造営された波切不動の祠がある。

1-58　松公園

　また、隣接して遊郭が軒を連ね、浅酌低唱の客の足を容るるものも少なくなかった。大人にとっては特別な場所であったろうが、近所の子供たちは親からあそこに行くなと申し渡されていたようだ。その後、市中散在の遊郭を当時の校外南端の一カ所に集め、優雅な逢坂町という町名を付けた。以来、白粉お姉さんたちは姿を消し、公園後には大正11年（1922）4月に松林小学校が開校し、一転して文教の町となった。

（2）郊外の遊園地・避暑地

① 星ヶ浦公園

　市内大広場より西南8km、なだらかに裾野を西方に延ばす大連富士（台山）を背にして、一面の海岸と緑の丘がある。坦々たる旅大道路に沿って前方絵のような島々を望見しつつ緑山碧水の間、白砂の長汀が連なる星ヶ浦海岸のほぼ中央に霞半島という岬があり、その東は曙（あけぼの）の浜、西を黄昏（たそがれ）の浜と画している。この辺り一帯はロシアでさえ目につかなかった南満洲のオアシスで、満鉄が建設当初から独自に整地開発した地域108万9000

㎡（33万坪）の遊園地、すなわち、星ヶ浦公園である。奇異な形をした岩が点在するところから、それが隕石であるという現地漁民の言い伝えによって、星ヶ浦と名付けたと言われる。

園内は道路を整備し、噴水、花壇、水族館及び各種運動器具等の備えもあり、海水浴場には脱衣所、シャワー等の施設を完備し、また、巨額の投資のもとに、海浜を一望する丘にヤマトホテル本館と分館を建て、別荘のほか、夏期には瀟洒なバンガローを設けた。

電車道を隔てた北側一帯は、満鉄が誇る広大なゴルフ場で、山に囲まれ陽の和らかいゴルフコースは林の先まで続いていた。このほか、星乃家その他の料亭も四季を問わず大、小宴席の絶え間がなかった。スタービーチの名は景勝、設備ともに満洲のみならず遠く香港、上海あたりの外人客にも評判が良かった。されば、満洲最適の避暑地として外人の来遊も少なくない。

霞半島の付け根のところに、満洲開発の立役者、満鉄初代総裁後藤新平の銅像が建っていた。特徴のある鼻眼鏡にフロックコートの銅像、遠く岬を越えて外洋を見つめているその客姿は印象的だった。銅像附近では、春に数百本の桜が一斉に開き、満鉄主催の園遊会、市民の花見などで賑わっていた。夏は

1-59　星ヶ浦公園

1-60　星ヶ浦

1-61　星ヶ浦の海水浴場

一　ロシア・日本両帝国の威光として作られた町──大連

1-62　星ヶ浦後藤新平銅像

海浜一帯を小中学生のために開放して、学生を乗せた満員電車は、大正広場、星ヶ浦西門間をひっきりなしに往復していた。

　黒石礁電車終点から西に延びている道路は旅大道路で、バスが1時間毎に出ていた。途中小平島、龍王塘、玉の浦、黄金台等は星ヶ浦と共に、いつまでも想い出として残る美しい景勝の地である。

　昭和10年（1935）、大連市歌を公募し、当選作がA面でレコード化された時、同時に入選となった大連行進曲がB面に吹き込まれた。

　星ヶ浦は、「大連行進曲」歌詞の三番に、次のように歌われている。

　　　　大連富士の　あの裾麓（スソフモト）　春は現（ウツツ）の　星ヶ浦
　　　　桜求めて　ドライヴすれば　自動車（クルマ）の屋根に　花が散る

〈星ヶ浦ゴルフ場〉

　満鉄は、大正4年（1915）11月には、星ヶ浦ヤマトホテルの敷地北側を電車道を隔てた大連富士（台山）山麓の丘陵地にゴルフ場を開設したが、裾野のゴルフ用地は緑なる芝生が15万坪にも及ぶ広大なもので、ここにゴルフ倶楽部ハウスもあった。

　リゾートホテルの宿泊客も、また市民のゴルフ愛好家も、洒落たニッカー・ポッカを着こなして、青空のもと眺望絶佳の風光に親しみながら、レジャースポーツのプレーを楽しんだ。平日には女性のプレー姿も見られたという。

　これは日本国内では最初にゴルフ場を併設したホテルとされる川奈ホテルが、昭和3年（1928）にゴルフ場オープンが先行し、ホテルの竣工が昭和11年（1936）であることを考えると、星ヶ浦ヤマトホテルのゴルフ場併設は、驚異的に早い事例であった。

1-63　星ヶ浦ゴルフリンクス

〈大連競馬場〉

余談ながら、大連にはゴルフ場のほかに、外地ではこれも最初という競馬場があった。元々は大正3年（1914）から、近郊の周水子で始まっていたが、昭和5年（1930）に周水子に飛行場を設置することになり、競馬場は大連富士を背にして星ヶ浦の入江を眺め、正面に白雲山を望む馬欄河（天ノ川）畔に移転してきた。

1-64　大連競馬場

ここは塩田の一部を取り込むなど、海岸に近く初期には整備が遅れて満ち潮、強風により海水が馬場に上がってきて、レース続行不可能になり中止することもあった。スタンドは4000人を収容で、等級別もあって、競馬場としてのすべての設備が整っていた。最盛期に2万人の人が集まっていたという。

当時すでにゴルフ場と競馬場の両者が併存していたなど、東京に引けをとらない文化都市の名に相応しく、「大連」の面目躍如であったが、いずれも戦時中は真っ先に閉鎖の憂き目にあった。

② 聖徳街遊園地

聖徳街の丘に聖徳太子を祀る太子堂があり、附近一体は公園予定地となっていた。清朝末期までこの辺りは劉家屯小山と呼ばれていて、人は殆ど住んでいなかった。明治31年（1898）旅順と大連を租借したロシアは、ここを緑地とする計画をしていた。明治39年（1906）、日本はその租地権の譲渡を受け、計画を引き継ぐこととし、聖徳太子像が設置された。

明治44年（1911）、緑地の東地区に法隆寺夢殿を模した聖徳太子堂が建立され、その後東南隅の高台に聖徳神社が造営された。

昭和11年（1926）11月、この丘に大連放送局（JQAK）の新局舎が新築され、放送局と太子堂一体の整備のほかは、公園化計画は頓挫し、遂に未完成状態のままで終戦を迎えた。

大連に、聖徳太子を崇拝し、その精神を普及することを目的とした「聖徳会」という会があった。聖徳会の創設は大正2年（1913）、土木建築業者の鈴木玄吉と池内新八郎の両人の発起によって「聖徳街」が生まれたことに遡る。

大連開港とともに「一旗組」の職工や労働者が押し掛け、「植民地の悪風に感染して、淫蕩、乱酒、賭博に耽り、あるいは喧嘩口論を事とし、無頼の徒」として市民の顰蹙を買うようになった。さらにこれ等の失業者群は徒党を組んで市中を徘徊し、無銭飲食を強要する者さえ現れた。鈴木と池内は、同じ職工として彼らの思想善導を図るために、聖徳太子の聖訓と孔子教中心主義によって職工を教化しようとし、神仏儒の三教を基礎とする聖徳会を組織

1-65　聖徳太子殿

1-66　聖徳太子像

して貧困職工の救済、職業紹介、冬季の炊き出しなどを行ったのである。

　大正7年（1918）、関東都督府より聖徳太子廟の南側に7万坪の土地の提供を受け、更に大蔵省より200万円の低利資金を受けて職工の住宅を造った。かつては聖徳街一丁目から5丁目まで、2000戸に及ぶ聖徳会のアパート群があった。また、三丁目の角には川島浪速の家もあった。

　聖徳街の丘に聖徳太子を祀る大師堂があり、付近一帯は公園予定地のまま放置されていたが、昭和8年（1933）9月、聖徳街一丁目で重大事件が持ち上がった。道路沿いに一脚のベンチがあるが、これこそ全大連はおろか内地まで湧かせた児玉勝美夫人事件に関係がある。事件は満洲チフスの権威児玉医博の夫人が、ダンスホール「ペロケ」で知り合った若いマドロスの愛人を最後には殺し、博士がその死体処理に関与したという猟奇事件で、夫人はその愛人としばしば前記のベンチで愛を語り合ったという。当時新聞はこのベンチの写真まで出したので、物好きな連中が一時は連日腰かけに来たという。おもえば、大連の名前を内地の人に印象付けたのは、大連商業の中等学校野球であり、都市対抗野球における満倶・実業両チームの活躍であり、そして何よりもこの児玉勝美事件であった。その頃内地から訪れる満洲観光の客たちは大連に上陸するなり、まず「ペロケ」に案内してほしいと言ったという。

　戦後、中国に返還された大連では、聖徳公園予定地は中国の手で中山公園として立派に整備完成された。その一隅に、新築された白い中国風の龍華宮がある。これは、聖徳神社を取り壊した跡地に、満鉄本社前にあった龍華宮を、平成4年（1992）に移動させたものと言われ、壁面に「南無阿弥陀仏」の文字が見える。中国歴史館として利用されているが、土・日曜には境内にのみの市が立ち、人出で賑わっている。

③ 鏡ヶ池児童遊園地

　鏡ヶ池は南山麓に、明治42年（1909）10月に築造された人口の貯水池で、縦長の三角形をしている。鏡ヶ池児童遊園地は、この地を中心にして、その周辺の空地に施設したもので、夏季はボートに、冬季はスケートリンクとして青少年格好の体育の場となっている。

1-67　鏡ヶ池

　毎年11月中旬になると鏡ヶ池は結氷し始め、大スケート場に変わる。子供たちは学校から帰ると、ランドセルを放り投げて一目散に鏡ヶ池に走った。夜はナイター照明の下で勤め帰りの大人たちがスピンを描いて滑っていた。池の周りの柳は芽吹く頃になっても、子供たちは名残惜しそうに氷が薄くなってあちこちに水溜まりのできた池をおそるおそる滑った。そのスリルは、冬に滑るスケートとは違った面白さがあった。

　鏡ヶ池の隣児童遊園地で、連翹に似た迎春花が黄色い花をつけると、もう春は間近い。続いて杏やライラックが蕾を付け、池面に柳絮が舞う頃になる。児童遊園地には桜の樹が数本あり、お花見時には市民憩いの場として大いに賑わった。短い春が終わると、桜と入れ替わる様に蒙古風が襲い、黄塵万丈、大連富士も霞む。6月に入るとアカシアの花が咲く。アカシアの白い花房を見ていると「胡藤」という意味が伝わってくる。大連のアカシアは「シベリアアカシア」で、俗に「ニセアカシア」と言われる。ロシア人が故郷を再現するためにウラル地方から運んだという。

　大連には梅雨がない。年間降雨量は630mm前後だが、7月から8月にかけてその半分くらいが降ってしまう。夏になると、鏡ヶ池にはボートを浮かべ若者たちが戯れる一方で、池の周りでは太公望が釣り糸を垂れ、竿と虫篭を持った悪童たちが池畔の柳の樹の下で蝉取りに興じる。秋になると公園の一角にある花園で菊の鉢植えが売りに出され、近所の人が列をなして買い求め、重陽の節句を楽しむ。そしてまた、池の周囲はスケーターたちの季節を迎え、一年が明け暮れる。

④ 弥生ヶ池遊歩地

　鏡ヶ池のさらに南方南山麓住宅街の一段上に弥生ヶ池があり、周辺は弥生ヶ池遊歩地として公園になっていたが、ここは訪れる人は稀で、近くに臨済宗妙心寺からいつも勤行の鐘の音が風に乗って聞こえてくるほど静寂な雰囲気に包まれていた。高地にあるので大連湾内の風光を指呼の間に求め、遥かに大和尚山を望む等、地域は狭いが捨て難い趣がある。

　盛夏は魚釣りに賑わい、冬季はスケートリンクが設置されたウインタースポーツの場となる。ここも元はと言えば、大正10年（1921）11月に築造された貯水池である。

1-68　老虎灘全景

1-69　大連近郊老虎灘の絶景

1-70　老虎灘の風光

⑤　老虎灘・静ヶ浦

　常盤橋から南する7号系統電車に乗れば約3km、春日町・桃源台を越えて、終点の汐見橋の先に老虎灘はある。

　星ヶ浦の女性的風光なのに対比し、ここは朴訥なる野人の男性美を偲ばしめる風趣がある。老虎空に嘯くに似た地貌の奇に因んで巧みにつけられた地名で、老虎灘の名の由来する猛虎うずくまる風致の懸崖をはじめ奇岩・奇景に富み、水清く魚多く潮干狩りに特に適している。街村目前の海は静ヶ浦と共に海水浴場であり、近くに水産試験所がある。ここはまた、日本人漁業者の根拠地でもある。

　景観の奇と釣魚と清らかな海水浴とで普く知られて清遊地となっている。金鱗躍る月明に船を傭い乗り出せば、魚はたちまち籠に満ち、また一方亭、千勝館、月の家、嘴月などの旗亭があり、冷風に酒杯を呼ぶに相応しく、こよなき慰安に満たされる。

　とにかく、老虎灘は、野趣に富む風光とともに忘れられない海である。

　電車終点のひとつ手前が静ヶ浦海水浴場である。静ヶ浦町、小波町の高級住宅地を通り抜け、海水浴場に至る小波橋とその附近は、大連の釣り天狗連にとっても手近な沙魚の好釣り場であった。

海岸に出て静ヶ浦海水浴場の浜辺には、脱衣所、貸しボートなどの設けが整い、市内電車の便もよく、市街地からもっとも近い海水浴場ということで、夏季は小学児童や一般市民にも人気が高く、殷賑を極めた。

1-71 老虎灘

4 ❖水師営物語——旅順で展開された大連奪取の攻防戦

(1) 水師営

旅順駅の西北一里二十丁（約6里）にある水師営と言えば、清朝の康熙54年（1715）に水師（海軍）の屯営が置かれた場所として世に知られていた。

初めは金州において招募した壮丁の中より470名を選び、また海賊から帰順した者の中より操船に長じ者30名を選んで教習し、計500名を左右両営に分けて駐屯させ、家を建てて将士に給し、兵船十隻を備えて旅順港内に置いた。ことさらに兵数を増し、海路を巡航、警戒させた。したがって、付近の民衆は水師営という代わりに「営房（兵舎）」と呼ぶようになった。屯田兵制なので兵隊は、出洋及び操演以外の日の余暇は、家に在って家族と一緒に農耕に従事させたのであった。やがて商人も集まり文化が進み、役所もでき協領（司令官）も来駐して、かなりの大集落となって、いわば城下町の感を呈していた。

ちなみに当局は自惚れて「上有天堂、下有蘇抗、除了北京、就是営房」（上に極楽あり、下は蘇州と抗州、北京を除けばすなわち営房）と称え、住みよいと謳歌していた。今や一つの街村で、村の中心には立派な関帝廟があ

1-72 旅順港口の全景

1-73　老虎溝山記念碑より二〇三高地を望む

1-74　北堡塁の弾痕

り、そこから左に折れて行けば西端に、史跡「水師営会見所」はある。また、娘々廟もあって、かつて定例の娘々祭りの芝居舞台周りは雑踏を極めた。

(2) 旅順攻囲戦

列強諸国の帝国主義に同じ帝国であった日本が指をくわえて眺めているわけがなかった。朝鮮半島の支配を目指した帝国日本は仁川でロシアと衝突、明治37年（1904）2月に日露戦争が始まった。そして、最大の戦いが旅順を中心とした遼東半島で行われ、たちまち両軍の奪い合う巷となり、水師営付近の百姓たちは遭難先に逃れ、家屋はことごとく砲火に破壊されて、一面の焦土と化した。西北村の農家李其蘭の家は、日本攻囲軍第一師団衛生隊の避難所として利用され、初めから赤十字の旗がひるがえっていたため、この家屋だけは破壊されずに残っていた。

二〇三高地（爾霊山ともいう）、東鶏冠山、二龍山、松樹山などの激戦で、日本兵約2万、ロシア兵1万5000余が戦死した。そして、明治38年（1905）1月旅順陥落、ロシアが降伏開城したのである。こうして、遼東半島の日本による支配が始まり、ロシアが建設したダリーニーは大連となった。

(3) 乃木三典

ロシアとの間に戦争が始まる直前の、明治37年（1904）2月5日の動員下令で近衛師団が出征するや、陸軍中将乃木希典は復職して、留守師団長に就いた。5月2日、乃木は旅順攻略のために新たに編成された第三軍の司令官に任ぜられた。すでに長男勝典中尉は第二軍の歩兵第一連隊の小隊長として戦場にあり、第三軍第一師団に属する次男保典少尉も戦場に向かい、ここ乃木三典父子はともども前線へ出たことになる。第三軍を率いて宇品港を出発する直前に広島で撮影した一枚の乃木の立像写真がある。勝典中尉と保典少尉は出征に当たって広島

で兄弟揃って記念撮影をし、そ
の写真を父母の許へ送ってい
た。宇品出発の直前に勝典戦死
の知らせを受けた乃木は、愛児
たちが何処の写真館で撮影した
かを探し出し、その写真師より
原版を取り出させ、それを手に
して撮影したのである。乃木は
出来上がった写真を静子夫人の
元に送り、「親子三人揃って戦死
するぞ。三人の骨が揃うまで葬
式は出すな。あとを頼むぞ」の
意を伝えたのである。

1-75　乃木保典戦死記念碑

　六月六日、乃木の第三軍は塩大澳に上陸した。その日に陸軍大将に任ぜられた旨電報が入り階級章を取り替えた。乃木が金州南山の新戦場に駒足を進めたのは六月八日であった。南山は勝典中尉が重傷を負った処である。死んだのは五月二六日野戦病院内だが、南山で戦死したと言ってもよい。乃木は山頂をじっと見上げていたが、やがて馬上で一編の詩を書き留めた。

　　　山川草木轉荒涼　　　山川草木轉タヽ荒涼
　　　十里風腥新戦場　　　十里風腥グサシ新戦場
　　　征馬不前人不語　　　征馬スヽマズ人語ラズ
　　　金州城外立斜陽　　　金州城外斜陽ニ立ツ

　この乃木が八月半ばからの旅順攻囲戦で、もはや地獄としか言いようのない大厄に襲われる絶対絶命の窮地に立つことになる。第一次、第二次、第三次と総攻撃が繰り返されたが、いたずらに死屍を曝すばかりで難攻不落、バルチック艦隊が一〇月一六日に征途についたため、旅順攻略は益々急務とされた。乃木は失敗を繰り返す中で初めて作戦の非を悟り、主攻撃を二〇三高地に転換することとし、攻城砲の主力を二〇三高地に集中し肉弾突撃を反復し、一二月五日に至ってようやく占領を果たした。乃木は一一月三〇日に二〇三高地の攻撃で次男保典少尉を失った。保典は友安旅団長の副官として、翼下の連隊へ連絡に行く途中で戦死したのである。乃木は、標高203mに漢字を当てて二〇三高地を「爾霊山」と称し、漢詩を詠んだ。

　　　爾霊山嶮豈難攀　　　爾霊山ノ嶮豈攀ジ難カランヤ
　　　男子功名期克艱　　　男子功名克艱ヲ期ス
　　　鐵血覆山山形改　　　鐵血山ヲ覆ヒ山形改マル
　　　萬人齊仰爾霊山　　　萬人齊シク仰グ爾霊山

　乃木の「金州城」と「爾霊山」は漢詩の名作として伝えられている。この二つの詩には、戦死した兵士たちを偲ぶ切々としたものがあるからであろう。だがそれだけではなく、戦死

した両典への乃木の悲痛な思いも秘められているに違いない。

(4) 水師営の会見

爾霊山の陥落の結果は敵艦隊の全滅となり、東北の諸塁相次いで守りを失い、東鶏冠山が落ち、最後に望台が奪取せられるに及んで、敵将ステッセルは最早抵抗を断念し、早速マルチェンコ中尉を軍使として明治38年（1905）1月1日午後5時、水師営南方砲塁の第一線に送り、書簡を以て開城に関する希望を申し出たのである。当時水師営の家屋は、約半年にわたる日露両軍の砲火によってことごとく破壊焼失し、ただわずかに第一師団衛生隊の使用した一民家が残されているのみであったので、開城に関する会見はこの民家で行われることになったのである。

翌1月2日午後0時30分より両軍停戦委員の会談がこの民屋で行われた。建物は三室に分かれ、開城談判の際は中央入口の東側の室を露国委員の控所、西側の室を会見所とし、日本側委員は建物の東南方に隣接した一小矮屋を以て控所とした。午後4時35分開城談判の終了と同時に停戦となった。

次いで1月5日には攻囲軍司令官乃木大将と、露国関東防衛軍司令官ステッセル中将との会見がこの荒屋で行われることとなり、開城の運びとなったのである。

歴史的なこの日、ステッセル中将は参謀長レイス大佐、参謀ニェヴェルセコ中尉、副官マルチェンコ中尉ほか計6名を随え、出迎え役の参謀津野田是重大尉が同行して、午前10時45分に来着した。定刻の11時になっても日本側が未着なので、津野田大尉は取り敢えず、開城談判の際の露側委員控室に案内し、第三軍管理部長渡邊満太郎少佐に頼んで暖炉に炭火をもらい、一行に茶菓の提供をした。

乃木将軍は参謀長伊地知幸介少将、参謀安原啓太郎大尉、副官松平英夫大尉、通訳川上俊彦外務書記官と共に11時30分に

1-76 水師営の民家

1-77 乃木ステッセル両将軍の会見

ようやく到着した。愛馬で乗りつけた乃木は、一足先に着いたロシア側一行が控室に入り暖をとっていると聞くと、厳しい顔で外へ出させるようにと命じた、という話もある。ステッセルたちが慌てて戸外へ出て整列して迎えると、乃木はやっと馬から下りてステッセルと握手に応じた、というのである。

ここにいよいよ両将軍の歴史的会見が行われた。両将軍は一見旧知の如く、胸襟を披いて互いに快談し、簡単な午餐を共にしたのち記念の撮影を終えて別れた。時に午後1時20分であった。

(5) 史跡・水師営会見所

史跡としての水師営会見所は、戦争終結後、大正5年（1916）に日本の当局がこの李其蘭の家を買い取り、永久に記念として保存するために整備し、中庭には陸軍大将中村覚の揮毫による記念の石碑を建てた。また、前庭の左隅に一本の棗の木がある。ステッセル将軍が会見時に乃木将軍に贈った愛馬を繋いだというこの「棗の木」も記念の「神樹」だとして囲いをつけた。この樹も当時は弾丸に著しく傷つけ痛められていたというが、その後数十年の雨露に養われて、幹も枝も共に勢いよく生きて、当時を語る唯一の存在であるかと思えば、もの言わぬ樹にも、言はまほしき感じがする。その棗の木の話だが、旅順一帯の農家の庭先には大抵一本の棗の木が植えられていた。それは棗のことを中国ではzaoと発音し、「早い」と同じ発音で、縁起が良いとされているからである。その他庭内には、第一師団繃帯所の跡を記念する碑も建っていた。

その後、昭和20年（1945）8月の終戦まで、野々下徳太郎という管理人が家族と一緒に定住し、数え切れない程の来訪者を接待した。また、近くには安道、広野、内藤などの記念品店があって、土産品としてここに因んだ写真、絵葉書、棗飴、棗焼酎、棗の種子等を売っていた。

終戦後、ソ連軍が旅順に侵駐した時に、会見所の記念碑はただちにソ連軍に破壊され、石碑は石材として貯水池建造に利用された。会見所の家屋は、茅葺き屋根は瓦屋根に変えられ、供給組合の倉庫として活用し、人々の丹精した棗の木も残っていたが、昭和30年（1955）に伐り取られ、家屋も取り壊された。

1-78　水師営会見所

(6) 文部省唱歌「水師営の会見」

　これは最初は軍歌として作詞、作曲されたものではない。水師営会見での出来事を「尋常小学校読本」(巻十)に掲載するため、明治39年(1906)6月、文部省から委嘱を受けた歌人・国文学者佐々木信綱(三重県出身)が作詞したものである。佐々木はこの歌を作るに当たり、直接乃木将軍から当時の模様を聞きたいと思い、乃木と親しかった森鴎外に紹介を頼み、鴎外は快く承知した。佐々木は鴎外の名刺を持参して、当時学習院の院長だった乃木大将を訪れて会った。乃木はすこぶる丹念な人柄で、事実に誤りがあってはならぬというので、わざわざ当時の参謀安原少佐を同行し、偕行社において佐々木に水師営会見の詳細な話を聞かせたという。佐々木は詳しく会見の模様を承知した上で筆をとったそうであるから、「庭に一本棗の木弾丸あとも著く」「昨日の敵は今日の友」とか「砲音絶えし砲台に」などと実感の籠も

水師営の会見

一、旅順開城約なりて
　　敵の将軍ステッセル
　　乃木大将と会見の
　　所は何処(イズコ)水師営

二、庭に一本(ヒトモト)棗(ナツメ)の木
　　弾丸(ダンガン)あとも著(イチジル)く
　　崩れ残れる民屋に
　　今ぞ相見る二将軍

三、乃木大将は厳かに
　　御恵(ミメグ)み深き大君の
　　大みことのり伝うれば
　　彼畏みて謝しまつる

四、昨日の敵は今日の友
　　語る言葉も打ち解けて
　　我は讃えつ彼(カ)の防備
　　彼は讃えつ我が武勇

五、かたち正して言い出でぬ
　　「この方面の戦闘に
　　二子を失い給いつる
　　閣下の心如何にぞ」と

六、「二人の我が子それぞれに
　　死所を得たるを喜べり
　　これぞ部門の面目」と
　　大将答え力あり

七、両将昼食(ヒルゲ)ともにして
　　なおも尽きせぬ物語
　　「我に愛する良馬あり
　　今日の記念に献ずべし」

八、「厚意謝するに余りあり
　　軍の掟に従いて
　　他日我が手に受領せば
　　永く労(イタ)わり養わん」

九、「さらば」と握手懇ろに
　　別れて行くや右左
　　砲音絶えし砲台に
　　閃き立てり日の御旗

った九節の叙事詩に纏め、武人としての乃木将軍の面目躍如がの一面を窺い知ることができる作品となった。

　作曲は東京音楽学校で教鞭をとっていた岡野貞一（鳥取県出身）が作曲して、明治42年（1910）7月の「尋常小学唱歌」（五年用）に掲載されて、児童たちに長く愛唱されたばかりでなく、人口膾炙の歌として日本の津々浦々で歌われていた。

二 大連、そして満洲に「夢」を託した日本人

Chapter 2

1 ❖ 夢の大連航路

(1) 日満連絡・大連航路

　大連航路は、日本内地と満洲の玄関口大連を直結するルートで、大阪商船が日露戦争中にいち早く開設したものである。

　後年この航路は、内鮮を結ぶ関釜航路、昭和に入り敦賀～北朝鮮の日本海航路と並ぶなかでも、最も重要な大陸への幹線航路として「日満連絡船」と呼ばれて、日本の大陸経営に大きな貢献をなした。

　前章でみたように、日露開戦後間もなくの明治37年（1904）5月にダリーニー（明治38年2月11日から「大連」と改称す）を無血占領し、翌明治38年（1905）1月2日に旅順開城がなるやただちに阪神～大連線の航路を開設し、満蒙開発の先駆となる第1船舞鶴丸が、1月14日に神戸を発航した。これに伴い同年3月北大山通一丁目に在勤員事務所を置いたが、店務は次第に繁忙となったため、明治39年（1906）2月には出張所に昇格した。

　その後、舞鶴丸、舞子丸の2隻にて毎月4航路とし、次いで安平丸、基隆丸を加えて毎週2航海に増加した。日本郵船は戦時中の顕著な活躍にもかかわらず、その後の商郵協定により大連・旅順の業務から撤退し、大連航路は大阪商船の独占するところとなった。明治39年（1906）4月より、舞鶴丸、舞子丸の代わりに大仁丸、大義丸を配し、安平丸、基隆丸の代わりに開城丸、鉄嶺丸を入れて4隻とし、また明治42年（1909）5月に出張所を支店に昇格し、大山通二丁目に社屋を移転した。

　明治42年（1909）4月には南満洲鉄道との船車連絡輸送も成

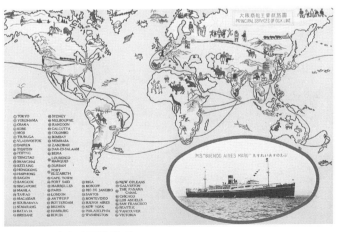

2-1　大阪商船主要航路図

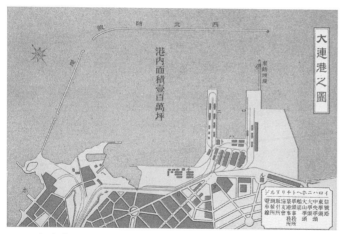
2-2　大連港の図

2-3　大連港

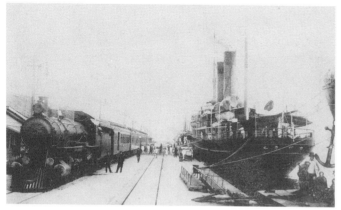
2-4　大連埠頭船車連絡

立し、2年後の44年（1911）には使用船を4隻とも入れ替えて天草丸、嘉義丸の代船ばいかる丸を新造、13年（1924）には台中丸、台南丸の代わりに北米航路の亜米利加丸、香港丸を投入した。

大正7年（1918）12月に山縣通二丁目（埠頭から港橋を渡った東広場角）に大連支店を新築し大山通から移転した。また、満鉄も埠頭工事を進め大正13年（1924）に船客待合所、同14年（1925）年には埠頭玄関と埠頭事務所が完成した。

昭和4年（1929）には、うらる丸が新造増配された。そして昭和7年（1932）満洲国の建国とともに、うすりい丸を新造、翌8年（1933）には北米航路から、たこま丸、志あとる丸を増配、9年（1934）にも巨船扶桑丸、瑞穂丸が加えられた。

日満関係は日進月歩の言葉通り日々緊密さを増して行く情勢の中、更に優秀船の増発を計画し、三菱長崎造船所において7000トン級の新造優秀船2隻を建造、第1船吉林丸は昭和10年（1935）2月より、第2船熱河丸は同年4月に就航、更に2隻の増強計画で第3船黒龍丸が12年（1937）7月に、第4船の鴨緑丸が同年9月にと相次いで投入となり、ここに優秀船10隻の輝かしき巨船隊の出現を見ることになった。

大連航路は、通常朝10時に大連港を出帆し、翌々日の朝には門司着、門司を正午に出て翌

早朝に神戸港に到着、翌日には折り返し大連へ回航というスケジュールで運航されていた。

彩り鮮やかな船客の送迎風景は港の風物詩でもあった。機能的な待合所の施設が船客送迎をいっそう華やかなものにしていたのであろう。お互いの間は大きな声を出せば通じ合うほどの距離であり、見送りには沢山の七色の紙テープが飛び交い、虹のような彩りが船と岸壁の間を埋め尽くすのである。やがて出帆の刻を告げる銅鑼が鳴り響くと、呼び合う声は一段と高まりをみせ、哀調を込めた汽笛が一声尾を引いて流れ、徐々に岸壁を離れる船と繋がれた紙テープが伸びきって切れて波間に漂えば、色とりどりに泪色となって、はかなく消えてゆく。いつもながらの別離の出帆風景である。一方の出迎えのときは、紙テープこそないが声の乱舞は同様で、再開を喜びあう姿があちこちで見られ、こちらは微笑ましい涙である。

2-5　埠頭船客待合所入口

2-6　大連埠頭の賑い

これらの風景も戦時色の深まりとともにいつしか見られなくなり、出征兵士を見送る軍国風潮にとって変わられるものであった。

昭和12年（1937）の蘆溝橋事変発生後は大陸の戦局の進展に従い、優秀船の多い大連航路の就航船のうち、ばいかる丸、たこま丸、志あとる丸、うすりい丸が次々と陸軍病院船に徴発されて、一時就航船は5隻に減少し船腹の不足に悩まされながらも、それを補うため大連汽船の大連丸、青島丸、奉天丸の3隻を用船としたほか、遠洋航路から撤退したすらばや丸、南海丸、東京丸、西貢丸、ありぞな丸、あらびあ丸、りおねぢやねいろ丸など、大型貨客船を順次投入して極力輸送の円滑に努力した。

昭和15年（1940）4月から年末にかけて、さんとす丸、らぷらた丸、もんてびでお丸が応援を務めたあと、同15年（1940）10月には南米航路から1万3000トンという当時日本最大級の豪華姉妹客船あるぜんちな丸、ぶらじる丸の登場となり、その後短期間ではあったがアフリカ東岸航路の報国丸の転配就航もあった。

2-7　入港日の賑い

2-8　定期船ウラル丸出帆当日の盛況

このように、明治38・9年（1905・6）当時1000～1500トン級の配船で始まった阪神～大連航路は逐次大型船と交替し、昭和初年には2日ないし3日毎に過ぎなかった運航も徐々に便数を増し、最盛期の昭和15・6年（1940・41）には船腹を遣り繰りしながらも月25便に増強し、激増する貨客をさばいていた。

しかしながら、折角陣容が整っていよいよ活躍期に入ったと思う間もなく、太平洋戦争の勃発により、就航船のいずれもが軍用船として徴用せられ、はた亦、戦禍の犠牲となって次々に姿を消していってしまったのである。

昭和17年（1942）初頭の就航船は、鴨緑丸、黒龍丸、熱河丸、吉林丸、うすりい丸の5隻となり、月間11航海を維持するのみであった。同年4月船舶運営会が設立されたので、5月に大連航路は同会に移管した。

戦局は日々深刻さを増して昭和18年（1943）8月には、大連周辺海域の日本船が米潜水艦の攻撃を受け、日満を結ぶ航海も安全とは言えなくなってきた。昭和19年（1945）年5月、大連中等学校生徒が動員先の小平島防空監視所で、米潜水艦2隻を発見し急報対処せるにより、これを撃沈したという大手柄を立てたこともあったが、この前後から大連港を発着する遣り繰り算段の船も次々に撃沈され、遂には大連港は封鎖の憂き目に会うことになり、昭和20年（1945）4月に大阪商船大連支店も廃止された。

かつては華々しく日満の懸け橋といわれた大連航路も、船の行き交うこともなく、何時しか幕を閉じてしまっていた。

(2) 日満連絡大連航路就航船

日本と満洲を結ぶ定期連絡航路には幾つかのルートがあった。関釜連絡船から朝鮮半島の陸路縦断はいかにも列車の長旅であったし、日本海を直航し、日満最捷路といわれた新潟・

敦賀〜北鮮航路は東満との連絡が主であった。食事付きの船旅は経済的であり、かつ大連に上陸し南満洲鉄道線に直結という点に魅力があったのか、他のルートに比し大連航路の利用は圧倒的に多かった。

日露戦火酣の明治38年（1905）1月に大阪商船により開設された阪神〜大連航路第1船「舞鶴丸」から終戦前の大連港孤立に至るまでの同航路定期就航船を纏めてみると、その主要なものは次のようになる。

2-9　大阪商船事務所

① 〈舞鶴丸〉MAIZURU-MARU

　　進水　　　明治24年（1891）
　　建造所　　アームストロング・ミッチェル社（英）
　　総トン数　1076トン
　　出力　　　106公称馬力
　　終末　　　明治40年（1907）8月10日　朝鮮半島西岸小青島付近で擱座、全損
　　コメント　日清戦争直後の明治28年（1895）12月24日、大阪商船が近海航路用としてオランダ船主ノイラール社から購入。前名コンチネンタル号 continental。翌明治29年（1896）5月阪神〜台湾間に就航。次いで明治32年（1899）1月14日

2-10　日満関係要図

に旅順開城直後に開設された阪神〜大連航路の第1船として就航した。
　　トピックス　「舞い上がる」というラッキーな命名だが、その最期は不運。日清戦争直後に大阪商船が蘭・独から購入した2隻の船名は日本海側の良港「舞鶴」軍港、瀬戸内海の名勝「舞子」浜に因み選ばれたものであろう。両船は日露戦争の最中に開設された阪神〜大連航路に真っ先に就航する栄光を与えられたが、ともに哀れ不運な最期を遂げた。

②〈舞子丸〉MAIKO-MARU

進水	明治24年（1891）
建造所	ホヴァルツヴェルケ社（独）
総トン数	1178トン
出力	160公称馬力
終末	明治38年（1905）5月11日　大連より営口に向けて航行中触雷により爆沈
コメント	日清戦争直後の明治28年（1895）5月13日、大阪商船が近海航路用としてドイツ船主キーレル・ダンプフェル社から購入した。前名キール号Kiel。阪神〜仁川間などに就航。次いで明治31年（1898）3月阪神〜沖縄間に、翌明治32年（1899）9月大阪〜天津〜牛荘間に転配、さらに明治33年（1900）10月以降は新設の香港〜福州間に就航。明治38年（1905）1月には舞鶴丸とともに開設当初の阪神〜大連航路に投入された。

③〈開城丸〉KAIJO-MARU

竣工	明治39年（1906）1月15日
建造所	神戸川崎造船所
総トン数	2084トン
出力	2300馬力
最高速力	13.8kt
航海速力	11.5kt
船客定員	一等　20名　二等　30名　三等　268名
終末	昭和20年（1945）3月24日　東シナ海で空爆により沈没

2-11　開城丸

コメント　　　鉄嶺丸（三菱造船所建造）の姉妹船で阪神～大連間に就航した。明治44年（1911）に同航路から撤退。大正4年（1915）4月より大仁丸とともに基隆～香港間に就航する。昭和5年（1930）同航路から撤退。昭和7年（1932）9月より鹿児島～那覇間に転配。昭和13年（1938）12月の定期航路表では嘉義丸とともに鹿児島～那覇間に就航中。

トピックス　〈開城丸〉〈海城丸〉のミスか？　さにあらず！

　　　大連と長春（のち新京）を結ぶ南満洲鉄道線の中間点奉天の南に「海城」、北に「鉄嶺」が位置している。したがって船名の〈開城丸〉は「鉄嶺」との兼ね合いで南満の「海城」の誤りではないか、と思う人がいるようである

　　　これは実は本船が当初朝鮮航路への就航予定で建造されたので北朝鮮の古都名「開城」と命名されたが、日露戦争中に開設された大連航路へ急遽投入されたものであって、命名ミスでも何でもないようである。

④〈鉄嶺丸〉TETSUREI-MARU

竣工　　　　明治39年（1906）4月7日
建造所　　　三菱長崎造船所
総トン数　　2143トン
出力　　　　2715馬力
最高速力　　14.8kt
船客定員　　一等　10名　二等　30名　三等　248名
終末　　　　明治43年（1910）7月22日　大連からの帰途、朝鮮半島竹島灯台付近で座礁沈没（265名中94名の犠牲者を出した。）

2-12　鉄嶺丸

コメント　　　阪神〜大連間の貨客船。当初は大阪〜仁川間の定期船として計画されたが、姉妹船の開城丸とともに基隆丸、安平丸に代わって大連航路に投入された。
トピックス　　明治の文豪と明治の元勲の両巨人がニアミス！
　　明治42年（1909）9月2日に夏目漱石は神戸沖で鉄嶺丸に乗船し、約1ヵ月半の満韓旅行に旅立ち、6日に大連上陸、南満各地を巡り、最北地ハルビンを訪れ、南下して韓国に入り、関釜連絡を経て10月17日に帰京、早速21日から年末まで朝日新聞に「満韓ところどころ」を連載した。くしくも伊藤博文も満韓視察に同年10月16日に同じ鉄嶺丸で門司港を出発し、18日大連港に入り、26日運命のハルビン駅頭のプラットホームに降り立って凶弾に斃れた。漱石がハルビンについた9月22日の約1ヵ月後のことである。同じ鉄嶺丸に相前後して乗船し同じホームに立ち、また10月15・16日には関門を挟んで往還の擦れ違いがあったのではなかろうか。

⑤〈天草丸〉AMAKUSA-MARU

竣工　　　　昭和34年（1901）10月
建造所　　　ネプチューン社（独）
総トン数　　2340トン
出力　　　　2897トン
最高速力　　14.3kt
航海速力　　11.7kt
船客定員　　一等　39名　二等　21名　三等　207名
終末　　　　昭和19年（1944）11月22日　台湾近海で米潜水艦の雷撃を受けて沈没

2-13　天草丸

コメント　　ロシアの東清鉄道の貨客船アムール号Amurとして完成。日露戦争中の明治38年（1905）日本海軍に拿捕され天草丸と改名。明治39年（1906）9月大阪商船に払い下げられた。明治40年（1907）から阪神〜大連航路に就航。大正4年（1915）大阪〜青島間に転配。さらに大正15年（1926）5月阪神〜那覇間に転配。昭和4年（1929）3月北日本汽船に売却。同年4月から新設の浦賀〜ウラジオストック間に就航。

トピックス　語呂合わせ？

　本船の旧名は〈アムール〉というがAmakusaとAmurは頭のスペル発音が同一なのである。他にも旧名〈カザン〉が〈笠戸丸〉となったが、KazanとKasatoが同じなどなど「大連（Dairen）」「ダリーニー（Далъннй）」も同類である。

⑥〈嘉義丸〉KAGI-MARU

竣工	明治40年（1907）9月20日
建造所	神戸川崎造船所
総トン数	2509トン
出力	2811馬力
最高速力	15.3kt
航海速力	10.4kt
船客定員	一等　28名　二等　32名　三等　185名
終末	昭和18年（1943）5月26日　名瀬沖で米潜水艦の雷撃を受けて沈没

2-14　嘉義丸

コメント　　阪神〜大連航路用に造船奨励法の適用を受けて建造された貨客船。冷蔵貨物船倉を有し、大正12年（1923）4月大阪〜青島間に転配。翌大正13年（1938）12月現在の定期航路表では開城丸とともに鹿児島〜那覇間に就航。昭和16年（1941）9月大阪〜那覇間に転配した。

⑦〈台中丸〉TAICHU-MARU
　　竣工　　　　明治30年（1897）6月
　　建造所　　　ジェームス・レイング社（英）
　　総トン数　　3213トン
　　出力　　　　2500馬力
　　最高速力　　14.8kt
　　航海速力　　9.7kt
　　船客定員　　二等　39名　三等　98名
　　終末　　　　昭和19年（1944）4月12日　九州南方沖で米潜水艦の雷撃により沈没
　　コメント　　台北丸型の2番船。明治31年（1898）から姉妹船台南丸とともに神戸から基隆線に就航した。明治44年（1911）に開城丸および海難の鉄嶺丸に代わり阪神〜大連線に転配。大正13年（1924）2月まで同航路の運航に従事した。

2-15　台中丸

⑧〈台南丸〉TAINAN-MARU
　　竣工　　　　明治30年（1897）6月
　　建造所　　　レールトン・ジクソン社（英）
　　総トン数　　3176トン

出力	3186馬力
最高速力	15.6kt
航海速力	10.6kt
船客定員	二等　39名　三等　88名
終末	昭和19年（1944）6月24日　九州南西沖で米潜水艦の雷撃により沈没
コメント	台北丸型3番船　明治31年（1898）から姉妹船台中丸とともに神戸〜基隆線に就航した。明治44年（1911）これも姉妹船台中丸とともに阪神〜大連線に転配。大正13年（1924）2月まで同航路の運航に従事した。
トピックス	東南北と中があるのに何故「西」がない？

　神戸〜基隆線充実のために英国に発注した姉妹線3隻の第1船〈台北丸〉は回港の途中で遭難してしまったので、後にドイツから購入した船を〈台北丸Ⅱ〉と改名して補充した。その後英国からの購入船を〈台東丸〉としたが、遂に「西」を名乗る船は実現しなかった。昔の台湾地図を探しても、もともと「台西」の地名は見当たらない。

2-16　台南丸

⑨〈はるびん丸〉HARUBIN-MARU

建造所	神戸川崎造船所
総トン数	5169トン
出力	5120馬力
最高速力	16.7kt
航海速力	13.5kt
船客定員	一等　49名　二等　39名　三等　98名

終末　　　　昭和17年（1942）1月10日　海南島三亜沖で米潜水艦の雷撃を受け沈没
コメント　　阪神～大連航路用に造船奨励法の適用を受けて建造された本格的な大型貨客船。大正4年（1915）3月天草丸に代わって同航路に投入された。昭和12年（1937）8月黒龍丸の就航に伴い撤退。同月北日本汽船に売却され満洲丸の代船として敦賀～北鮮間に就航。昭和15年（1940）1月日本海汽船の設立に伴い移籍。
トピックス　ロシアとの縁り！　北満の国際都市名から
　　　　　　「哈爾濱（ハルビン）」は帝政ロシアの極東経営根拠地として創始された北満の中心都市。東洋のペテルブルグと称され、日満その他種族の雑居する国際都市であった。

2-17　はるびん丸

⑨〈ばいかる丸〉

竣工　　　　大正10年（1921）9月15日
建造所　　　三菱神戸造船所
総トン数　　5243トン
出力　　　　6189馬力
最高速力　　17.3kt
航海速力　　13.0kt
船客定員　　一等　92名　2等　140名　3等　568名
終末　　　　昭和43年（1968）解体
コメント　　阪神～大連航路用に建造された貨客船。船体は三菱神戸造船所で完成。艤装は三菱長崎造船所で施工されたという珍しい建造歴を有する。大正10年（1921）10月より嘉義丸に代わって大連航路に就航。昭和14年（1939）8月東

亜海運の設立に伴い現物出資され、神戸〜青島間に投入された。昭和20年（1945）5月14日大分県姫島沖で触雷し座礁大破、戦後浮揚に成功。昭和25年（1950）に近海捕鯨母船に大改造された。さらに昭和30年（1955）冷凍工船に改装され、極東丸と改名。

トピックス　こちらもロシアとの縁り！　世界最深の湖名から命名
　　　　　　東シベリア南部に南北に細長く横たわる世界最深（1742m）の「バイカル湖」がその由来。南端にチタ州都イルクーツク市がある。

2-18　ばいかる丸

⑩〈香港丸〉HONGKONG-MARU

巡行	明治32年（1899）
建造所	J.レーン社（英）
総トン数	6364トン
出力	8100馬力
最高速力	18.0kt
航海速力	13.0kt
船客定員	一等　106名　二等　14名　三等　384名
終末	昭和10年（1935）1月　解体
コメント	日本丸型客船の3番船。東洋汽船所属香港〜サンフランシスコ線に就航。日露戦争では仮装巡洋艦として軍務に服す。大正3年（1914）6月に大阪商船へ売却され、神戸〜基隆線に就航ののち、大正13年（1924）から昭和10年（1935）まで大連航路に従事した。
トピックス	サンフランシスコ線に何故「香港」？

東洋汽船が極東〜サンフランシスコ線を開始するに当たり英国に注文して建造した3姉妹船の1番船〈日本丸〉、2番船〈亜米利加丸〉はともに日米の懸け橋よろしく命名されたが、3番船〈香港丸〉は「香港」がこの航路の極東における始発終着地だったから。なお〈日本丸〉はチリへ売却されたので大連航路には配属されなかった。

2-19　香港丸

⑪〈うすりい丸〉USSRI-MARU

　　竣工　　　昭和7年（1932）3月25日

2-20　うすりい丸

建造所	三菱長崎造船所
総トン数	6386トン
出力	6976馬力（連続最大）
最高速力	18.1kt
航海速力	14.5kt
船客定員	一等　65名　二等　105名　三等　644名
終末	昭和19年（1944）マニラから基隆へ向かう途中澎湖島付近で空爆により沈没
コメント	阪神～大連航路用に建造された高速貨客船で、うらる丸の改良型である。満洲国建国直後の昭和7年（1932）4月に就航。うすりい丸の就航により大連ラインは隔日出帆（6隻配船）サービス向上となった。昭和18年（1943）3月陸軍輸送船として徴用された。
トピックス	「うすりい」もロシア縁りの川の名！ 「ウスリー川（烏蘇里江）」は東満・沿海州が接する「興凱湖」とその両側の山地を源とし、ソ連国境を北流してハバロフスクでアムール川（黒龍江）に合流する川である。

⑫ 〈たこま丸〉 TACOMA-MARU

竣工	明治42年（1909）5月25日
建造所	神戸川崎造船所
総トン数	5773トン
出力	3937馬力
最高速力	14.1kt

2-21　たこま丸

航海速力	11.3kt
船客定員	二等　46名　三等　127名
終末	昭和19年（1944）2月1日　マーシャル群島付近で雷撃を受け沈没
コメント	大阪商船の極東〜タコマ線の第1船。同型船が他に5隻あるが本船と第2船志あとる丸の2隻は昭和8年（1933）5月から同12年（1937）9月まで満洲渡航者の増大に合わせ大連航路に投入された。新造船用の解体引当船となる予定のところ日中戦争勃発で陸軍に徴用され、戦没するまで御用船の任務を果たすこととなる。

⑬〈扶桑丸〉FUSO-MARU

竣工	明治41年（1908）5月
建造所	B.カール社（英）
総トン数	8188トン
出力	7113馬力
最高速力	16.2kt
航海速力	13.3kt
船客定員	一等　42名　二等　88名　三等　638名
終末	昭和19年（1944）7月31日ルソン島北方で雷撃により沈没
コメント	竣工以来、ロシアRossija、ルス、Russ、ラッシア、Russia、ラトビア、Latvia（デンマーク籍）と度々船名を変えている。大正12年（1923）購入。翌13年（1924）から神戸〜基隆船に就航。昭和9年（1934）3月瑞穂丸とともに大連航路に転配。太平洋戦争中は陸軍御用船として活躍した。
トピックス	扶桑なる豊葦原の瑞穂の国　日本!?

2-22　扶桑丸

めでたい命名であった。台湾航路に就航ののち大連航路に転配されたが、〈瑞穂丸〉は直ぐに台湾航路に復帰した。厳しい戦禍には瑞祥運も役立たなかった。

⑭〈吉林丸〉KITSURIN-MARU

竣工	昭和10年（1935）1月31日
建造所	三菱長崎造船所
総トン数	6783トン
出力	7800馬力（計画）
最高速力	18.6kt
航海速力	13.4kt
船客定員	一等　44名　二等　141名　三等　751名
終末	昭和20年（1945）5月11日　神戸和田岬沖で触雷し着底戦後解体
コメント	阪神〜大連航路を強化するために計画された旅客主体の貨客船2隻の第1船うすりい丸の拡大改良型であるが、設計者の大阪商船工務部長和辻春樹博士の着想により無舷孤立、無梁矢の水平甲板（曝露甲板の一部を除く）とされた点がうすりい丸と異なる。同型船に熱河丸。昭和17年（1942）8月海軍に徴用される。
トピックス	古都「吉林」は鵜飼いで有名！ 「吉林」は国都新京を含む満洲のほぼ中央に位置する省名だが、省都でもある。満洲の京都に譬えられる山紫水明のところで、市外南部を流れる松花江（スンガリー川）は鵜飼いの名所である。

2-23　吉林丸

⑮ 〈熱河丸〉NEKKA-MARU

竣工	昭和10年（1935）3月30日
建造所	三菱長崎造船所
総トン数	6784トン
出力	8395馬力（連続最大）
最高速力	18.8kt
航海速力	13.4kt
船客定員	一等　44名　二等　141名　三等　751名
終末	昭和18年（1943）11月23日　門司からシンガポールへ向かう途中の舟山列島付近で米潜水艦の雷撃を受け沈没
コメント	阪神〜大連航路を強化するために計画された吉林丸型貨客船の第2船。当時の大連線には10隻が就航して、毎月25便が神戸・大連から出帆する盛況ぶりであった。昭和17年（1942）8月海軍に徴用されたのち船舶運営会社使用船となる。
トピックス	「熱河」は満洲国の西南を占める省。 　省都「承徳」は清朝の康熙帝が蒙古懐柔のために建てたという承徳離宮（避暑山荘）で有名。

2-24　熱河丸

⑯ 〈黒龍丸〉KOKURYU-MARU

竣工	昭和12年（1937）7月31日
建造所	三菱長崎造船所
総トン数	7369トン

出力	8176馬力（連続最大）
最高速力	18.4kt
航海速力	13.4kt
船客定員	一等　45名　二等　139名　三等　621名
終末	昭和19年（1944）10月24日　マニラから高雄に向かう途中バシー海峡で米潜水艦の雷撃を受け沈没
コメント	日満連絡船と称された大連航路の黒龍丸型貨客船2隻の第1船。吉林丸型の拡大改良型。このクラスは日本の満洲進出に伴って増大する旅客、貨物の急増に対応するために計画されたもので、大連航路用に建造された貨客船としては最後のグループとなった。同型船に鴨緑丸。昭和18年（1943）8月陸軍に徴用されるまで運航に従事。
トピックス	ソ満国境を流れる大河の名！ 「黒龍丸（アムール川）」はモンゴル高原に他を発し北辺のソ満国境に沿って流れ、ハバロフスクでウスリー川を合流して北流し、ニコライエフスクを経てタタール（間宮）海峡へと注ぐ大河。

2-25　黒龍丸

⑰〈鴨緑丸〉ORYOKU-MARU

竣工	昭和12年（1937）9月30日
建造所	三菱長崎造船所
総トン数	7369トン
出力	8255馬力（連続最大）
最高速力	18.6kt

2-26　鴨緑丸

航海速力	13.4kt
船客定員	一等　45名　二等　139名　三等　679名
終末	昭和19年（1944）12月14日　マニラから高雄へ向かう途中スピック湾で空爆により沈没
コメント	大連航路の黒龍丸型貨客船の第2船。たこま丸、志あとる丸と交替の形で10隻配船と毎月25便の運行は維持された。昭和18年（1943）神戸～基隆ルートに転じるが、海上危険ゆえに単独でなく護衛つきの船団航行をした。昭和19年（1944）フィリピン戦局の緊迫から増援部隊輸送に参加。
トピックス	当時は日本最長の大河の名！ 「鴨緑江（ヤール川）」は満洲と北朝鮮の境にある白頭山を水源とし、西南に流れて安東・新義州に至り黄海に注ぐ大河（全長790粁、ちなみに日本国内最長の信濃川は369粁）。当初「松花江（スンガリー川）」から〈松花丸〉と命名のはずだったが、「吉林」との重複を避けたのであろう。

（3）大連引揚げ

　戦局いよいよ急に暗雲漂い、閉ざされたままの大連港に再び日本船の訪れを見るのは何時の日か。やがて昭和20年（1945）8月15日の終戦を迎え、敗戦国民となって立場が逆転した在留邦人は、約1年半の間苦難の道を強いられることになった。

　昭和21年（1946）5月末から開始された旧満洲地域（国府軍支配下）の引揚げはほぼ完了したとの噂であるが、ソ連・中共軍治下の大連では何の情報もなく、一喜一憂の日々であった。陸の孤島となった大連で二度目の越冬を覚悟した矢先に、ソ連軍司令部から日本人引揚げ決定のニュースが伝えられ、憂いに打ちひしがれていた在留邦人は沸き立った。

　まずは、引揚げ順位を決定する貧困者調査が行われ、引揚船の到着を待ったがその後は一

向に音沙汰もなく、帰国寸前にして命果てる難民が続出した。

これ以上の引揚げ遅延による暴動発生が懸念される矢先に永徳丸、辰春丸の2隻がやっと姿を現わした。この日を待ちわびていた人々の目には、何と頼もしく映ったことだっただろうか。

この時期に大連は、国府軍の包囲、解放軍の迎撃、米ソ間の緊張まで加わって微妙な国際緊張の中にあったようで、次の第3船が待てど暮らせど現れず不安は高まるばかり。人々の焦りが狂気の一歩手前まで近づいたその時、やっと米ソ間に了解がついたものらしく、12月31日に第3・4船となる英彦丸、弥彦丸の入港があった。大連港への配船は葫蘆島のように米軍貸与

2-27　引揚船信濃丸

2-28　引揚船高砂丸

船ではなく日本国籍船であったことなども、米ソ間の無益な摩擦を防ぐ配慮があったとも考えられる。それ以後は昭和22年（1947）3月末まで順調に配船が続き、無事20万3765人の引揚げ完了を見ることができたのである。

3月30日実質の最終船恵山丸には、それまで引揚対策に従事された労組関係者が乗船されたそうである。

次に、大連引揚船の船名（五十音順）および運航便数を示す。

雲仙丸　3回	永徳丸　5回	永禄丸　4回	英彦丸　4回
栄豊丸　3回	遠州丸　3回	恵山丸　4回	信濃丸　6回
信洋丸　2回	新興丸　3回	宗谷丸　1回	高砂丸　4回
辰春丸　2回	辰日丸　3回	第一大海丸　4回	大久丸　3回
大瑞丸　3回	大郁丸　2回	長運丸　3回	日王丸　1回
白龍丸　1回	北鮮丸　3回	間宮丸　1回	明優丸　3回
弥彦丸　3回	米山丸　2回		

以上26隻／延べ76便であった。

昭和21年（1946）暮れ、もう一部で引揚げが始まっていた頃、近くの喫茶店に青年男子が

集められ、オルグから「『大連引揚げの歌』が出来た。これから歌唱指導をするのでよく覚えて皆に伝え、意気盛んにして祖国へ帰るのだ」というような話があって、繰り返し演奏があり何度も歌って覚えたものである。イデオロギーはともかく、いよいよ帰れるのだという喜びに幾分興奮を覚えながら、この歌を歌っていた。大連における思い出の歌の一つでもあるので、ここに記録に留める。

   大連引揚げの歌
   作詞・作曲　山下　久（大連放送管弦楽団指揮者）
 一、耳を澄ませば　ふるさとの　　　　　三、民主大連　船出して
   岸辺を洗ふ　波の音　　　　　　　　　　民主日本へ　水脈を曳く
   瞼の裏に　浮かぶのは　　　　　　　　　帰る祖国の　山川が
   あゝ遠近の　山の色　　　　　　　　　　よし崩れても　破れても
   船が来た来た　なつかしい　　　　　　　そこが我らの　新天地
   祖国へ帰る　船が来た　　　　　　　　　自由のための　新天地
 二、山のありさま　野の景色
   昔のまゝに　あるかしら
   僕の生まれた　あの町は
   冬の月照る　焼け野原
   この眼で見よう　戦争の
   あとの祖国の　苦しみを

2 ❖ 大陸へ飛ぶ——日本民間海外航空小史

(1) 貨物から旅客の輸送へ

　日本航空輸送研究所は、関東大震災の時にも活躍をしたが、大正13年（1924）にイタリアのサボイアS・13型飛行艇を輸入して路線を伸ばしていた。大正14年（1925）の暴風で壊滅的打撃を受けながら敢然と再建に成功、昭和3年（1928）にユンカース水上旅客機2機の貸し下げを受けたりして6月から旅客輸送を始めた。

　日本航空（川西）は、川西七型水上機3機で、大正15年（1926）9月〜11月に大阪－大連間試験飛行を3回実施した。さらに、同年10月、大阪－上海の試験連絡飛行を実施、往路は見事成功したが、復航は東シナ海で遭難した。同社の将来計画は日本から上海、朝鮮、満洲までの広大なものであった。

　東西定期航空会は、昭和3年（1928）、川崎ドルニエ・コメット全金属製旅客機を購入し、国産旅客機三菱MC・1型、愛知AB・1型の貸し下げを受けて、週3往復の東京－大阪間旅客定期輸送を開始した。運賃35円。この年、仙台線の運航を始めたが運賃は30円だった。

　逓信省の命令で日本航空株式会社は、大阪－京城－大連間1500kmの連絡郵便飛行の計画、

研究を進めていたが、やっと機材、着陸場の用意もできたので、いよいよ郵便飛行が実施されることになり、大正15年（1926）9月10日に大阪木津川飛行場を飛び立ち広島、京城を経て15日に大連営城子飛行場に到着した。復路は9月20日大連を出て、22日大阪飛行場に帰り着いた。

この成功に気を良くした日本航空株式会社は、年内にあと5回実施し、都合6回の飛行となった。昭和2年（1927）度になって6回行われ、8月10日からは朝日東西定期航空会の東京－大阪－京城－大連線が完成した。さらに昭和3年（1928）度も数回にわたって飛行が重ねられた。

この貴重な経験は、昭和4年（1929）から開始された国内幹線と東京－大連線の定期運航に大きな功績となった。

2-29　航空郵便開始記念

（2）日本航空輸送株式会社の誕生

大正末期から胎動していた日本全国をまとめた航空輸送会社の設立気運が熟してきた。昭和2年（1927）8月4日、官民合同の航空輸送会社設立準備調査委員会が作られ、渋沢栄一が会長に就いた。逓信省の諮問に応えた調査委員会の答申により、昭和3年（1928）5月の第55回帝国議会で補助金支給が可決され、10月20日の創立総会で正式に設立となった。資本金は1000万円。社長には帝国劇場社長の西野恵之助、常務に逓信省から最所文二の就任が決まった。

同社の路線は、東京－大阪－福岡－大連線、大阪－福岡－上海線で、フォッカー・スーパーユニバーサル旅客機、フォッカー7b／3M型であった。当然のことながら、東京－大阪線を運航していた朝日新聞社東西定期航空会は仙台線を残して路線権を返上し、川西の日本航空会社は全面的に解散した。ただ日本航空輸送研究所長井上長一はなお運航をすると頑張って残った。川西清兵衛は新航空会社の監査役として関西財界代表で就任した。日本航空（川西）は川西飛行機会社として生まれ変わって飛行士の多くは新航空会社に入社した。日本飛行学校の相羽有は、昭和3年（1928）9月、東京航空輸送社を設立して、水上機による東京－伊東－下田－清水の定期航空輸送を昭和4年（1929）8月から開始した。同5年（1930）に静岡県庁と提携して魚群探見飛行を実施し、漁業に大きな貢献をしていた。

（3）空の旅時代がやってくる

時に昭和4年（1929）を迎えた。日本近代航空の歴史あって20年、陸軍航空、海軍航空の充実した整備とも相俟って、民間航空もようやく独立の第一歩を踏み出した。ここに航空界の布置成るの感がある。

2-30　大連飛行機大会挙行の景

民間航空では、日本航空輸送株式会社が設立され、昭和3年(1928)10月30日には逓信省より航空機による運送営業の件が正式に許可せられ、「国策」の名の下に譲渡された日本の幹線航空路を運営することとなった。

昭和4年(1929)2月に、日本航空輸送会社は大連市に同社大連支所に設け、いよいよ4月1日を期して新路線が新しい飛行機でスタートすることになったのだが、注文の旅客機が納期に間に合わず、やむなく陸軍払い下げのサムルソン2A2型機2機を以て、東京－大阪間毎日（除日曜日）2往復、大阪－福岡間毎日（除日曜日）1往復、蔚山－京城－平壌－大連間1週3往復の運航回数で郵便物、貨物のみの輸送を開始した。

4月1日の航空郵便開始以来、東京－大阪～福岡間と蔚山－京城－平壌－大連間とは別々のコースになっていたが、機材の整備や洋上飛行の訓練も終わって、6月21日から福岡－蔚山間に定期航空路が開設されることになった。

7月15日からフォッカー・スーパーユニバーサル旅客機で本格的に旅客輸送を開始した。東京－大阪間は1日1往復で日曜日は休航である。大阪－福岡間は下りが月、水、金曜日、上りが火、木、土曜日と決定した。ささやかながら、これが日本最初の旅客の航空輸送開始であった。更に9月10日より、福岡－蔚山－京城－平壌－大連間が週3往復の旅客輸送が実施されるようになった。

東京－大阪間が30円、大阪－福岡間が35円、東京－大連間145円という運賃は大学卒の初任給が50円台であった時期から見れば　決して庶民の乗り物ではなかった。文壇の大御所菊池寛らや清水組社長、小唄勝太郎などが航空会社の上得意だった。昭和5年(1930)4月からは、福岡－蔚山－京城－平壌～大連間が週6往復となって、東京－京城間が即日連絡の実現となった。東京（立川）を午前7時半に出発すれば、京城には午後5時半着であった。

(4) 大連・周水子飛行場

大連市の郊外にある周水子には、日本航空輸送株式会社の日満連絡定期航空路用の飛行場があった。これは同社が政府の補助を受けて、昭和5年(1930)9月に開設したエア・ポートである。

東京より名古屋、大阪、福岡、蔚山、京城、平壌、新義州に寄航し、日満間の時間的距離を著しく短縮することができた。

この土地は馬欄河附近へ移転した競馬場の跡地で、この辺りは従来「臭水子」と称されていたが、小野田セメントの工場ができた頃、それは余りにもということで「周水子」と改名

された由である。

話は先走るが、昭和6年（1931）9月に満洲事変が勃発するや、日本航空輸送大連支所は関東軍の要請により、奉天へ進出して満洲各地への物資輸送に従事した。翌昭和7年（大同元年－1932）に恵通航空公司が天津－大連の定期航空を実施すると、大連飛行機に満航と合同の近代的白亜のモダンな事務所・旅客待合室と大型機を収容する格納庫を建設して、昭和12年（康徳4年－1937）11月3日に開所式を行った。

2-31　大連周水子飛行場

昭和13年（康徳5年－1938）12月7日、日本資本による中華航空が発足すると、本社を北京に起き、施設は恵通航空の一切を利用し、ここに恵通航空は解消された。

　　（昭和12年12月現在）
　　大連（周水子飛行場）を中心とする連絡航空路
　　日本航空：内地・朝鮮・台湾方面
　　　毎日2回　普通7時20分初
　　　　　　　急行9時20分初
　　満洲航空：奉天・新京方面
　　　毎日1回　9時15分初
　　　　　　　15時15分着
　　　安東方面
　　　　月・水・金　9時20分初
　　　（週3回）　　15時10分着

　　恵通航空：天津・北京方面
　　　毎日1回　15時50分初
　　　　　　　9時05分着

(5) 羽田に東京飛行場が完成

立川陸軍飛行場を借用してスタートした民間航空は、最初は飛行郵便だけで何とか発足、外国へ注文した旅客機が到着して旅客輸送ができるようになっても、まだ立川に「東京飛行場」の看板を掲げたまま営業を続けていた。陸海航空の躍進に応じて、逓信省でも羽田の国際飛行場創設に乗り出した。東京、大阪、福岡の幹線航空地上標識はすでに完成し、航空無

線電信局もできていた。予定された三大飛行場のうち、水陸両用の大阪（木津）飛行場はほとんど完成し、福岡も陸上は陸軍の太刀洗を借用、水上用の名島も設備は大体できているので、東京の羽田さえ完成すれば、日本民間航空路はその基本が実現するわけで、将来の発展は期して待つべしであった。

　羽田は東京都心に近く、横浜との中間にあり16万坪の埋立地であった。工事に着工したのは昭和5年（1930）2月のことである。予算削減が響き難航したが、一部復活もあって何とか、昭和6年（1931）8月25日に新飛行場は完成、「東京飛行場」は立川から羽田へと引っ越したのである。午前7時30分1番機のフォッカー・スーパー・ユニバーサル機は、爆音勇ましくこの飛行場の滑走路を離陸したが、肝心の乗客はゼロ、わずかの郵便物と大連のカフェーに送られる6000匹の鈴虫と松虫が積まれていたという。あまり良いスタートでなかったのは、関係者にとっても残念なことであったに違いない。

　昭和9年（1934）、かねてより名古屋地方から東京－大連線の名古屋寄港が要望されていたが、名古屋国際航空協会が名古屋飛行場を建設、10月1日から上下便とも名古屋に寄港することになり、東海地方も航空郵便の恩恵に浴することになった。

　ちなみに、福岡は水陸両用の鷹ノ巣飛行場が昭和13年（1938）5月29日より、また、大阪の伊丹飛行場は昭和14年（1939）1月17日から、使用開始となった。

(6) 日本－満洲間航空郵便連絡

　昭和6年（1931）9月18日、柳条湖での満鉄鉄道爆破事件に端を発して満洲事変勃発となった。関東軍はただちにに日本航空輸送会社大連支所に奉天への進出を要請し日本航空はこれに応じて、連日のように軍の作戦に協力し、満洲各地への航空路を拓いていった。翌昭和7年（大同元年－1932）3月1日、満洲国の建国宣言となり、その年9月26日には、満洲航空株式会社（満洲国準特殊法人）が創設された。

2-32　日本航空大連支店

　次いで、11月3日営業開始とともに、日満航空郵便連絡が始まり、満航の新義州－チチハル線と、日航の東京－大連線とが新義州で連絡して、東京－大阪－福岡－京城－新義州－奉天－新京－ハルビン－チチハルと、延々2830kmの日満連絡航空郵便路線が出来上がったのである。そして、日満両国の主たる郵便局で、それぞれに記念特印が使用された。

(7) まだまだ伸びる航空路

　内地－台湾間航空郵便の試験飛行が、陸上機と水上機の二本立てで行われた。まず、陸上機フォッカーF7b／3M「雲雀」号に4人が登場して昭和6年（1931）10月4日午前5時57分、福岡太刀洗飛行場を出発、途中沖縄の那覇に立ち寄り午後3時17分、台北練兵場に到着。所要時間9時間20分。

　次いで、5日には水上機ドルニエ・ワール飛行艇「白鳩」号が5人の添乗員を乗せて、午前5時40分福岡名島水上機基地を出発した。途中沖縄本当の瀬底海岸に着水して燃料補給し、午後2時16分（台湾時間）淡水港に無事着水した。所要時間は9時間36分だった。

　復路は「白鳩」号が10月9日午前6時5分淡水港発、午後9時10分名島着。逆風をついての飛行のため、13時間44分を要した。「雲雀」号は10日午前5時41分台北発、向かい風のため10時間9分かかって太刀洗に安着した。

　その他、昭和7年（1932）5月には東京－福岡間の無着陸夜間飛行、8月には北海道旭川試験飛行が実施された。

　昭和8年（1933）には、夜間郵便飛行の準備が重ねられ、11月1日から中島式P1型機で東京－大阪間に毎日運航されたが、相次ぐ事故と殉職者が出て、昭和9年（1934）から休航と決定した。逓信省と日本航空輸送会社は、大阪飛行場の照明や航空灯台の増強等の改善策を講じ、設備の整った1年後の昭和10年（1935）4月1日に再び夜間郵便飛行は甦るのであった。

　満洲・中国への飛行で先を越された毎日新聞社では、「日比親善　マニラ訪問飛行」を計画し、昭和10年（1935）11月10日午前10時に、盛大な見送りを受けて東京羽田飛行場を飛び立ち、大阪・福岡太刀洗・台北を経由して、12日午後3時28分、マニラのグレース・パーク飛行場に滑り込んだ。大歓迎を受けた搭乗員一行はマニラ市長のパーティに招待され、大変な人気であった。

　また昭和11年（1936）12月5日、「日暹親善大飛行」が朝日新聞社によって挙行され、のちに昭和15年（1940）6月10日、大日本航空輸送株式会社の手によって正式に東京－バンコク間の定期航空路が開かれ、日本の南進政策の一翼を担って活躍していくのであった。

(8) 亜欧連絡記録大飛行「神風」

　朝日新聞社所属の純国産機「神風」は、三菱が制作したキ－15（陸軍九七式司令部偵察機）試作2号機を同社が入手したもので、飯沼操縦士と塚越機関士が搭乗して、昭和12年（1937）4月6日に東京・立川陸軍飛行場を飛び立ち、途中10ヵ所に給油のため立ち寄り、4月9日にロンドン・クロイドン飛行場に降り立って見事に大記録を成し遂げ、日本国内を大いに湧き立たせた。全航程1万5357kmを、所要時間94時間17分56秒で飛行したこと、およびこの間における平均速度16万2854km／hは、FAI（国際航空連盟）が公認した日本初の国際記録であった。なお、実飛行時間は51時間19分23秒で、その平均速度は300km／hである。当時としては驚異的なものであって、「神風」を一躍有名にした。

(9) 大日本航空株式会社

　ダグラスD・C・2型旅客機の中島飛行機会社製が内台線に就航したのは昭和11年（1936）であった。中島式AT機が昭和12年（1937）4月から北京、新京、大連への急行便に就航したので、ここに東京からの即日連絡が実現した。昭和13年（1938）には快速旅客機ロッキード21人乗りの大型旅客機DC-3型が就航して、日本航空輸送会社の機材は年毎に充実して輸送力は増大していった。

　昭和12年（1937）7月7日、日中戦争が勃発し、航空機の軍への貸与（徴用）や軍用定期航空路開設の要請があり、ローカル航空路線は郵便物を運んでいると否とにかかわらず、航空機と乗員の不足により次第に減便或いは休航に追い込まれた。

　このように、日本の航空輸送事業の基礎を固め、航空会社の機構と陣容の拡充整備し世界情勢に適応する航空会社をという要望に応えて、昭和13年（1938）12月1日に、日本航空輸送株式会社と国際航空株式会社の両社が合併して資本金2550万円で、大日本航空株式会社が設立された。ちなみに国際航空株式会社は、アジアと欧州を結ぶシルクロード路線開拓のため、昭和12年（1937）5月に設立された会社であった。

　さらに、政府はこの会社を昭和14年（1939）5月11日より、大日本航空株式会社法に基づく特殊会社として、政府の保護と監督とを集中し、資本金2550万円であった会社は、一躍資本金一億円の国策会社となった。同時に恵通航空公司も日中合弁の中華航空株式会社（資本金5000万円）に改組され、北京、上海、南京、漢口、広東等南北にわたる航空路を開設していわゆる新秩序の建設を促進するに至った。

2-33　満洲航空株式会社案内

　国策会社となった大日本航空は、新たに南洋線が開かれた。昭和14年（1939）4月から横浜－サイパン－パラオ線、昭和16年（1941）1月に南洋島内線、11月に横浜－パラオー（チモール島）ディリーの定期航空が九七式四発旅行艇で運航された。東京を中心に南方連絡航空路は、昭和15年（1940）6月、東京－台北－広東－バンコク線、また昭和16年（1941）4月に東京－台北－広東－ハノイ－ツーラン－サイゴン－バンコク線が開始されて、三菱式双発輸送機が主力となって運航していた。このほか主力輸送機には、三菱国産旅客機MC-20型双発機、三菱キ-21型輸送機などが充足された。

　当時、極東の大空には大日本航空のほか、満洲航空、中華航空の姉妹航空会社があって、縦横に定期航空網を張り巡らしていた。

　ここに昭和4年（1929）、日本航空が東京－大阪

―福岡―京城―大連線の開設によって、本格的経営に乗り出してから十年、民間航空は一新紀元を画するに至った。

　十年の業績を顧みるに、大正11年（1922）1月、日本航空輸送研究所が堺―徳島間に初めての定期航空を開始した時から、わずか20年の内にかかる躍進を見ようとは誰が想像しえたであろうか。

(10) 太平洋戦争下の航空輸送

　大日本航空株式会社は、昭和17年（1942）4月、第一運営局（陸軍）、第二運営局（海軍）とに真っ二つに分割されて、戦時色に塗り潰されてしまった。航空要員の不足から熊本健軍飛行場に熊本航空訓練所が正式に発足したのは、昭和19年（1944）2月だった。初代所長は中尾純利が就いて、操縦士ばかりでなく、整備、通信、航法の各部門にわたって本腰を据えて開所されたが、時すでに遅く、充分な養成の目的を達成できぬままに終戦を迎えた。

　陸軍特務航空輸送部（陸軍徴用航空輸送隊）は、第一運営局に属する航空要員を以て、南方占領地から本土を結ぶ輸送任務に就いていたが、戦況悪化した昭和20年（1945）5月には、比較的に安全な京城に輸送本部を置き、中尾を隊長としてMC-20型20余機で乗員20組がプノンペン―サイゴンや、ツーラン―台北―福岡のコースで要員の空輸に従事し、特にレイテ作戦への空輸、比島、台湾の特別攻撃隊の特別輸送等々の特別任務に従事した。

　海軍徴用輸送機隊は、第二運営局に属する要員が海軍部隊の命令で、昭和17年（1942）1月から逐次編成されて、海軍第一徴用輸送機隊、東京―台北―海口間を週3往復する。第二隊はサイゴンからペナンまでの広域を、第三隊はマニラを中心に比島全域、第四隊はインドネシア全域の主要地点ジャカルタ、スラバヤ、メナド、マカッサル、ケンダリー等、7路線を週1往復、DC-3型または三菱双発輸送機で定期運行していた。

　このように民間航空とは名ばかりで、終戦までの大日本航空株式会社は、無給嘱託として全員が陸海軍に徴用されて、航空輸送に明け暮れていた。

(11) 満洲唱歌「空の握手」

　遥かに遠く、大連の空を想うとき、幼かりし頃の満洲唱歌のメロディーが自ずと蘇ってくる。「空の握手」である。

　満洲航空が誕生し、日本航空と交互に日満の空を結ぶ情景を、大連常盤小の唱歌の時間に教わって歌っていたものである。

　産経新聞刊、喜多由浩著「満洲唱歌よ、もう一度」を紐解くと歌詞歌譜ともに掲載されていたので、歌詞だけここに転写する。

空の握手

一、飛ぶよ飛ぶ飛ぶ　銀翼は
　　南に北に　西東
　　あれはみ空の　日満を
　　結ぶ日本の　旅客機だ

二、雪の蒙古や　興安の
　　凍る風さへ　なんのその
　　あれはみ空の　日満を
　　結ぶ日本の　旅客機だ

三、かじを力に　右左
　　かけるよ　爆音勇ましく
　　あれはみ空の　日満を
　　結ぶ日本の　旅客機だ

四、鳥の姿か　身のかるさ
　　夕日を浴びて　一文字
　　あれはみ空の　日満を
　　むすぶ日本の　旅客機だ

内地をリードする大連のモダン空間

Chapter 3

1 ❖ 大連駅物語

(1) 満鉄創業時の五大停車場

日本人にとって大連の玄関が大連港であるならば、裏口は大連駅であろう。満鉄創業時には、大連、旅順、奉天（瀋陽）、撫順（千金寨）、長春の各駅は五大停車場と称され、満鉄が特に重要視した駅舎である。

しかし、満鉄が創業時期に新築したのは奉天、撫順（千金寨）、長春の三駅舎だけであった。

旅順駅は東清鉄道が仮駅舎として明治33年（1900）に建築し

3-1　旅順停車場

た瀟洒な木造駅舎であるが、引き続き日本がそのまま使用し、戦後中国に返還された後も今に至るまで使われている。

(2) 大連停車場・大連駅

大連駅も満鉄創業時に建てられた仮駅舎であって、開業時の明治40年（1907）には、一日平均の乗降客が755人であったが、昭和10年（1935）にはその六倍弱の4355人に増加した。それでも、この木造の仮駅舎は新駅舎が立つまで、三十年にわたって使われ続けた。

露治時代に、東満鉄道線路はすでに埠頭まで達していたが、埠頭に第一停車場、日本橋西方に第二停車場があった、というだけで、第二停車場はプラットホームと上屋があったに過ぎず、駅舎はまだ建築されていなかった。

満鉄は創業に当たり急遽仮停車場駅舎を建設し、日本橋東方浜町にかけて、広大な構内設備を整えていった。仮駅舎は、日本橋から西方に児玉町・山城町に通ずる道路に面し、一段

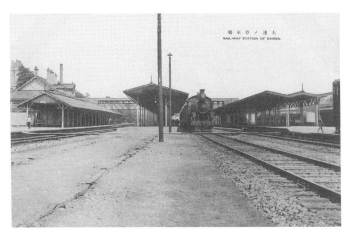

3-2　大連の停車場

3-3　満鉄大連駅

3-4　大連停車場の構内

下がった凹地に北向きに玄関を設けた平屋建木造建築であった。

仮駅舎であった当時の大連駅にとって大きな問題だったのは、その場所と玄関の向きであった。というのは、仮駅舎ができた当時、まともな市街地は東清鉄道が建設した行政市街、すなわち露西亜町だけであり、大連民政署（東清鉄汽船本社跡）も満鉄本社（ダリーニー市庁舎跡）もこの時期は露西亜町にあった。当然ながら駅は露西亜町の都合のよい場所に置かれ、その玄関も北向きで露西亜町の方を向いている。事実満鉄本社と大連駅は、直接道路で結ばれて対面直視できる位置にあった。

その後も露西亜町が大連の中心地であれば問題はないのだが、実際には、大連民政署は大広場に新築移転、満鉄本社も大広場近くの東公園町へ移転して、大正9年（1920）年代には、大連の都心は大広場を中心とした満鉄線路の南側に完全に移ってしまった。取り残された大連駅である。

① 大連駅設計競技

この大連駅を建て替えるというのは当然必要なことであり、大正13年（1924）には当時としては一等7000円という破格の懸賞金が懸けられた設計競技が行われた。

設計競技は公開で、日本内地からの応募者も多数あったが、満鉄本社建設課所属の小林良

治の案が一等当選となった。その案は日本橋が露西亜町と大連の都心を結ぶ位置にあることを生かして、駅舎の出入り口を北・東・西の三方に開けていたのは当然で、橋上駅舎の利点を十分に使ったものであった。しかし、満鉄の資金難で財政事情が悪化したため、この当選案を用いて新築されることはなかった。

② 大連埠頭⇄大連駅の船車連絡

大正中期、大連大桟橋で船車連絡がなされていた。当時、大連の玄関はまだ大連駅ではなく、満鉄各地への出発点は埠頭桟橋だった。埠頭は満鉄が経営に当たり規模宏大、汽車もまたここに発着し、大阪商船定期船との連絡が完全に行われた。満鉄は埠頭工事を押し進め、大正13年(1924)に5000人収容の船客待合所、同14年(1925)には埠頭玄関及び待合所連絡通路が完成

3-5　大連港の鉄道連絡

したが、埠頭桟橋での船車連絡は続いていた。大陸の表玄関大連埠頭の半円形ドームは、正に大連のシンボルであった。

昭和8年(1933)4月の「日満連絡船案内」(大阪商船)によれば、ボート・トレーンの項に、大連入出港の日満連絡船と大連駅発着の国際列車と接続するため、次の通りボート・トレーンが運転される。

　　　　入港の際は、埠頭発　　午前8時30分
　　　　　　　　　　大連駅着　午前8時40分
　　　　出港の際は、大連駅着　午前8時40分
　　　　　　　　　　埠頭着　　午前8時40分
　　　　入港時のボート・トレーンは、午前9時

大連駅発国際列車に、出港時のボート・トレーンは、大連駅午前8時着国際列車に接続する。

なお、昭和9年(1934)4月、大阪商船「大連発着船定期表」には、「大連入出港船と、午前九時大連発並びに午前七時四十分大連着国際列車との接続を期する為、大連埠頭と大連駅相互間に乗合自動車並びに御手荷物運搬用の貨物自動車を運転することになっています。」との記載があり、その直前まで第二埠頭桟橋での船車連絡は続けられていたと思われる。

3-6　大連駅

3-7　日本橋上より機関区方面を望む

③ 大連駅の新築移転

　その後、大連市街地が西方に拡大していく中で、満鉄は仮駅舎に西方約1kmの線路南側の地点に移転新築することとなった。これは、この用地の西南側に広がるダリーニー川沿いの湿地帯を埋め立てて、昭和4年（1929）12月に連鎖商店街（通称「連鎖街」）が建設され、商業の中心が次第に西方に移動したことに合わせた動きであった。

　全満一を誇る新大連駅は、50万市民待望の内に昭和10年（1935）8月起工、総経理費295万円、一年有半の歳月を費やして昭和12年（1937）5月20日竣工した。外面を黄色タイル一色で彩った近代的斬新な装いである。

　この新大連駅は、当然ながら玄関を南に開けた建物だが、それより注目すべきは、乗降客の移動を立体的に分離したことである。乗客は建物手前の斜路に沿って一階から駅舎に入り、改札口を通って跨線橋からホームに降りる。一方、大連駅に着いた降客はホームから地下道を通って駅舎地階の集札口から客待合にでる。このように当時から、駅舎内で乗降客の動線を分離する試みは行われていたが、それは東京駅や奉天駅に見られるように、出入り口を建物の両端に分けて置く平面的な分離が一般的であって、大連駅でのような上下分離の方法は画期的な試みであった。

　満鉄待望の新しい大連駅は、昭和12年（1937）6月1日に華々しく開業した。その外観は上野駅や小樽駅に似ているともいわれるが、駅舎の縦長の大窓は採光の役を充分に果たし、内部待合室は明るくゆったりしている。その大窓から洩れる灯りに、燦然と輝く夜景は絶景である。また、駅前広場は刮目の広さを誇っている。

　この駅の開業と時を同じくして、関東州庁が旅順から大連長者町に移転してきたので、大連の街はお祭り騒ぎとなった。

2 ❖ 大連の広場文化

　明治37年（1904）5月30日、日露戦争で日本軍が占領した当時の大連（ダリーニー）市街の道路は、行政区（露西亜町）およびその付近のわずかな区域に排水溝、車道、歩道の築造等多少見るべきものはあったが、市街の大部分は只単に区画を計画したに止まり、未だ路面を築造するには至っていなかった。甚だしいものはその区画すら判明しない部分もあり、加えて軍事行動中の運輸通行が頻繁で補修まで手が及ばず、既成の道路は頽廃の極度に達して、これが築造改良の一日も忽せにせずべからざることを認め、平和克復後ただちに調査設計に着手し、予算百六万円を計上し、明治40年（1907）度においてその工事開始後、鋭意これが完成に努め、大正3年（1914）に至り殆どこれを成就した。

　道路の方式をおおむね露治時代の設計区画により、大広場を市街中心として処々に小広場を設けた放射線式とした。広場は全円または半円形にして、大広場（旧称：ニコライエフスカヤ広場）よりは10条の道路、千代田広場（旧称：英吉利広場）よりは5条、朝日広場（旧称：表忠碑広場）よりは5条、吾妻広場（のちの敷島広場）よりは8条、日本橋南畔の南広場よりは5条、同

3-8　大連市街図「大連」（南満洲鉄道株式会社　昭和10年）

じく日本橋北畔の北広場よりは4条、西広場よりは7条、その他埠頭方面の東広場よりは5条、宝広場よりは3条を放射し、これら9つの広場相互を幹線道路で連結し、さらに大小道路により蜘蛛網状に連絡している。また、大広場と吾妻広場との間には、長方形を成す（仮称）敷島広場を遊歩道とする計画があった。

　大正3年（1914）、旧大連市街の道路工事大部を終わってから所謂放射線式の都市は完備され、小崗子方面赤中国市街を形成して旧大連市街と共に発展著しきものあり、そして旧大連市街は、南は南山麓、東は寺児溝、西は伏見台、譚家屯方面に及び、中国市街は沙河口方面に向かって急速に発展したことをもって、市街大拡張計画と共に道路工事は自然この方面に力を注ぐに至った。拡張区域における街路の計画は近時における都市計画学説と旧大連を形成せる放射線式の経験とに徴して地区を方形または矩形とし、必要の場所を斜路にて連絡し処々に広場を設けた。すなわち、西部方面の長者町広場、花園広場、大正広場、黄金広場、回春広場、三春広場であり、また、南山麓方面に桜町広場がある。

　大連市街は、アカシアの町とも呼ばれる程、街路の並木にはアカシアが多く、初夏は白い花房のそよぐ風さえ薫る。常に手入れの行届いたタール・マカダム道路の清爽さは、この市を訪れた人達に好感を与えずにはおかなかった。こうした緑樹と道路の美とに恵まれた大連市街は、植民都市としての進取的清新さに溌剌とし、その大小の広場を中心として、蜘蛛網状に放射せしめた街路の様相は、近代的文化都市の典型であり、この放射街路は、範をパリにとった旧露西亜時代のプランを踏襲したものである。

① 宝広場

　明治38年（1905）7月「大連市築港及び市街設計全図」（関東州民政署刊）には、東広場から寺児溝寄りに「運動場」と表示された広場風の空間がある。大正12年（1923）8月の旧町名改正後には、宝町と半円形の宝広場（面積2892坪）の表示が見られ、宝町、浅間町、汐見町へ通ずる3条の放射道が認められる。

　ところで、大連市民を実満両チームに二分し、熱狂的に沸かせた実満戦も、その黎明期は些やかなものだった。最初の大正2年（1913）は3戦して満倶2－1実業で、球場は第三（常磐）小学校校庭（初戦）及び満鉄伏見台運動場（2・3戦）であった。

　大正3年（1914）は、満洲日日新聞の記事によれば、寺児溝グラウンドで2戦し、満倶が2連勝した。続いて大正4年（1915）は満倶、大正5年（1916）も満倶が勝利し、球場はいずれも西公園球場（のちの満倶球場）であった。

　その後、実満戦は大正6年～9年（1917～20）の間は事情があって一時中断されていたが、大正9年（1920）8月、西公園内に実業球場ができグラウンド開きが行われ、同じ頃に西公園球場を拡充改修して満倶球場も完成し、それぞれのチームが専用の球場を所持して、大正10年（1921）からは両球場を交互に使い実満戦が復活して以降、昭和17年（1942）までは定期戦が行われ、毎年初夏の頃に始まる恒例の実満戦は、大連市民を二分し、長らく市民を楽しませてくれた。そして、その勝者が東京神宮球場で行われる全国都市対抗野球大会出場の栄を担い、第一回から第三回まで満倶・実業・満倶の大連勢が三連覇の偉業を遂げた。

そこで気になるのが、大正3年（1914）の寺児溝グラウンドは一体何処だったのか？　前述の宝広場の「運動場」ではなかったのか、と思いを巡らすのである。

② 東広場

東広場（面積5517坪）からは、宝町、初瀬町、土佐町、山縣通、寺内通の5条が延び、北側の鉄道線路を跨ぐ巨大な港橋を渡り

3-9　東広場

切ると埠頭玄関の半円ドームに至る。広場には満洲重要物産取引所と大阪商船（株）大連支店が堂々たる風格を以て居座り山縣通の入り口を扼している。山縣通は埠頭と大広場間を結ぶ大連随一の主要幹線道路であり、何時の時代にあってもその時々の最高の呼び名が付けられる。例えば、露治時代はモスコフスキー（莫斯科）大街、終戦後ソ連軍占領下では斯大林（スターリン）路、中国市政府となってからもそれを引継ぎ、スターリン失脚後は人民路と称している。

③ 千代田広場

露治時代にいう所謂欧羅巴市街の寺児溝に近い縉紳邸宅区に英吉利広場と呼ばれる広場があって、のちに千代田広場（面積2206坪）と称された。この広場からは、千代田町、久方町、明治町、初瀬町、浅間町の5条の街路が放たれている。

その東端一帯は工場・倉庫用地とされて工場群が見られる。幾多の油房から吐出される煤煙が酷いときは空を低くめて濁りを見せる。

④ 朝日広場

朝日広場（旧称：表忠碑広場）（面積2827坪）からは、次の5条が放射状に発している。すなわち、明治町、朝日町、真弓町、東公園町、土佐町である。古地図によれば、「博物館」の表示があり、その計画地だった模様である。

明治44年（1911）2月発刊の

3-10　朝日広場

『南満洲写真大観』によれば、「大連の表忠碑」について次の説明が付されている。「日露の戦役は……表忠碑の設けられたる所以なり。東公園は他年発展すべき大連市の中心にして、忠死の英霊長へに此邱に留まり市運を冥護す……」と。ために、この広場は土佐町表忠碑広場の旧称がある。

　大正14年（1925）秋に、西公園（のちの中央公園）に忠霊塔の建設工事が始まると、表忠碑は取り壊され、遺骨は西本願寺の仮安置所に移された。大正15年（1926）4月、忠霊塔が完成し、除幕式と共に鎮魂式が行われ、緑の聖域に神鎮った。その後、この広場は朝日広場と称するようになった。

⑤　桜町広場

　鏡ヶ池から南山麓住宅街へ少し入ると小じんまりした閑静な桜町広場にでる。日出町満鉄社宅街を起点とする市内バス路線の南部線（日出町・西部浴場・消費組合・講習所・日出町西・桜橋・幼稚園・楓町・楓町交番・桜町広場・鏡ヶ池・大連医院……満鉄本社……常盤橋……中央試験所・花園広場・水仙町……白菊町……聖徳街三）は、西部住宅・官舎街との間を結び市民の足となっている。途中の小さな桜町広場は、かつてはバスの起点でもあり主要なポイントを占めていた。この辺りは、南山麓でも高級住宅地で、広場の一角には満鉄理事社宅があって、満洲某重大事件（張作霖爆殺事件）関係の元理事河本大作大佐や、運輸大臣を務めた小日山直登元理事らが住んでいたことがある。

⑥　敷島広場

　吾妻広場（面積5281坪・当初は路面電車の起点・吾妻橋があることから吾妻広場と称していたが、のちの敷島広場のこと）からは、寺内通、加賀町、紀伊町、敷島町、監部通、隠岐町、武蔵町、長門町の8条を放射して市内主要の交通拠点となり、電鉄車庫、電鉄作業所、電気作業所、電燈営業所等の施設がある。

　大広場と吾妻広場との間に（仮称）敷島広場（面積5021坪）があり三角形と長方形を成し、サムソンスキー並木道という風雅な名前を予定されていたものがある。それは東北に向かって伸び、大連湾に至るはずであった。天気のいい日中にそこに立てば、海の遥か彼方に、金州の大和尚山の偉容が浮かんで見えた。

　愛宕町と交わる角地には、大連歌舞伎座が建っていた。この幅広く快適な幻のプロムナードは、内部に三角形一つそして矩

3-11　五品取引所・敷島広場

形の植込み広場を持ち、海の近くで円形広場に達するものであった。日本時代には、三角形部分を残し矩形の広場に、大山通から移転の大連株式商品取引所の高層ビルが建つ敷島町となり、円形のものだけが原案どおりの敷島広場となった。

⑦ 大広場（ヤマトホテル）

　前述通り、大広場（旧称：ニコライエフスカヤ広場）（面積1万844坪）からは、山縣通、東公園町、薩摩町、播磨町、越後町、西通、駿河町、大山通、奥町、敷島町の10条を放射し、大連市交通の核心をなしている。

　大広場の周囲には大連警察署、朝鮮銀行、関東逓信局、横浜正金銀行、（1950年新築の大連市人民文化倶楽部）、中国銀行、東拓ビル（昭和11年8月に新築）、大連市役所、英国領領事館、ヤマトホテルがずらり立ち並んでいる。

　大広場については、すでに第一章で触れたので、ここで広場のシンボルとも言えるヤマトホテルを中心に見てみよう。

　明治39年（1906）11月26日、東京で設立された南満洲鉄道株式会社は、翌明治40年（1907）3月5日に、本社を大連児玉町に移転し、旧ダーリニー市庁舎の建物を本社屋とし、4月1日に野戦鉄道提理部より鉄道線（1145.7km）・炭鉱・埠頭および従業員6417人を引継いで営業を開始した。

　満鉄がここを本社としたのはわずか2年足らず、明治42年（1909）2月には東公園町へ移転し、跡地は改装して大連ヤマトホテル本館として使われた。

　満鉄の会社としての事業の枠組みは明治39年（1906）8月1日に日本政府が満鉄設立委員会に発した「命令書」に規定された。すなわち、満鉄に対して大連など鉄道沿線の主要都市におけるホテル・旅館の建設、形成などが求められた。その指針に従い、満鉄は単なる鉄道会社の範囲を越え、人の移動を補完する事業としてホテル経営を、また物の移動を補完する倉庫業など、多角経営を進めた。

　今では、どこの鉄道会社も行っているホテル経営も満鉄が最初であり、ヨーロッパ・スタイルの高級ホテルを沿線主要都市に建設していった。

　「ヤマトホテル」は満鉄が鉄道沿線に設けた直営ホテルの総称で、満鉄が本社を大連に移転して本格的に営業を始めると、矢継ぎ早に大連、旅順、奉天、長春（満洲建国後は新京と改称）に開業したが、当初はいずれも既存の建物を転用していた。

3-12　大広場

3-13　大広場大和ホテル

「ホテル」は、Hotelのカタカナ表記であるが、日本語でホテルと書いた場合、それは単なる宿泊施設を示す外来語ではなく、欧米人が宿泊可能な宿泊施設を示している。これは東アジア地域における日本支配地で同様であった。したがって、台北（台湾総督府）、京城（朝鮮総督府）、大連・奉天・長春といった日本支配地の主要都市では、その都市の顔となるべき格式の高いホテルが建てられた。

　一方、大連星ヶ浦に代表されるリゾート地では、夏休みや週末の休日を過ごすためのリゾートホテルが成立した。日本支配に関わった機関・組織の中で、ホテル経営にも最も力を注いでいたのは満鉄であった。

　満鉄線を欧亜連絡のための鉄道に組込むことを目指していた満鉄にとって、欧米人が快適に宿泊できるホテルが必要であったことは明らかであった。そこで、大連、奉天、長春では、それぞれの都市において一番の格式を誇るホテルが新築された。満鉄は、ホテル経営を鉄道事業と満洲開発を支える手段と考えて採算を度外視したため、ホテル事業では経常収支は赤字であったが、満鉄線が欧亜連絡線の一部となるためには欧米人用のホテル経営は是非とも必要であった。

　このように満鉄が建設、経営した各地のヤマトホテルは、会社の設立時に要求された旅客に宿泊と食事を提供する施設という枠組みを越え、満鉄にとって会社経営、鉄道附属地支配の拠点となっていた。

3-14　大和ホテル玄関

　満鉄が設立時に求められた宿泊施設としてのホテルは、元来「鉄道ホテル」と称され、駅舎の中に組込まれるか、駅舎と連絡通路で結ばれ、旅客の利便性を考慮したものであったと思われる。満鉄は奉天ヤマトホテルを奉天駅の中に組込んだのはその典型である。しかし、大連はヤマトホテルを始め長春、旅順のヤマトホテルは当初から駅舎とは離れた場所に開設され、なか

でも大連ヤマトホテルは大連の中心地である大広場に新築された。また、奉天ヤマトホテルも後年駅舎から移転した際には、大連と同様に奉天附属地の中心である大広場に新築されたのであった。

この現象は、満鉄がホテルを単なる「鉄道ホテル」として扱ったのではなく、市街地の中心地に設けられるべき都市施設として扱っていたことを示している。

大連ヤマトホテルは、ロシアの東清鉄道が大連に建てていた小規模な旧ダリーニー・ホテルを改修して客室13室で、同年8月1日に開業した。

明治42年（1909）2月に連接する満鉄本社（旧ダリーニー市庁舎跡）が東公園町へ移転した後を、内部改装で客室数を拡充し、同年5月7日から大連ヤマトホテル本館として営業を開始し、最初に開業していた旧ダリーニー・ホテルは、別館となった。よって本館・別館を合わせた客室数は49室に増やすことができた。

満鉄の二代目総裁中村是公の招きで大連を訪れた夏目漱石が宿泊したのは、この旧満鉄本社跡をホテルに転用していた時期のヤマトホテルである。明治44年（1911）には社宅用建物2棟を改装し、客室8室を増設、合計58室とした。

このようにして満鉄は、宿泊客の増加に対応したが、この本館も旧市庁舎をホテルに改造したものであり、また、別館は旧来からホテルであったものの小規模であって、いずれも賓客の接待には不向きであった。この間満鉄は賓客の接待には近接してあった満鉄総裁公邸（旧ダリーニー市長公邸で、のちの通称「満洲館」）を賓館に当てていた。

しかし、これだけでは客室不足の根本的解決にはならず、満鉄にとって鉄道旅客に対して宿泊所を提供するという意味だけではなく、賓客の接待という意味も考慮し、新たなホテルの建設が急務であった。

満鉄は、明治42年（1909）から大連の大広場に面する地に新たな大連ヤマトホテルの建設をはじめた。6月に基礎工事を起工、明治44年（1911）から建物本体の工事が始まり、大正3年（1914）3月に竣工した。起工から竣工まで5年の歳月を要しており、この時期の大連にはこれほどの歳月を費やして建てられたて建物はなかった。規模の大きさもさることながら、入念に造られたが故であった。建物は鉄骨煉瓦造地上4階、地階1階、客室数は115室、収容人員175名の当時としては巨大なホテルであったが、目を引いていたのは建物の規模のみならず、その外観や設備であった。敷地が円形広場に面し扇型をしていることを生かして、平面形状も後方に広がる扇形となり、その中央に宴会場を兼ねた大食堂を配した。また、建物の外観は正面を三分割した中央に花崗岩で造られた2階分通しのイオニア式大円柱（付柱）を8本並べたルネサンス様式で、内部を含めて日本人建築家設計の建物としてはその完成度は高く、満鉄が建設した建物のなかでは数少ない本格的な西洋建築の建築様式に依拠した建物であった。準備万端整い、8月1日に開業した。

さらに、大食堂ののみならず、屋上庭園、バー、遊戯室、読書室、大食堂以外にも設けられた食堂、小食堂といった施設の充実ぶりや、蒸気暖房やエレベーターなどの設備の充実度合いが、大連ヤマトホテルの格式を維持、確保していて、欧米人用のホテルとして十分に機能するものであった。

3-15　大和ホテル屋上の展望

このように、満洲一の格式を誇った大連ヤマトホテルは、満鉄沿線は言うに及ばず、哈爾濱のモデルン・ホテルと並ぶ一流ホテルの双璧であった。満鉄の社史は「優に欧米一流のホテルに匹敵」すると自画自賛している。

内外の賓客はすべてここで旅装をとき、300人以上収容できる大宴会場でくりひろげられるパーティーの様相は壮観であった、毎年夏季になると、夜間営業を行う屋上レストラン「ルーフガーデン」が設備され、訪れる人々に一時の涼を供した。特に、日本人家族、子供たちに人気があった。

そのような賓客接待の目的をもったホテルであるからこそ、大連の顔の一つとして大広場に面し、横浜正金銀行大連支店と向い合って建てられたのであり、この構図は日本の都市では見られない都市空間の演出であった。

その結果、大連ヤマトホテルは、旅客に宿泊サービスを提供する単なる宿泊施設ではなく、賓客の接待場所であり、かつ、大連在住日本人や欧米人の社交場となったのである。

⑧　西広場

大広場の警察署と朝鮮銀行の間の電車通りは、西通と称して、西に向かって行く幹線道路で、大広場を中心にして山縣通と東西の対照をなしている。更に再進すると市内交通の要衝である常盤橋との間に、西広場（面積3097坪）と名付けられた円形広場があって、ここからは西通（貫通）、但馬町、近江町、三河町、西通（貫通）、岩代町、伊勢町の7条が放射されている。西通には市民生活に関係のある種々の商店が西側に並んでいた。西広場は大広場とは趣が全く異なって、規模も小さく、中央館・太陽館の二つの映画館が向かい合ってあったほか、日本基督協会、西広場幼稚園、救世軍本部や土田写真館その他商店・医院が軒を連ね周囲をぐるっと囲んでいた。

3-16　大連の西広場

⑨ 北広場と南広場

日本橋を挟んで北畔に北広場、南畔に南広場という、それぞれ半円形の広場が対峙している。

北広場は、時計回りの半円形に西方面から山城町、児玉町、北大山通、乃木町、浜町の5条の道路を発し、北側には欧風で尖塔のあるエキゾチックな日本橋図書館（元・大連民政署）とがっちりした構えの満鉄鉄道工事事務所（元・野戦鉄道提理部）が建っていて、その間を北へ走る北大山通は、露西亜町波止場まで通じている。橋畔西方に下り坂を進むと旧大連駅に行き着く。日本橋の北側一帯を、当時の人々は親しみを込めて「露西亜町」と呼んでいた。

日本橋を北から南へ渡り切ると、こちらにも半円形の南広場（面積5368坪）があり、東方面から時計回りに飛騨町、監部通、

3-17　大連港橋北広場

3-18　日本橋南広場

大山通、伊勢町、信濃町の5条の道路が放たれ、大連中央郵便局と日本橋ホテル間の大山通を南へ進めば、繁華街を経て大広場に至り、監部通を進めば敷島広場・寺内通を経て埠頭へ達する。また、伊勢町の先には西広場、信濃町は新大連駅への近道である。

⑩ 駅前広場

満洲「陸の大玄関」として昭和12年（1937）6月1日に、東京の上野駅に類似するスマートにして堂々たる威容と機能を備えた新大連駅が完成し、開業した。

駅前は目を見張るばかりの宏大な広場となり、自動車利用の乗客の便を図り、これを囲むように2階への道路が立ち上がっている。人と車に加え、人力車、馬車が多く、これら高速と緩速の交通をスムーズに流すために立体的な交通整理を採用し、1階は降車客専用、2階は乗車客専用とに区別した画期的な駅舎である。

これに先立ち、西通の西端、常盤橋北の露治時代の古称・欧羅巴市場広場にあった信濃町市場は、羽衣町に建設移転を計画し、昭和12年（1937）12月15日に、新築の公設小売市場

3-19　駅前広場

に信濃町市場から引越し大連市場として開場した。

　昭和14年（1939）4月1日、西公園町から大連駅まで幅60メートルの駅前大道路が完成開通、駅前広場は面貌を一新、信濃町、西通、西公園町、常盤町通、栄町へと四通八達し、都市整備の環境も整い交通地獄もこれで解消を見るに至った。

⑪　花園広場

　伏見町電車通の満鉄中央試験所手前の伏見町郵便局角で左へ道をそれ再進すると、大連二中裏門近くの角に小じんまりした物静かな広場に出る。これが花園広場（面積1256坪）である。西部住宅・官舎街と東部住宅・満鉄社宅街を結ぶ市内バス路線の南部線（聖徳街三・望洋寮・芙蓉町・芝生町・若葉町・早苗町・千草町・白菊町・桔梗町・山吹町・菫町・水仙町・花園広場・中央試験所……常盤橋……満鉄本社……鏡ヶ池・桜町広場・楓町……桜橋……日出町）の中での主要ポイントを占めていた。南山麓の桜町広場と東西の対照をなしていたのかと、勘繰ってみたくもなる。

⑫　長者町広場

　おおむね西は伏見台止まりであった市街地も、急速に譚家屯、聖徳街、沙河口方面へと発展して行き、小崗子の南にあたる一帯に、東西を結ぶ幹線道路を南北に挟んで方形の広場が造られた。長者町広場（面積3389坪）である。

3-20　大連関東洲庁長者町広場

　北東斜めに長者町の町並みが延び、これとV字型に蓬莱町、尾上町等を北西斜めに横切る重要道路が回天広場との間を結んでいる。

　この一角に、昭和8年（1933）8月に大連警察署2階を間借りしていた関東地方法院が移転し、昭和12年（1937）6月には旅順から関東州庁が移転してきた。また、地方法院に対面して警察学校が建ち、あたかも横綱

土俵入りの如くコの字型に官庁街を形成されていった。それでもこの広場は広々としていて、毎年秋に行われた男子中等学校の二日間にわたる大演習の最後の締め括りとしての閲兵は、ここで行われたものである。

3-21　大連地方法院

関東州庁が移転してきてから、長者町広場の呼称は、いつしか州庁前広場と呼ばれるようになった。終戦後は広場の南側に戦勝記念碑が建てられ、長らく斯大林広場と呼ばれていたが、スターリンの失脚と共に名称が人民広場に変わった。

聖徳街の北に、回春街、三春町、雲井町、秋月町がある。この一帯には「満洲製麻」「大連工業」「昌光硝子」などの大工場や町工場が多く集まる工業区である。

長者町広場から、蓬莱町、尾上町、富久町、不老街、長生街を北西に斜めに横切り、同寿医院のある回春広場（面積1212坪）に至り、更に三春広場（面積1212坪）を抜けて北に向かうと、香爐礁を経て甘井子、金州に至る。

⑬　大正広場と黄金広場

市の中心、常盤橋より再進する特別道路と、沙河口大正通との交差点に、大正広場（面積1018坪）がある。ここは路面電車交通の要衝地で、運転系統のうち、大正広場に関係するものを挙げると、

- 三号系統　埠頭－山縣通－東公園町－大広場－常盤橋－伏見町－大正広場
- 四号系統　埠頭－山縣通－敷島広場－日本橋－常盤橋－西崗子－大正広場

相対的なものであるけれど、三号は日本人客が多く、四号が中国人客の多い特色があった。それは系統路線の沿線の状況から、そのようになったのである。この三号と四号は終点の大正広場で番号をお互いに入れ換えて、それぞれ相手のルートを通って埠頭に向かって行った。

- 十一号系統　寺児溝－東公園町－大広場－常盤橋－西崗子－大正広場

これは労工電車と称して、一般の電車がグリーンの車体に対しオレンジ色の車体で、料金も2割ほど安く、中国人労働者の便益のために設けられていた。

- 六号系統　大正広場－競馬場前－星ヶ浦公園－黒石礁

夏期ともなれば、六号系統で星ヶ浦海水浴場へ向かう乗客が乗換える大正広場電停は大混雑を来すのであった。

大正小学校と沙河口警察署が、大正通を挟んで対峙していた。

黄金町を北上し、霞町と接する処に黄金広場（面積2535坪）がある。南東角に沙河口郵便局が構え、西側には大正通に面して西市場が沙河口住人の台所を司っており、人出で賑わっていた。また、郵便局と市場の間に映画・松竹館があった。沙河口地区には大正通を隔てて巴町に、もう1軒の朝日館があった。

3 ❖ 夏目漱石も称賛した大連電気遊園（小村公園）

連鎖街の西のはずれ、電車通りを隔てて小村公園があった。この公園はもと電気遊園といって満鉄が社員と市民慰安のために、当時の文化の枠を集め、明治42年（1909）9月に開園した遊園地である。13万2000㎡（約4万坪）の傾斜地帯であり、園の高台から俯瞰すれば大連市は一眸のうちに集まり、誠に眺めのよいところだった。園内には樹木鬱蒼として四季の花に富み、特に植物温室、禽鳥獣類の飼育檻、釣り池、婦人児童図書館を配し、児童のためにメリーゴーラウンド（回転木馬）、驢馬騎乗やブランコ、滑り台、ジャングルジムや、各種運動器具等がすべて備わっており、大人向けにも電気館という演芸館、ボーリング場、音楽堂のほか、著名な中国料理店登瀛閣などもあって、絶好の行楽地であった。電気館に光が入り、イルミネーションが点灯すると、夜空に美しく浮き上がる光景は衆人の目を驚かせた。このように電気設備と余剰電力を供給できることを誇示することで、満鉄の存在を宣伝するのに大いに役立った。電気遊園命名の由来でもある。児童は勿論市民の行楽地として親しまれて、盛んに利用された。

ただし、園内整理の意味で大

3-22　電気遊園正門

3-23　電気遊園全景

人に限り金二銭の入園料を徴している。外国人や日本の要人等が来ると、第一にこの公園に案内したというほど、満鉄が力を入れた公園であった。満鉄が経営するもう一つの星ヶ浦公園や、市が管理する西公園（のちの中央公園）とともに、大連における桜の名所としても有名で、市民のよき憩いの場であった。

当時の新聞広告に「電気遊園ご案内」がある。

　　　　電気遊園は東西文化の粋を集め、百花四季を問わず繚乱と咲き、猿の如きも先般多数輸入いたし、御子様の御相手を致すべく切に御待ち致しおり候。因に開園は九時にて候。園内の諸設備万端整い、一例を挙ぐれば、次の如くに候。
　　　　　　活動大写真・・・・・・六時より毎日
　　　　　　差し換え
　　　　　　メリーゴーランド
　　　　　　ローラースケート
　　　　　　ボーリング・・・・・・玉ころがし
　　　　　　射的・・・・・・・・・賞の準備あり
　　　　　　電気蓄音機・・・・・・舶来品
　　　　　　アイスクリーム・・・・土曜、日曜毎
　　　　　　その他喫茶店には団子も有之候。

今読めば、誠に隔世の感じがして、懐かしい。

戦後、日本で流行っている「ボーリング」は、大連では明治時代から大人用の遊戯として、ここにはあったのである。園内の小高い丘の上に、電気館を挟んで細長く外装した2棟の建物がボーリング場である。近年のボウルはプラスチックやポリエステルを使っているが、昔はチーク材の木製で、「ゴロゴロカァーン」という快音を放っていた。もちろん最近の自動装置によるものではなく一本一本、人の手で立て直しをやるものであった。

明治42年（1909）12月には、大連ボーリング愛好会ができ、第一回競技会が行われたが、大正末期にはボーリング場は撤去されている（昭和初年の吉田初三郎画の鳥瞰図「大連」には、電気館・ボーリング場は描かれていない）。

このボーリング場2棟に挟まれて、アーチ状の電気館という活動写真館（映画館）があった。初めは幻灯や活動写真、きれい処の手踊りなどやっていたが、2

3-24　演芸館とボーリング場

3-25 大連電気遊園音楽堂

〜3年して洋画専門館になった。パールホワイト嬢の鉄の爪や、チャップリンのキッドも懐かしく、ターザンものを上映したのは、この電気館が初めてだった。また、この中の大きな部屋に、満洲全土のパノラマ風模型が作られていて、満鉄線などには小さな客車や貨物列車の模型が幾つかベルトに乗って走っていたのが興味深かった。電気館もボーリング場も、そして華やかなイルミネーションも、大正末年には撤去されたので、大方の大連人は知る由もなく、当時の記録や絵はがきでその偉観を偲ぶばかりである。

　電気館とボーリング場の間を抜けると、広いローラースケートリンクに出る。貸スケート制で、大人1時間十銭、小人五銭で入れた。アイススケートと違ってローラは勝手が違い難儀であったが、それでも2〜3回やれば直ぐにコツを覚えるので、学校帰りの学生に人気があった。リンクの西裏は射的場になっていた。空気銃ではなく、本物の火薬を使った鉄砲であった。恐る恐る引金に指をかける、ズドーンと反動で肩がいやというほど衝かれた。おまけに完全な的外れであった。

　ローラースケート場の跡は、驢馬乗り場に代わって人気を集めた。小学高学年ともなれば、ブランコ・滑り台などでは満足できず、もっと刺激を求めて驢馬に跨がり馬場を2〜3周するのが、最も愉快であった。

　この公園の最大の呼び物がメリーゴーラウンド（回転木馬）である。極彩色の木馬がW字形の鉄軸に繋がり、「天然の美」の音楽につれ、台の回転とともに馬が上下しながら走るので自分が乗っているような感じになり、子供にとっては何とも快適な乗り物であった。1回5分で子供たちの夢を満たし、土曜、日曜などは家族連れはもちろん、軍人たちにまで喜ばれた。

　メリーゴーラウンドの奥へと進むと、藤棚、釣り池と木魚館がある。木魚館の階下に日本の

3-26 メリーゴーランド

郷土玩具が、二階には日本、朝鮮、中国で集められた千二百余の木魚がびっしりと陳列されていた。

正門を入って左手に進むと、少年運動場と植物温室・花壇の場が拓ける。大小のブランコ、滑り台があり、花壇の遊歩道に導かれ温室に入る。ユッカ、椰子、団扇という大シャボテン、龍舌蘭、谷渡りなどの熱帯植物、洋蘭など、その折々の花が美しく、豊かな気分に癒してくれる。温室も二つあって、一つは栽培場、一つは陳列場となっているが、栽培場には見物人は入れない。ここの暖房は煙道といってオンドル式、煙が管内に入って室を温めている。

植物温室を右手に進むと、大正14年（1925）8月開催の大連勧業博覧会第二会場の名残で「遊神堂」の額が架かった中国風の建物があり、それを過ぎて小

3-27　大連電気遊園

3-28　電気遊園温室付近

高い丘に上がると一面に街の展望が拡がり、六角の音楽堂と背高のっぽの受信塔があった。毎年4月頃に連合艦隊が大連湾に入港すると、決まって軍楽隊がこの音楽堂に来て勇壮な音楽を演奏してくれた。懐かしい年中行事の一つである。

西崗子に面した裏門に近く、翠緑の樹々の間にしっくりと鎮まって「登瀛閣」という中国料理店があった。満鉄が出資して中国人に建築から調度品一切を委託していたもので、本格的な北京料理がご自慢だった。子豚の丸焼きなどをそのままの形で銀の盆にのせて、主客に披露してのち切り分けて出すなど、如何にも中国式である。二階の窓からは大連湾が一望でき、素晴らしい眺めが楽しめる場所でもあった。

園内随所に設けられた禽鳥小屋の一つに、大きな孔雀が飼われていて、決まった時刻になると尾羽根をいっぱいに開げて、陽光に映える華麗なショーをサービスしてくれた。この瞬間に巡り合えたときは、幸運が胸一杯に広がり一日楽しい気分でいられた。

昭和4年（1929）に、電気遊園内に記念塔が建設された。明治42年（1909）に大連に消防組が組織されて、その20周年を迎えたのを記念したものであった。次の改称・園内改造を期

3-29　電気遊園の動物園

　に、塔上にモーターサイレンが取り付けられ、大連市役所がこのサイレンで正午の時報を市民に報知するようになり、市民に長らく親しまれた緑山のドン午砲に代わることになった。
　昭和12年（1937）6月、日露戦争当時の外務大臣小村寿太郎の功績を記念する目的で、電気遊園を小村公園と名称を改め、正門を始め園内の大改造を行った。当時日本彫刻界の第一人者朝倉丈夫氏に、小村の銅像制作を依頼した。約1年後に銅像は出来上がった。銅像設置の位置は、電気館・ボーリング場跡で、ここが園内一番の高所に当たり、大連市街が一望のうちに見渡せる場所であった。御影石を磨き上げた台石と、周りに噴水池を設け、出来上がった像は小村の椅手座像だったが、小村家の話によれば、この姿は小村が何かよいアイデアが浮かんだときに椅子から身を起こそうとする姿勢で、最もよく本人の感じを出して生き写しだと誉めていた。
　昭和13年（1938）10月16日、旅大の官民1000名を招いて、小村銅像の除幕式が行われた。大連神社水野宮司の修祓があり、続いて小村捷治の手で除幕された。主客相次いで候の功績を讃え、祝宴は宵の迫るまで続いた。
　余説ながら、満洲国国都の新京でも同様なことが行われたという。日露戦争当時の満洲軍総参謀長陸軍大将児玉源太郎の功績を讃えて、西公園内に同伯の騎乗姿の銅像を建立し、以後同園は児玉公園と改称された。
　小村公園は広いとは言えないが、桜、紅葉ともに四季の花が絶えず、街の中心部にあった所為か、ここを訪れる人は多く、ちょっとした散策には手頃な公園であった。猿や熊なども飼育されていたが、万が一空襲でもあったら危険であるという訳で、終戦間際に射殺されてしまったのが哀れである。
　戦後はかなり荒廃していたが、中国の手で修復され「魯迅公園」と名を変え、相変わらず市民の楽しい公園となっている。その後さらに「大連動物園」となった。

〈電気遊園のイルミネーション〉
　遊園地の目玉の一つに一年を通じて行われたイルミネーション点灯があった。これはそれだけ余剰電力を供給できることを誇示していることにほかならず、満鉄の存在を宣伝するのに役立っていた（電気遊園命名の由来でもある）。

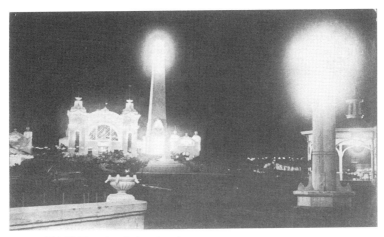

3-30　電気遊園のイルミネーション

〈登瀛閣〉

　西崗子に面した裏門の近くに登瀛閣という中国料理店があった。昭和3年（1928）11月満鉄が出資本して、中国人に建築から調度品一切を委託して、開業したもので本格的な北京料理が自慢であった。

〈驢馬騎乗〉

　正門から入ると一番奥まったところ、裏門からだと直ぐのところに、驢馬乗り場があった。小学高学年ともなれば、ブランコ・滑り台は幼児染みて飽き足らず、驢馬に乗って元のローラスケートリンクを2～3周するのがもっぱらで、最も楽しかった。

3-31　登瀛閣

〈小村の銅像〉

　昭和12年（1937）6月、日露戦争当時の外務大臣小村寿太郎の功績を記念する目的で電気遊

3-32　小村寿太郎の銅像

園を小村公園と名称を改め、正門を始め園内の大改造が行われた。大連市街が一望のうちに

見渡せる園内一番の高台に小村の銅像が建立され、昭和13年（1938）10月16日に除幕式が挙行された。

〈小村侯記念図書館〉

　明治45年（1912）に電気遊園内に「図書閲覧所」として設置されたが、のち伏見台図書館と改称されて運営が続けられていた。昭和14年（1939）、永年市民に親しまれていた伏見台図書館と日本橋図書館が併合され、小村公園（旧電気遊園を改称）内に小村侯記念図書館となった。

4 ❖ 連鎖商店街・百貨店・市場

(1) 大連連鎖街商店街

　昭和2年（1927）以前には、常盤橋の下を流れているダリーニー川の西から、電気遊園（後の小村公園）の東側の電車通りにかけての北側一帯の土地は、当時大連の中心地区にありながら、一面に凹地の空き地で水道局の土管置場になっており、また下層の中国人が多く住む雑然とした街区であった。

　そこで、大連の商店有志と商工会議所の発案で、1万3000坪に及ぶこの地一帯を埋め立て、文字通りの中心街にするため共同経営による一大商店街を築くべく、商店街建設委員会は幾度となく関係官庁と折衝し、満鉄の協力も得て資本金67万2000円の合資会社「大連連鎖商店」を設立した。

　この一帯の中国人住民を立退かせたうえ、黄土を運んで埋め立て、たちまちにして新しい土地が造成された。かくて造成された敷地を8ブロック（A街区～H街区）に分割し、宗像建築事務所の設定・管理により福昌公司の施工のもとに、一年半を費やして16棟、200余戸の商店・事務所が建設され、昭和4年（1929）11月に近代的装いも新たな「大連連鎖商店街」が竣工した。

3-33　連鎖商店街の鳥瞰

　各棟は、いずれも鉄筋コンクリート造（間仕切り壁は煉瓦創り）、やや濃いベージュ色のスマートな2階乃至3階建ての洋風建築で統一され、1回は店舗（商店・事務所）として使い、上階はその店主家族の住宅であった。

　連鎖商店街は、それぞれに大きなショーウィンドーを持ち、あらゆる業種を網羅した200余りの商店のつながりで、いわば

平面的な百貨店とも言える。

　いよいよ、昭和4年（1929）12月に開業したが、まだその頃は空き家が大分目立ち、ここで開業した店も多かったが、従来相当年代も経て顧客を持った店がここに移転してきたものも少なくはなかった。約一年後には200軒以上の商店がそれぞれの営業を始め、揺ぎない連鎖商店街としての地盤を固め、それまでの浪速町・伊勢町通りの商店街とともに、大連の新旧二大ショッピングセンターとして多くの人々に親しまれるようになった。

　経営の指導と宣伝コンサルトは、大連商工会議所の大野斯文が当たり、いかにも大連らしいスマートな、しかも近代化を誇る商店街として成功したことは内地にも報道され、斯界の第一人者清水正巳が来連し、連鎖商店街に将来に大きな期待を持って帰国した。当時としては内地でもこのような立派な商店街はなく、東洋に誇ると言っても決して過言ではなかった。

　通りの名も、常盤橋から電気遊園へ通ずる電車路に面して「常盤町通り」と称したが、順次北へ「本町通り」「心斎橋通り」「栄町通り」と呼び、ダリーニー川沿いは「末広町通り」順次西へ「銀座通り」「京極通り」、電気遊園から西崗子へ向う電車街は「広小路」というように、情緒的に内地の各大都市の有名繁華街の名称で呼ばれていた。そして大きな街路に面する「常盤街通り」「広小路」「栄町通り」と街の真ン中を南北に通る「銀座通り」には舗道が設けられ、恰好の散歩道となった。宵闇ともなれば「常盤街通り」は一面にネオンがともり、一層の華やぎを添える街並みとなった。ここまでは「大連連鎖街」の生い立ちと性格面を見てきたが、視点を変えて、そこに住む住民の生活面から街を覗いてみよう。

3-34　連鎖商店街正面

　当時連鎖商店街、その名のとおり区画ごとに一軒一軒途切れることなく、つながった近代的な建物で、ライフラインは完璧に整い、トイレは全戸水洗で下水道完備し街中清潔感に溢れ、大衆の娯楽施設である映画館「常盤座」や公衆浴場が設けられていた。その公衆浴場の下には

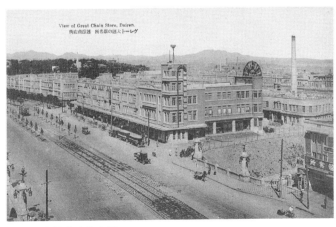

3-35　連鎖商店街全景

アメリカ製の放熱器を備えたボイラー室が設けられ、街区全体を一括して行うセントラルヒーティングが採用された。冬季にはこの大ボイラーから全戸にスチーム暖房が行き渡り、コック一つで自由に調節して真冬でも寒さ知らずの快適さ、湯上りにビールを傾け、寝る前に二重窓の中に果物を入れておけばそこは天然冷凍庫で翌朝には氷菓が出来上がり、冷暖ともに楽しめた。

　1階が店舗、2階以上が広い居住区で、裏の土地に余裕のある所は順次アパートが建ち貸しアパートとしていて、町全体で世帯素は600を数えた。

　春・秋の大連神社大祭は、御神輿の渡御に従って、街の子供が担ぐ子供神輿も街中を練り歩き、お祝儀にお菓子やサイダーを貰って大喜びをした。

　夏には、天満宮境内で昼間は子ども相撲が催されて盛り上がり、夕暮れともなれば個々の商店が店先に思い思いの品を揃えて夜店が並び、金魚すくいやカキ氷と、夕涼みにそぞろ歩きが楽しみだった。

　お盆の夜が更けると、天満宮境内では盆踊りの輪が幾重にも広がり賑わいをみせた。天満宮は後に、ベビーゴルフ場となり、子供ながらボールを追って遊びに興じた。

3-36　連鎖街の夜景

3-37　連鎖街より望む常盤橋方面の景観

　秋には、町中の通り毎に店主・店員に家族も加わって対抗の町内大運動会が開かれ、「大連神社の神主が、お御籤引いて申すには、今年も銀座（本町・京極……）が、勝つ！勝っ！勝ツ！」と笛・太鼓の鳴り物入りの応援合戦で大騒ぎをした。

　冬には、町中を「く〜り　ぬく〜い」「いしや〜き　いも」の声が流れると呼び止め買い求め、銭湯帰りに街角の中国人の屋台で一個一銭の「天津包子」を10個買って懐に入れ、タオルを廻しながら帰れば凍って氷棒になるのを面白がっていた。また、旧正月春節の爆竹の音に驚きながらも楽しみの一つだった。

　四季折々の大連での思い出は、遠く時を超え、海を渡って甦り、今も尽きることなく、頭の中をそして心の中を駆け巡る。

　今にして思えば、「大連連鎖

街」の最も大きな成果は、個人個人の店の繁栄もさることながら、終戦までの16年間、短い歴史ではあったが、市民は連鎖街に足を運び、楽しい憩いのひとときを過ごした忘れ難い郷愁の街ではある。

（2）大連の百貨店

　遼東半島の南端、関東州は旅大地区が大きな地位を占め、旅順は軍港・学園都市と言われ、一方の大連は商港・商業都市として殷盛を極め、対照的な性格を持っていた。そして大連には、三越・幾久屋の二大百貨店が市民生活の中で、消費・娯楽の両面で大きな支えをなしていた。その他にも、黎明期に勧商場の隆盛を満たし、百貨店に類する大連百貨店・遼東デパートや、百貨店にも引けを取らぬ浪華洋行という舶来・流行の先端をゆく洒落た店もあった。また、あらゆる業種を網羅した二百余の商店の連ながりで、いわば平面的な百貨店とも言える連鎖商店街の出現もあった。

① 勧商場

　古い頃から大連にいた人たちには、「勧商場」と言えば懐かしい想い出につながる。戦後の一時期、著名な駅のそばにあるアーケード街のようなものであった。小規模な形で、その中に店を出すものが、家賃を分担しあって共同のお客様を迎える仕組みになっていた。

　大連での最も古い記録によると、露西亜町に商品陳列館というものがあって、これが勧商場のハシリと言われ、その後町の拡大につれ、明治38年（1905）10月、浪速町二丁目の浪華洋行と西の小道を挟んで第一の日清勧商場ができ、次に浪速町三丁目の幾久屋ができる前の場所に第二の浪速勧商場ができた。続いて第三の大山勧商場が遼東ホテルのできる前の敷地に開業した。いずれも新開地気分に湧いていた時分のことだから、商人同士の協定もなく、売れるに任せて値上がりする傾向が出てきたため、民政署からの注意もあり、勧商場自身も話し合いで正札を付けることになった。明治の末には、西広場の南側に東洋勧商場ができ、更に磐城町の扇芳ビルと三好野の中程に日進館という小規模な勧商場もできた。このように一時は勧商場時代を思わせたが、周りに優秀な専門店ができ始め、そちらの方が品物が揃っているので、専門店とデパートの挟み打ちに合い、段々と衰退の道を辿った。洋風近代的の店や建物が増えていく中で、勧商場が押されていくのは、時勢の推移で致し方のないことであった。

　弱り目に祟り目とでもいうか、昭和3年（1928）10月9日の深夜、浪速三丁目中央で大火災があって、浪速勧商場は全焼した。この一郭にあった小料理屋喜代本の女将稲垣きよしの放火で、勧商場18軒、隣接の今中洋行、大場洋品店等が焼け出された。戸数42、損害300万円に及ぶ大連三大火災の一つである。地上権を持っている店子等は、再建の相談もしたが目途が立たず長い間空地になっていた。のちに幾久屋百貨店が建った。また、西広場にあった東洋勧商場も高等演芸館（のちの太陽）という」映画館に外廓だけを残して改組した。日清勧商場も浪華洋行に身売りし、倉庫になってしまった。昭和9（1934）、10（1935）年頃には草分け当時から市民に親しまれてきた勧商場は全滅していた。

② 三越

　すでに朝鮮京城に進出していた三越呉服店は、明治40年（1907）9月6日大連浪速町に出張所員詰所を開設し、明治43年（1910）7月20日には当時最も繁華な場所であった大山通に詰所を新築移転した。更に2年後の明治45年（1912）5月、同じ大山通の北詰日本橋にほど近く大連出張所を新築移転し、6月20日に開業した。建物は煉瓦造り2階建て延床面積240坪（792㎡）であった。その後この建物は昭和2年（1927）2月から12月にかけて、3階建ての新店舗に建て替えられ、翌昭和3年（1928）5月1日に大連支店として開業した。床と柱の一部を鉄筋コンクリート造りとし、外壁を煉瓦造りとして混構造の建物で、床面積は918坪（3029㎡）となり、それまでの店舗に比べて約4倍になった。柱の本数が減って間隔が広くなり、売り場におけるショーケースなどの配置にも重要度がました。このほか、大山通に面する1階の窓を「陳列館」としたショーウィンドーとし、3階には食堂がの設けられるなど、呉服屋を前身とした百貨店が店舗を化粧かしていくうえで、不可欠な設備を備えていた。この年6月から三越呉服店は商号を三越と改称している。

　昭和12年（1937）9月20日三越大連支店は、電車通りを隔てて連鎖商店街と向かい合って、常盤橋の西に440坪（1452㎡）の敷地を求め、新店舗を新築し、大山通から移転、新装開店した。当大連に営業所を開設してから実に31年経っての出来事である。満鉄が常盤橋の北に大連駅を新築移転させることになり、連鎖商店街が駅前商店街の性格を帯びる様相に、三越はこの大連市街地の商業中心地の移動を的確にとらえて、昭和11年（1936）10月29日に起工し、約十カ月の超スピード振りで翌昭和12年（1937）8月31日竣工したものである。

　地下一階地上6階建てで、その一郭に聳える高塔は地上133尺余（40m）で、当時大連における建築物中で最高のもの、ランドマークになった。

　外装は明朗瀟洒、内部は近代式設備が完備しており、冷房装置をもって温湿度の調整をしているので、各階ともすこぶる爽快である。地下より2階までは清新百貨の売り場、4階は3百名を容れる大食堂があり、東京から招かれた多数の料理人が腕を振るっている。食堂の前に喫煙室、また隣接して社交室があって、約30人ぐらいのお茶の会、クラス会などに適している。5階には約50坪の催者場があり、絶えず各種の催物や展覧会等が開催されている。6階は花卉小鳥部と屋上庭園で、その場から俯瞰すれば大連一帯が箱庭の如く眼下に集まる。なお、一階の一隅にツーリスト・ビューローの出張所があって、汽車、汽船、飛行機の切符の発売その他旅行の相談に当たっている。兎に角名実ともに満洲随一の完備した大デパートである。

　こうして、三越と連鎖商店街は常盤橋界隈を中心に駅前商店

3-38　三越百貨店

がを形成し、幾久屋を主格に浪速町、伊勢町、磐城町中心の従来からの商店街とともに、二大新旧ショッピングセンターとして多くの人々に親しまれた。

③ 幾久屋百貨店

古くから繁華街浪速町の中心辺りにあった勧商場が昭和3年10月に全焼し、その焼け跡に幾久屋というデパートが新築開店、地の利も手伝い繁盛していた。

元々この土地は、広島県選出の代議士岸田正の所有であった。岸田は火災後、日ならずして来連し、被災者、区長及び区との円満な了解によって、この焼け跡に、浪速町三丁目に恥じない大百貨店を建てることになった。このような経緯で約2年後の昭和8年（1933）9月、浪速町に幾久屋百貨店が竣工し、華々しく開業した。地下1階地

3-39　幾久屋デパート

3-40　連鎖街と三越百貨店前

上3階の総化粧煉瓦による美しいデパートは、大山通の三越百貨店（のち、常盤橋西に移転）とともに大連の二大百貨店として大連市民に親しまれた。満洲一の商店街を誇る浪速町は、三十余年の歴史を有し、幾久屋を中心に明朗色に充ち溢れる商店街として、昼間はショッピングを楽しむ人々で賑わい、夜は電飾といわれたイルミネーションが美しい町で、大連の銀座として、人通りが絶えることがなかった。

大連にも東京の銀ブラをもじって、ナニブラといった懐かしい時代があった。昭和の初め頃から11年頃まで、浴衣がけで陽の沈む頃から浪速町三丁目を中心に思い思いの方向にぶらつき歩き、夜店を冷やかし何処かの店で蜜豆でも食べる等、よき時代を楽しむことができた。夜店は初めのうちは街灯やスズラン灯が出来てからは電灯引込線を設けたりした。昭和11年（1936）8月電線の地下埋設化により、スズラン灯が消え、やがて夜店も廃れていった。

終戦後は引揚げまで、委託販売のケースが並び、地下室は食堂街になって経済的に不自由な市民の生活とともに歩いた。

④ 遼東百貨店と遼東ホテル

　遼東百貨店は大連の繁華街浪速町と大山通りの角を占めており、地下一階地上7階の現在大連にける最高の建築物であって、創業昭和5年（1930）以来、多年にわたり、経営者の苦心と努力の結果、その後の繁栄を見るに至ったのである。

　この店の特色は、強力なる専門店がチェーン式に大きく組み合って、一個の百貨店を形成しており、なかでも特筆されるべきことは、土産物の専門デパートということであって、免税された舶来品に、満洲中国特産の各土産店、その地の土産に適する一切の商品が素晴らしく充実していることは、あまりにも有名である。誠に店内を一巡すれば、宝石、煙草は18番売場に、トランク類17番に、翡翠・洋酒類は16番、毛皮は14番、中国土産品、トランプ、中国人形等13番、ロシア菓子、舶来食料品の類は6番、8番、10番、11番の各売場に、絹紬類は10B売場に、舶来化粧品、薬品類は15番、2番に、洋雑貨類は12番売場等あらゆる百貨が陳列販売されている。買物に当っては税金の有無や、土産品としての選択に充分の説明を加えてくれることは勿論で「商品とサービス」を誇る同店へ、旅行者はかならず立ち寄る場所となった。なお、店内には和やかなメロディーに旅の疲れを忘れる喫茶室、地下室には異国情緒を満喫させるロシア・レストランがあり、中国料理、理髪等旅行者に対する一切の設備が完備している。

　遼東ホテル社長の山田三平も、大連草分けの一人で、長らく信濃町にあったホテルを浪速町三丁目角に移し、街の偉観として天を衝く6階建てのホテルを建設した。大連ヤマトホテルが国際的な高級ホテルとすれば、遼東ホテルは気安く泊まれるエコノミックホテルという処だろう。一階はデパート形式で、奥に焼売で有名な喫茶室があり、2階以上はホテルになっていた。

　山田社長が初老期を迎えた頃、体育の一助とし

3-41　遼東ホテル

3-42　遼東ビルディング

て始めた社交ダンスが病み付きになって、屋上には鉄傘の大ホールを建て増して、第七天国と名付け、東京や関西方面からダンサーやバンドを招くなど、本格的な社交場となった。夜のホールからは、金砂を撒いたような街の灯りを眺め、赤いランタンは微風に揺れる。始めは土曜、日曜だけだったが、いつの頃から毎夜踊れるようになったダンスマニアのメッカとなった。（上記遼東百貨店の記述については森田明『大連、旅順、観光案内』より転記させて頂いた。）

終戦後は、そのまま接収されて、集会や晩餐会・舞踏会に利用されていた。

⑤ 大連百貨店

浪速町三丁目の幾久屋デパートの前に、大連百貨店があった。ここは元浪速館という映画館があった処である。大正２年（1913）の元旦から活動写真をやっていたというから、電気遊園の電気館に次ぐ映画館であった。その映画館が、日活と提携して磐城町に移り、日活館となった跡を百貨店に改装し、大連百貨店となったのである。

3-43　大連百貨店（森田明『大連、旅順、観光案内』昭和14年）

この百貨店の経営はチェーン式で、当時としては変わった貸しケース式商法である。誰でも一定の保証金さえ積めばその日から百貨店内で自分の店を持つことが出来るという仕組みになって、割に繁盛していた。ケースの商品は洋雑貨に限らず土産品部等相当に充実していて、種々珍しいものを取揃えている。俗に言う露西亜毛布は色彩も美しく比較的低廉で旅行用として好適である。その他の一般雑貨は主に内地製で舶来品といってはネクタイ位のものである。

この百貨店の奥に、五車堂というモダンでしかも粋な喫茶店があった。ナニブラの疲れをいやすには手ごろな場所で、甲斐巳八太郎の絵などが掛かっていた。

⑥ 浪華洋行

浪速町二丁目に、どことなく垢ぬけのした高級品店浪華洋行があった。浪速とも、なにわとも言わず、浪華洋行というだけに超一流の洋品雑貨が揃えてあった。当時大連にはデパートが２、３軒あったが、それらを向こうに廻して決して引けを取らない独特の雰囲気があった。

浪華洋行は洋雑貨専門店として有名で、女性店員は選り抜きの美人揃いで、内地ではちょっと手に入らないダンヒルの喫煙用具、香水やコティの化粧品、イギリス人好みのネクタイ等、外来高級品は殆ど揃っており、これらは洋品雑貨に劣らず売行きも早かった。

3-44　浪華洋行現在（1992年秦友人撮影）

昭和の初期には、男性にカンカン帽が流行った。ちょうどそのころは実満野球の最盛期で、中央公園のグランドへ行くと内野・外野席を問わず、このカンカン帽の波であった。そこで、野球シーズンになると一枚硝子のショーウィンドー全部を使ってカンカン帽の宣伝をやる。おまけにグラウンドからの直通電話を使って野球速報をやっている。この実満戦は大連のファンを二分した熱戦であったが、店の前は黒山の人盛りであった。高級用品をそろえているわりに、大衆的な心理をよく捉まえてヒットを飛ばしていた。

⑦ 満鉄社員消費組合中央分配所

　三越・幾久屋と並んで、やや遅れて西公園町にできた満鉄の社員消費組合中央分配所は、大連の三デパートというべき存在であった。

満鉄社員の場合は、各社宅群単位に設置された消費組合分配所で、日常の惣菜用品、日用品などを買い求めていた。

ちなみに、満鉄の社員消費組合分配所は社宅群単位に、次の地区に設置されていた。

中央分配所（西公園町）	児玉町分配所（児玉町）
播磨町分配所（播磨町）	日出町分配所（日出町）
伏見町分配所（伏見町）	霞町分配所（霞町）
真金町分配所（真金町）	芙蓉町分配所（芙蓉町）
星ヶ浦分配所（黒石礁屯）	浜町分配所（浜町）
本社分派所（東公園町）	桃源台分配所（桃源台）
薩摩町分配所（薩摩町）	山吹町分配所（山吹町）
桜町分配町（桜町）	聖徳街分配所（聖徳街）
回春町分配所（回春街）	周水子分配所（周水子）
甘井子埠頭分配所（甘井子）	桜花台分配所（桜花台）

3-45　満鉄消費組合中央本部（秦所蔵）

(3) 大連の市場

① 公設市場

大連市は公衆の日用品購入の利便、市価の指導統一、並びに衛生上の見地から中央卸売市場の外に、日用品の公設小売市場を経営している。小売市場は、信濃町、小崗子、山縣通、大連西（沙河口）、千代田町の五市場であって、商品は米穀、薪炭、魚類、野菜、果実、鳥獣肉、食料雑貨等、日用品全般にわたっている。

3-46　大連小売市場

② 大連市中央卸売市場

昭和3年（1927）9年6月、市内入船町に設立され、昭和7年（1932）11月、市は従来の問屋に対し補償金を交付して問屋を廃業され、市が荷受、販売、清算の一切を直営する市営単一性に改めた。取引種目としては主として蔬菜及び果実で、遠くは南洋、日本、台湾、朝鮮、山東から、近くは関東州内外より買い集め、その成績は見るべきものがある。しかしながら、卸売市場設備の改善のため総工費42万円を以て工事を起こし、昭和11年（1936）11月7日に新卸売り市場が竣工し、同月218日に初競りが行われた。

③ 五大小売市場

次の五カ所に大規模な小売市場があった。

所在地	開設年月	店舗数（昭和9年3月31日現在）
信濃町市場	明治38年（1905）8月	128
小崗子市場	明治42年（1909）2月	50
山縣通市場	大正3年（1914）1月	40
大連西（沙河口）市場	大正11年（1922）12月	41
千代田町市場	昭和2年（1927）5月	32

一辺数十メートルの四角形の廻廊の内部に、野菜、魚介、食肉、加工食品の店が軒を並べて、豊富な品物を前に商売を競っており、四角形の中心の広いスペースは野天荷捌所であった。商人は日本人・中国人の雑居で、客も日本人・中国人の区別はなかった。なお、昭和11年（1936）に山縣通市場は、改築が行われた。

3-47　山縣通市場（秦所蔵）

3-48　大連西（沙河口）市場（秦所蔵）

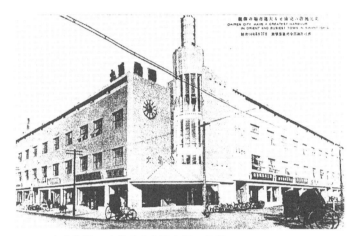
3-49　文化施設の完備せる大連市場の偉観

④ 大連市場

　従来公設の五つの小売市場のうち、市中心部の常盤橋近くにあった信濃町市場は、新大連駅の開業に伴う駅前広場の整備のために移転を余儀なくされ、昭和12年（1937）に羽衣町（三越の裏手）に、鉄筋コンクリート造り3階建ての堂々たる近代設備を備えたた市場が完成して移転した。以後、大連市場と称した。
　一階は回廊式に通路を挟んで日・華人商店が店を連ねており、食料は何でも揃う市民の台所であった。2階も回廊式に、呉服店、洋服店、洋品店、小間物屋、本屋、文具店、玩具店、和洋菓子屋等あらゆる業種の店舗が並び、さながらデパートのようであった。3階はホール等の文化施設や事務所関係の入居があり、静かな雰囲気であった。

⑤ 露天市場（小崗子）

　市街の中心からやや西北寄りに小崗子（西崗子とも称した）という大きな丘があって、そこの一隅にこの露天市場はあった。大正7年（1918）6月に清朝粛親王家の顧問川島浪速が建物を立て開設したもので、その家賃収入は粛親王家の生活費に充てたものだという。
　日本人と中国人の生活程度の相異から生じた交換経営の奇現象で、一名小盗児市場とも呼ばれている。小盗児とは中国語で盗むという意であるから、盗まれたものは警察へ行くよりこの市場に来て見た方が早く見つかるというような時代があったので、そんな名が付けられたものであろう。
　全くの露天ないし天幕張りの店も含めて縦横に、数百軒も櫛比林立してあらゆる品物を並べて売っていた。古物、がらくた、極端な話し古釘一本からという式で、時には新品が混じ

っていることもある。質屋に売ったものの再登場や盗品もあるところがここの目玉で、盗まれたものがあったら、まず小崗子の露天市場に行って探してみるとよい、と市民の間ではよく言われた。

市場に集まってくる人々を相手に、中国人の食べ物商売の店が路傍に多数露天やテント張りで開業しており、客を呼び込む掛け声、食器の触れ合う音、煮炊きの匂い、全く喧々囂々、活気横溢の一画を形造って、ユニークな大連名所であった。現今は中国人の日常生活必要品のマーケットであるばかりでなく、彼等には又とない民衆的な娯楽場となっている。

3-50　小崗子の露店

昭和17年（1942）7月に、露天市場は楽天公司と改称された。

5 ❖ 市内交通（大連の電車・バス　ア・ラ・カルト）

(1) 大連市の路面電車

大連市内の交通機関は、建設当初は人力車、馬車、荷馬車が主たるものであったが、明治37年（1904）5月、日本軍の大連占領時における吉田衛（陸軍歩兵軍曹）の測量図面によれば、露国統治時代の都市建設用の資材、人員輸送のために、すでに次の3路線の軽便鉄道が連結され敷設されていた。

　　①第一波止場（露西亜町）－行政区通（大山通）－行政区鉄道跨線橋（日本橋）－ニコライエフスカヤ広場（大広場）
　　②兵員駐屯地（伏見町）－ニコライエフスカヤ広場（大広場）－モスコフスキー大街（山縣通）－東桟橋（第一埠頭）
　　③大桟橋（第二埠頭）－倉庫（東公園町）－第一停車場（吾妻駅）－大桟橋の循環

明治39年（1906）には陸軍野戦鉄道提理部によって旅順－大連間、大連－長春間に列車が運行されていた。明治40年（1907）、南満洲鉄道株式会社の設立に伴い、この鉄道を満鉄が野戦鉄道提理部から譲り受け、運営することになった。市内の軽便鉄道については、明治41年（1908）、満鉄は大連電気鉄道株式会社を設立し、電車（電気鉄道）軌道敷設申請が満鉄総裁から関東都督に提出された。同年それが認可され、明治42年（1909）5月に着工、まずは吾

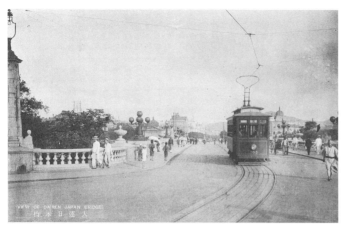

3-51　日本橋を走る電車

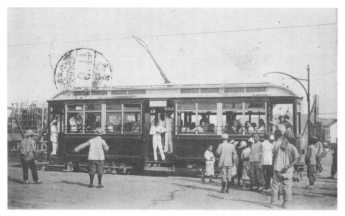

3-52　満鉄電車の光景

妻橋の満鉄電気作業所に営業所および車庫を設置し、車輛を満鉄沙河口工場で30輛製造した。車輛の特徴は集電器をビューゲル方式にしたことである。ちなみに内地ではトロリーポール方式、欧米ではパンタグラフ方式が一般的であった。露国時代の軌道を全て撤去し、路間1メートル43センチ、80フィート軌条を用いて軌道の敷設替えを行った。9月25日には第一期工事完工し（同日には電気遊園も開園）、9月29日に大連港客船埠頭より山縣通・監部通を経て伏見台（電気遊園）に至る3.2kmの区間を、定員72人乗り8輪ボギー式車輪を運行して営業を開始した。料金は1回限り特等6銭、並等4銭。1時間フリーパス特等8銭、並等5銭であった（車輛の一半を特等席、一半を並等席とした）。

その後の推移を簡単にまとめると以下のようになる。

　　明治42年（1909）年度末　路線延長粁数　21.417km
　　明治44年（1911）沙河口より星ヶ浦まで延長運転
　　年度末　路線延長粁数　38.205km
　　大正元年（1912）年度末　路線延長粁数　38.237km
　　大正5年（1916）年度末　路線延長粁数　41.565km
　　大正9年（1920）老虎灘方面の市内線は逢坂町までで、以南は郊外電車、嶺前屯方面まで市内線の延長を沿線住民より強い要望が出る。沙河口を複線に改造。4号系統吾妻橋（敷島広場）起点より水源地まで6分間隔で直通運転開始。
　　大正10年（1921）満鉄本社前－表忠碑右前（朝日広場）－千代田広場－千代田町－寺児溝、1.6kmを単線で開通。山縣通－大広場前、直通運転。伏見台より星ヶ浦へ延長運転。
　　年度末　路線延長粁数　49.809km

開設当初の電気鉄道が電気遊園まで走るという路線確定には、大連の電気事情があった。電気鉄道と電気遊園は、どちらも大連近代化のシンボルであった。ロシアは豊富な石炭を利用すべく、東洋一の大煙突で知られる大規模な火力発電所を浜町に建設した。大連の都市規模からみると大き過ぎる発電量であった。満鉄はこの潤沢な電力を沙河口の鉄道工場に供給するだけでなく、路面電車と珍しい電気遊園を造って市民の足と憩いの場に活用したのである。

　車輌についてはその後、名古屋市電気局工場、日本車輌製を導入、またイギリスと一部アメリカよりの製造品を輸入した。

　さらに明治44年（1911）、沙河口線を敷設後も星ヶ浦線、老虎灘線等を次々に敷設した。

　このように、市内の交通は、路面電車と後に加わる路線バスが主要な便となった。

　その後、路面電車事業は、満鉄電気作業所の経営であったが、大正15年（1926）6月に満鉄は、一般電気事業を分離して資本金2500万円の南満洲電気株式会社（満電）を子会社として創設し、発電、送電、配電、電鉄の業務を担当することになった。これに伴い、大連電気鉄道（株）は新会社に統合されて、同社の一課として継承されていた。昭和7年（1932）6月、満洲国における経済建設の一段階として、日満主要地における電気事業を一丸とする一大合同会社を興し、全満電気事業の統制の方針の下に新たに満洲電業会社が設立され、満電もこれに参加したので、満電本社は満洲電業会社大連支店となった。昭和9年（1934）12月電気供給事業を挙げて新設の満洲電業股份有限公司に譲渡し、鉄道事業部門を分離して旧状に復したので、従前の社名の満電を踏襲している。

　以後の発展状況を年代順に列記すると、電車路線の工事区間が完成するごとに運転を開始し、第一期明治42年（1909）9月から同44年（1911）8月までの2年間に、13区間の運行を始めている。

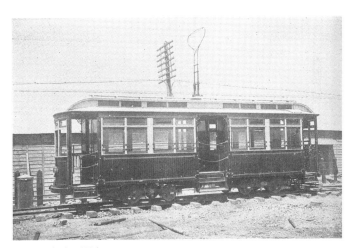
3-53　大連の電車

3-54　北大山通を走る電車

当時の路線図をまとめてみると、次の9系統である。
1. 埠頭－小崗子　約5.26km
2. 埠頭－逢坂町　4.58km
3. 伏見台－電気遊園　0.90km
4. 南広場－停車場　0.41km
5. 長門町－沙河口終点　7.19km
6. 長門町－星ヶ浦　10.33km
7. 逢坂町－老虎灘　5.02km
8. 日本橋－露西亜町埠頭　0.79km
9. 常盤橋－西公園－大広場－奥町－監部通－信濃町－常盤橋　3.59km

3-55　信濃町の電車

大正11年（1922）　星ヶ浦線複線改造。老虎灘線複線で竣工運転開始。

大正13年（1924）　星ヶ浦線白波台（黒石礁）まで延長運転。

大正15年（1926）6月、南満洲電気株式会社を設立し電気鉄道事業を移管（路線延長66km、客車94輌、貨車9輌、撒水車2輌を所有）。

その後、人口増による市街地拡大などのために、乗合自動車が導入されるが、電鉄軌道の複線化、増設が次々と施され、大正15年（1926）頃には、次のような運転系統（ほとんどが複線）となっている。
1. 寺児溝－西崗子
2. 敷島広場－春日町
3. 聖徳街－水源地
4. 埠頭－西崗子－水源地
5. 日本橋－奥町－大広場－播磨町－中央公園－常盤橋
6. 水源地－黒石礁
7. 敷島広場－老虎灘
8. 日本橋－露西亜町
9. 播磨町－柳町－朝日広場

昭和元年（1926）年度末　路線延長粁数　66.058km

昭和2年（1927）永楽門－大連神社前－朝日広場－港橋の路線が竣工。それに伴い、大広場－播磨町－壱岐町経由永楽町行きおよび大広場－播磨町－対馬町経由花園門行きの路線を廃

止。

昭和5年（1930）年度末　路線延長数　65.963km

昭和6年（1931）当時の運転系統

    1号系統　寺児溝－西崗子

    2号系統　敷島広場－日本橋－春日町－平和台

    3号系統　大正広場－満鉄本社－埠頭

    4号系統　大正広場－西崗子－敷島広場－埠頭

    5号系統　中央公園－朝日広場－港橋

    6号系統　大正広場－黒石礁

    7号系統　老虎灘－満鉄本社－敷島広場

    8号系統　日本橋－露西亜町波止場

    9号系統　沙河口神社－大連鉄道工場間

    11号系統　寺児溝－大正広場（労工車）

中国人労働者の便宜を図るため、その最も乗客の多い沙河口、西崗子、寺児溝間に労工専用車を運転している。一般の電車がグリーン色の車体に対し、労工専用車はオレンジ色の車体であった。当時の料金は、普通券片道全線均一の5銭、回数券11枚綴り50銭、22枚綴1円、66枚綴3円であり、労工専用車の料金は片道3銭である。電車普通券並びに回数券は、大連市連市内バスにも有効取扱いであった。

3-56　中央大広場を走る電車

昭和9年（1934）　満洲国電気統制方針により南満洲電気は鉄道部門を残し、電燈および電力供給事業を満洲電業股份有限公司へ譲渡した。このとき残った運転車輌は客車115輌、貨車3輌、撒水車2輌の合計120輌である。

昭和10年（1935）　当時の運転系統（大陸出版協会刊『大連案内』より）

    1号系統　寺児溝－満鉄本社－西崗子

    2号系統　敷島広場－日本橋－春日町－平和台－静ヶ浦（平和台－静ヶ浦間は朝夕および夏季雑踏時に限り運転）

    3号系統　大正広場－伏見町－大広場－満鉄本社－山縣通－埠頭

    ③系統　大正広場－伏見町－大広場－満鉄本社－山縣通－敷島広場

    4号系統　大正広場－西崗子－日本橋－敷島広場－埠頭

    ④号系統　大正広場－西崗子－日本橋－敷島広場

5号系統　中央公園－大連神社前－朝日広場－港橋（朝日広場－港橋間は雑踏時に限り運転）
6号系統　大正広場－星ヶ浦－黒石礁
7号系統　老虎灘－常盤橋－満鉄本社－埠頭（満鉄本社－埠頭間は夜間運転休止）
⑦系統　平和台－常盤橋－満鉄本社（朝夕のみ運転）
8号系統　日本橋－露西亜町波止場
9号系統　沙河口神社－大連鉄道工場（朝夕のみ運転）
11号系統　寺児溝－満鉄本社－常盤橋－西崗子－大正広場（労工車）

3-57　常盤橋西通を走る電車1

昭和11年（1936）4月、南満洲電気を大連都市交通株式会社に改称。連鎖街東南角にあった満電バスのりばおよびバス車庫は、電車通を越えた斜向いに本社ビルおよびバス発着場・車庫を新築して移転した。終戦までここで同社を経営していた。

昭和13年　車輌数129輌、当時平均運転時速10km。また1年限りとなるが納涼電車を老虎灘と星ヶ浦に5銭で運行。

昭和14年（1939）4月現在11系統路線
1号系統　寺児溝－朝日広場－満鉄本社前－大広場－常盤橋－電気遊園－西崗子（北廻り）
起点と終点が中国人街で、かつ市の幹線道路を通過するのが特徴である。
2号系統　敷島広場－監部通－日本橋－大連駅前－常盤橋－中央公園－春日町－平和台－静ヶ浦
3号系統　大連埠頭－港橋－山縣通－満鉄本社前－大広場－常盤橋－電気遊園－伏見町－大正広場
この線は市の東から西までの幹線道路を殆ど一直線に走る市内交通の軸になるもので、次の4号系統が北廻りとすれば、南廻りというべきものであった。この3号・4号は終点の大正広場で番号をお互いに入れ換えて、それぞれ相手のルートを埠頭に向かって行った。
4号系統　大連埠頭－港橋－山縣通－敷島広場－日本橋－大連駅前－常盤橋－電気遊園－西崗子－沙河口神社前－大正広場
相対的なものではあるけれど、3号は日本人客が多く、4号は中国人客が多い特色があった。それは系統路線の沿線の状況からそのようになったのである。
5号系統　中央公園－近江町－大連神社前－柳町－鏡ヶ池－大和町－共栄住宅－朝日広場－土佐町－港橋

6号系統　大正広場－月見ヶ岡－星ヶ浦－黒石礁

星ヶ浦に海水浴客や春の桜見物客を運ぶときは大活躍であった。

7号系統　敷島広場－山縣通－満鉄本社前－大広場－常盤橋－中央公園－春日町－桃源台－老虎灘（汐見橋）［注］夏季海水浴期間は静ヶ浦海岸まで延長運転

3-58　常盤橋通を走る電車2

この路線も星ヶ浦と並ぶ静ヶ浦海水浴場を有していたので、夏は大忙しであった。

8号系統　大連埠頭－港橋－山縣通－日本橋－大連駅前－常盤橋－中央公園－老虎灘

3-59　沙河口星ヶ浦行電車乗換場

9号系統　日本橋－露西亜町波止場

この線は次の10号系等とともに短い線である。

10号系統　沙河口神社前－沙河口鉄道工場前（朝夕のみ運転）

11号系統　寺児溝－朝日広場－満鉄本社前－大広場－常盤橋－電気遊園－西崗子－沙河口神社前－大正広場（労工車）

同年度末　路線延長粁数　65.316km

［以後　昭和20年（1945）まで　路線延長粁数は不明］

昭和15年（1940）　11月、市電は6銭均一料金へ値上げ

昭和17年（1942）　3月、所有車両157輛。

市内電車の特色とでも言うべきものが二つある。一つは車体の色は前述の如く労工車のオレンジ色を別にして、普通車はグリーン色で統一され、街並木とも調和して結構なのだが、車型が進歩の程度とか路線客の多寡に応じて、新旧・大小さまざまのタイプのものが6種類もあって雑然としていたことである。

もう一つは、乗務員である。監督とか指導係という立場の日本人乗務員もいるにはいたが、

昭和5、6年になると中国人乗務員が圧倒的に多く、充分訓練されていて日本語も達者で、勤務態度も立派であったのが記憶に鮮明である。

(2) 大連市の路線バス

　バスについては、ヤマトホテルの客の送迎用に満鉄の自動車係が、大正10年（1921）頃よりシボレー、TT型フォード車を使って埠頭－大連駅間の運行を行ったとの記述があり、大連での乗合自動車のはしりであろう。

　大正中期当時、大連の玄関口は未だ大連駅ではなく、満洲各地との発着点は埠頭大桟橋であった。大桟橋に敷いた引込線で汽車は発着し、航路定期船との船車連絡が完全に行われていた。埠頭船客待合所の総仕上げとして大正14年（1925）に、半円形ドームの埠頭玄関が完成した。玄関の石段を下りれば、そこには路面電車の停車場とタクシー・馬車・人力車（洋車）の待合場所があった。しかし、その後もしばらくの間は、埠頭大桟橋での船車連絡は続いていた。

　大正15年（1926）6月に満鉄が子会社として設立した南満洲電気株式会社（満電）が、昭和2年（1927）に旅大自動車（株）より、旅大間および旅順市内の営業を継承したのを機に、昭和3年（1928）4月より大連市内の路線バス営業を開始した。

　当初、日本橋線、中央線、星ヶ浦線を稼働し、西武線、南部線、傅家庄線、石道街線へ拡大して行き、次いで小平島線、老虎灘線、甘井子線等、大連近郊を始め金大線、旅大北線等を延長した。

　車種はAA型フォード、ダイヤモンドT型の輸入車および三菱造船社製、ダット自動車（のちの日産自動車）製の国産車を主に使用した。

3-60　大連都市交通本社屋全景（「バス案内」南満洲電気株式会社）

　さきに満洲国の電気事業大合同の下に設立された満洲電業会社に参加し、同社の大連支店となった満電は、昭和9年（1934）12月、満洲電気統制方針により、新設の満洲電業股份有限公司へ電燈および電力供給事業を譲渡した。分離され残った鉄道事業部門を以て旧状に復し、路面電車と路線バス事業のみを経営することになり、社名も従前の満電を踏襲した。

　ここに、昭和11年（1936）4月より資本金500万円、払込金440万円を以て大連都市交通株式会社に改組し、満電時代における電鉄課の事業たる電鉄およびバス事業を継承して成立したのである。

　同時に、従来連鎖街東南角にあった満電バスのりばおよびバス車庫は、電車道を越え斜

め向かいに本社ビルおよびバス発着場・車庫を新築して移転した。

電車総車輌数127台、自動車総数152台を擁し、市内主要道路並びに近郊各都邑間を走行し、市勢の発展培養に多大の貢献をなしている。業務は電気鉄道、乗合自動車の経営並びにこれらに附帯する事業、当会社と同種事業に対する投資、所有土地建物の賃貸である。

3-61 都市交通バスプラットホーム（「バス案内」同上）

また、経路は年代により電車路との兼ね合いや、大連駅、関東州庁ほか主要施設の竣工により大幅に変更されている。昭和15年（1940）頃より、ガソリン不足でコークス、木炭、カーバイトの代用燃料車へ移行して行き、路線も縮小され、廃止路線が出てくる。

年代別バス路線営業キロ数
昭和2年（1927）　58.4km
昭和3年（1928）　71.2km
昭和4年（1929）　128.5km
昭和5年（1930）　134.7km
昭和6年（1931）　138.1km
昭和7年（1932）　269.0km
昭和8年（1933）　333.8km
昭和9年（1934）　397.7km
昭和10年（1935）　527.0km
昭和12年（1937）3月現在　562.1km（市内線93.6km、郊外線429.7km、特殊線38.8km、保有車輌172輌）

バス料金

路線名	経由地	所要時間	料金
大連市内	日本橋線（大連駅－大連神社－大連駅）	15分	5銭
大連市内	聖徳街線（西市場－聖徳街－満鉄本社－埠頭）	27分（3区）	15銭
大連市内	沙河口駅線（西広場－沙河口駅）	5分	5銭
南部線	（日出町－満鉄本社－常盤橋－芙蓉町）	25分（3区）	15銭
小平島銭	（黒石礁－劉家屯－小平島）	18分（2区）	10銭
傅家庄線	（常盤橋－桃源台－傅家庄）	20分（4区）	20銭

（郊外線）

旅大南線	（大連－小平島－龍王塘－玉の浦－旅順）	1時間20分	1円
旅大北線	（大連－周水子－営城子－水師営－旅順）	1時間30分	1円
金大線	（大連－周水子－三十里堡－大毛塋子－金州）	1時間0分	50銭
甘井子線	（大連－周水子－甘井子）	33分	30銭

当初は、1区5銭の区間制運賃であったが、昭和12年（1937）10月には均一制に改正して8銭となり、昭和15年（1940）には10銭均一に値上された。

昭和12年度バス路線（昭和13年『関東局測量大連市街地図』より）

1) 本部線（大連駅－大連神社－大連駅　循環）

大連駅－岩代町通－西広場－三河町通－若狭町通－東本願寺前－八幡町通－近江町通－賀茂川町通－大連神社前－神明町通－大広場－奥町通－監部通－日本橋－大連駅

2) 西部線（常盤橋－沙河口・龍ヶ岡行き）

・常盤橋－電気遊園－恵比寿町－長者町－蓬莱町－太子堂角－聖徳町一丁目－真金町－白金町－大正通－西市場－沙河口神社－沙河口駅

・沙河口駅－大正広場－大連機械－龍ヶ岡

3) 南部線（常盤橋－芙蓉町・日出町行き）

・常盤橋－電気遊園－紅葉町－中央試験所－花園広場－電電社員養成所前－対山寮東－芙蓉町（聖徳街三丁目）

・常盤橋－西広場－大広場－満鉄本社前－協和会館前－大連医院前－児童遊園地－南山麓交番前－共栄住宅－桂町－日出町

3-62　大連市バス案内図（「バス案内」同上）

4）中央線（日本橋−埠頭・西香炉礁行き）
- 常盤橋−日本橋−大山通−大広場−満鉄本社前−協和会館前−弥生高女前−山縣通市場−龍田町−港橋−埠頭
- 日本橋−入船町−栄町−大連窯業会社−東関街−長者町−蓬莱町−西崗子公学堂−回春街−同寿医院−三春広場−西香炉礁

5）小平島線（常盤橋−小平島行き）
　常盤橋−電気遊園−紅葉町−中央試験所−伏見町−赤十字病院前−大連運動場−聖徳街一丁目−薄町−競馬場前−裾野町−月見ヶ岡−分館前−星ヶ浦中門−黒石礁−小平島

6）老虎灘線（常盤橋−老虎灘行き）
　常盤橋−春日町−桃源台−静ヶ浦−汐見橋−老虎灘

7）石道街線（桃源台−新石道街行き）
　桃源台−嶺前屯−新石道街

8）傅家庄線（桃源台−傅家庄行き）
　桃源台−嶺前屯−傅家庄

【郊外線】
　旅順双頭湾線（旅順−水師営−双頭湾）
　旅大南線（大連−小平島−龍王塘−玉の浦−旅順）
　旅大北線（大連−周水子−営城子−水師営−旅順）
　金大線（大連−周水子−三十里堡−大毛塋子−金州）
　甘井子線（大連−周水子−甘井子）

(3) 大連市の遊覧バス

① 大連観光遊覧コース

　市内遊覧観光バス−昭和15年（1940）当時

　25名乗り遊覧バス、走行約40km、所要時間5時間半（午前9時半発、午後3時期着）、料金大人1円80銭、小人90銭　昼食付き

　（バス発着場）大連都市交通（株）本社ビル　バスのりば

　午前：都市交通（株）（出発）→三越→山の茶屋→忠霊塔→

3-63　大連観光バス（昭和14年）

大連神社→大連医院→大広場→浪速町→大連中央郵便局→満洲資源館→大連駅→連鎖商店街→満鉄中央試験所→佐渡丸殉難碑→大仏→関東州庁→関東地方法院→大連運動場→大連競馬場→星ヶ浦遊園地（星ヶ浦ヤマトホテルにて昼食）

午後：星ヶ浦ヤマトホテル（出発）→天の川発電所→沙河口鉄道工場→沙河口神社→大連放送局→露天市場→小村公園（電気遊園）→西広場→満鉄本社→碧山荘→三泰油房→埠頭→山縣通→都市交通（株）（帰着）

② 各観光箇所

〈三越〉

　昭和12年（1937）9月三越百貨店は大連駅の開業に合わせて鉄筋コンクリート造5階建て塔屋付きのハイセンスな建物を常盤橋に新築落成、大山通から移転して開店し、連鎖商店街と一体となって浪速町に対抗する駅前商店街を形成した。

〈山の茶屋〉

　約50万坪を持つ中央公園（元　西公園と称す）の春日池の脇を通って松山町・紅葉町交番まで、緑山の中腹を縫って遊覧道路が拓け、市民の遊歩・ドライブの楽しみとなった。遊覧道路の途中数カ所に茶屋・休憩所が設けられ、高い位置から中央公園や市街を一望することができ、素晴らしい眺望が満喫できた。

〈忠霊塔〉

　日露戦役にて蓋平以南大連付近で陣没した将士の遺骨6029体を奉安している。元々は朝日広場にあった表忠碑を移設したものである。大正15年（1926）4月25日に竣工したもので、除幕式とともに鎮魂式が行われた。

3-64　忠霊塔

〈大連神社〉

　明治40年（1907）8月31日　大連産土神社と称し、明治41年（1908）9月2日に鎮座祭を執行した。明治43年（1910）5月26日より大連神社と呼称することとなった。大連神社は天照皇大神、大国主大神、明治天皇、靖国神を奉祀し産土神を合祀する。昭和3年（1928）秋、御大典記念事業として造営換えされることとなり、まずは大鳥居が建立され、次々と御造営が進み、昭和8年（1933）5月8日盛大に鎮座祭が執行された。

3-65　大連神社

〈大連医院〉

　大正15年（1926）4月　薩摩町に大連医院の豪壮な建物が全館竣工し、山城町から移転を完了した。診察科目ごとのブロックを多層化したことが画期的な特徴である。規模が大きくなったため全てを1棟の建物に収めることが不可能となり、各ブロックを廊下で繋ぐ形態となった。

〈大広場〉

　政治的にも経済的にも大連の中心となっている円形の大広場は、露治時代の都市計画の中にすでにあった。パリ好みの街形をなし、ここから十条の道路が放射状に伸びている。周囲約600メートル、面積は1万坪の広場は、遊園地として市民の憩いの場でもあった。中央に「里程標」があり満洲における距離の起着点となっている。

〈浪速町〉

　浪速町は市の中心にある町で昼間はショッピングを楽しむ人々で賑わい、夜は電飾と呼ばれた所謂イルミネーションが美しい町で両側の歩道には夜店が並び、大連の銀座として人通りが絶えることがなかった。

〈大連中央郵便局〉

　昭和4年（1929）11月27日大山通北端の日本橋畔にモダン

3-66　大連の銀座―浪速町

3-67　大連中央郵便局

な建築の宏大な大連郵便局の新局舎が竣工し、監部通にあった露治時代の旧局舎より移転した。膨大な内外郵便物を取扱うマンモス局であった。

昭和9年（1934）11月11日大連中央郵便局と改称。

〈満洲資源館〉

露治時代のダリーニー市庁舎跡を改装、大正15年（1926）10月に地質調査所を併設した満蒙物産参考館として開館し、昭和3年（1928）に満蒙資源館、更に昭和7年（1932）に満洲資源館と改称された。この館は満鉄の経営になり、内部を説明すると、満蒙模型室、鉱産陳列室、地質学標本室、鉱産物参考品室、農産物陳列室、畜産陳列室、林産陳列室、水産陳列室、風俗資料室等の部屋があり、全満の資源研究の資料が一堂に蒐っている。満洲資源のアウト・ラインを握むために是非見学の必要がある。

〈大連駅〉

極東の大貿易都として満洲に雄飛する近代都市大連の玄関口大連駅は、昭和12年（1937）6月1日堂々と竣成し、連鎖街裏通となる栄町通に面した全満第一位を誇る白亜の殿堂である。斬新にして壮麗な建築美はまた一つ大連に名物が殖えた訳で、1階は乗車口、地階は降車口になって、乗降口が分離された。

〈連鎖商店街〉

昭和4年（1929）12月200店舗の専門商店が連なる一大商店街が完成し営業を開始した。建物は1階を店舗に2・3階を住宅として、それらが大小の道路に面して配置されたので通称「連鎖街」と呼ばれて大連の新名所となった。メインの道路は日本内地の大都市の有名繁華街の名称で呼ばれた。電車通は「常盤町通」だが、真ん中を通る「銀座通」、ダリーニー川に沿って「末広町通」、煙突と大浴場があるのは「本町通」と呼んだ。この他に「心斎橋通」「栄町通」「京極通」「広小路通」があった。

〈満鉄中央試験所〉

中央試験所は関東都督府が明治40年（1907）に設立し、翌年から業務を開始した研究所であり、明治43年（1910）満鉄に移管された。明治45年（1912）6月に火災により研究所建物が消失したので奉天に一時移転、建物の新築と組織拡大が検討されて、大正8年（1919）に伏見台に本館が竣工した。もっぱら満洲天与の富源開発と学究的に福利を増進させるために存

する満鉄化学研究所で、モンド瓦斯タールを利用する防臭剤・硬化油製造・高粱酒改良・オイルシェール（油母頁岩）研究等々、満蒙資源を中心に幅広い研究開発が行われており、業績には見るべきものが頗る多く、満蒙に所在する幾多の製造会社はこの試験所の成果より生まれたというも過言ではない。正面玄関の柱上部に「般若」のレリーフが4個並んでいる。

3-68　満鉄中央試験所

〈佐渡丸殉難碑〉

　明治37年（1904）6月14日　野戦鉄道提理部の一行865名を載せて大連へ向かった運送船佐渡丸は、翌15日玄界灘で露艦の襲撃を受け大破し、沈没は免れて下関に避退したものの148名もの多数の犠牲者を出した。人員を補充して再挙を期した第二陣は半月後の7月1日丹波丸に乗船し下関港を出港、同5日に無事大連に到着し、ただちにに任務遂行に従事し目的を達成した。殉難30周年に当たる昭和9年（1934）6月に、慰霊のための殉難碑が大仏山の麓に建立された。

〈大仏〉

　日露戦役の戦没者の遺骨が山野に拾い残されていたのを蒐め粉末とし、コンクリートを混じて作製した大仏である。一般には骨仏と称している。

〈関東州庁〉

　関東都督府、関東庁等と幾多の変遷を経て昭和9年（1934）12月26日関東局管制が発布せられ新京の在満洲国日本大使館内に関東局を、また、旅順に関東州庁が設置された。昭和12年（1937）6月1日市内の長者町広場に堂々四辺を圧する近代的建築様式の新庁舎が落成し、旅順旧庁舎よりこの新庁舎に移転した。

〈関東地方法院〉

　大正12年（1923）8月関東庁地方法院（裁判所）が旅順から大連に移設されるにあたり大広場の大連警察署2階で開庁移転した。（関東高等法院はそのまま旅順に残置）昭和8年（1933）8月長者町広場に面する蓬莱町に公明な司法発動の安寧を示すべく隆大な高楼を有する新庁舎が完成し移転をした。のちに州庁と対峙し官衙の双璧をなした。

3-69　大連大運動場

〈大連運動場〉

　昭和3年（1928）9月　大連運動場が竣工し、開幕行事として日仏対抗陸上競技大会が行われた。フィールド、トラック、プール等全ての施設が完備しており、各種の競技が開催され、応援合戦でも賑わった。

〈大連競馬場〉

　すでに第一章で述べたように、大連の競馬は植民地では最初であった。大正3年（1914）3月に遼東競馬倶楽部が、10月には大連競馬倶楽部も設立され、郊外の周水子（以前は「臭水子」と称していた）に正式競馬場を造り、勝ち馬的中者に商品券を贈呈するなどの方法でレースが開かれた。大正12年（1923）4月、関東庁の誘導により多くの倶楽部を統合して社団法人大連競馬倶楽部を設立した。昭和5年（1930）周水子に飛行場を設置するということで、新競馬場は大連富士を背にして星ヶ浦の入り江を眺め正面には白雲山を望む馬欄河畔に移転してきた。ここは塩田の一部を取込むなど海岸に近く初期には整備が遅れて満ち潮、強風により海水が馬場に上がってきてレース続行不可能となり中止することもあった。スタンドは4000人収容し、等級別もあり競馬場としての全ての設備が整っていた。最盛期には2万人が集まったという。

〈星ヶ浦遊園地〉

　大連市街の南西に大連富士を背にした美しい海岸と緑の丘陵地がある。明治42年（1909）4月満鉄が総面積33万坪の土地を買収し整地開発して星ヶ浦と名付けた。春は桜の名所、夏は海水浴場として知られ、南満洲のオアシスと謂われ一大リゾート地となった。海上沖合には点々と小島が配せられ、四季を通じて眺望絶佳である。

〈星ヶ浦ヤマトホテル〉（昼食）

　満鉄直営の星ヶ浦ヤマトホテルは、大連郊外の保養地星ヶ浦海浜公園内にあり、眺望絶佳、避寒避暑に賑わう国際的ホテルであった。加えて満鉄は秀麗な大連富士山麓の広大な裾野に星ヶ浦ゴルフ場を建設し、数少ないゴルフ場を持つリゾートホテルとなった。

〈天の川発電所〉

　浜町の発電所は露治時代からのもので老朽化してきたことにより、新たに発電所の建設が図られて大正11年（1922）8月に、かつて日本人が親しみを込めて呼んでいた「大連富士」（台山）の裾野に天の川発電所が完成した。大正広場から黒石礁行きの電車に乗って馬欄河を

過ぎる辺りに来ると大連醤油工場から異臭が匂い出し、その傍らにできた天の川発電所の冷却池の噴水が印象的だった。

〈沙河口鉄道工場〉

明治43年（1910）12月満鉄は鉄道工場を沙河口に創設し車輌の製造に取組むことになった。貨車の製造は容易だが機関車や高級客車は当面アメリカ製に頼らざるを得ず、満鉄が自前の機関車を製造したのは大正2年（1913）のことである。昭和6年（1931）には、修繕ないし改造車輌は機関車219輌、客車313輌、貨車2619輌、全額にして686万8000円と記録されている。総面積60万坪、工場敷地36万坪という広大さで、二階建事務所の他91棟、延坪8万m²の建屋があり、従業員は日本人2400人中国人2300人、独立した水道・発電所もあった。専ら鉄道関係車輌機械の製造と修理に当たるのが建前であるが、満洲国国鉄その他社外の需要にも応じる余力をもってフル操業していた。この工場はその後も内容を充実させて、昭和9年（1934）には、当時世界的水準の特急「あじあ」号を製作、走行させるのである。

3-70　沙河口満鉄工場全景

〈沙河口神社〉

満鉄が沙河口に鉄道工場を創設するや、たちまちにして一市街を形成し神社造営の議が起こり、大正3年（1914）10月に社殿竣工し鎮座祭を執行した。その後20余年を経て改築に着工、昭和10年（1935）9月新社殿の竣工により正遷座祭を行う。当社の祭神は天照皇大神、大国主命、明治天皇にして、配祀には伊斯許里度売命、玉祖命、手置帆負命、彦狭知命である。当社の鳥居は隣接する満鉄沙河口鉄道工場で製作されたものである。

〈大連放送局〉

大連の放送は大正14年（1925）8月9日西山屯にある官営の大連無線電信局沙河口受信所から放送を開始した。出力500W、後に出力は1KW、コールサイン

3-71　沙河口神社

3-72　大連放送局

はJQAKで、放送周波数560KHzである。東京、名古屋に次いで日本三番目の開局であった。当初は聴取申込許可料として1円、毎年更新時に1円のみで、聴取料は無料であった。昭和8年（1933）に満洲電信電話（株）となる。昭和11年に聖徳街の丘の上に新放送局を建設し、聴取申込者は1万人を突破した。（放送開始の大正14年末は2421人）ラジオ体操が始まり、関東州版「のど自慢大会」、唱歌コンクール、大連競馬の実況放送もあり大連管弦楽団を擁し、独自のものを持って放送していた。

〈露天市場〉

日本人と満洲人の生活程度の差から生じた奇現象で、一名小盗児市場と言われている。泥棒市場という意味で、盗まれたものは警察へ行くよりこの市場にきて見た方が早く見つかるというような時代があったので、そんな呼び名が付けられたものであろう。大正7年（1918）にできたもので、満洲人の日常生活出需品のマーケットであるばかりでなく、彼等にとってはまたとない民衆的な娯楽場となっている。

〈小村公園（電気遊園）〉

前述の通り、明治42年（1909）9月満鉄が社員と市民慰安のために当時の文化の粋を集めて建設し開園した。多くの電気設備を有していたので「電気遊園」の名で親しまれた。約4万坪の傾斜地帯であり、園内は樹木鬱蒼として四季の花に富み、児童のためのブランコ、シーソー、滑り台などの遊具、運動器具のほかメリーゴーラウンド、ローラースケート場、ボウリング場に、温室、花園、植物園、図書館、演芸館、音楽堂から喫茶店、本格的な中国料理店「登瀛閣」まであり、児童は勿論大人も行楽地として盛んに利用した。昭和13年（1938）6月日露戦争当時の外務大臣小村寿太郎の活躍を記念する目的で電気遊園を小村公園と名称を改め、園内の大改装が行われた。大連市街が一望のうちに見渡される園内一番の高台に小村の銅像が建立され、同年10月16日に除幕式が挙行された。

〈西広場〉

大広場を出て常盤橋に至る西通の中心にあり、ここも7本の放斜道を有し、ミニ大広場と言える。昭和6年（1931）12月に映画館の中央館が新築開館した。左から中央館、鈴鹿ビル、日本基督教会。

〈満鉄本社〉

　明治40年（1907）4月東京より本社を大連民政署移転後の旧ダリーニー市庁舎跡に移し業務を開始したが、帝政ロシアが商業学校として建設途中であった東公園町の建物を改修完成させ、明治41年（1908）12月に本社と定め移転した。満鉄は満洲の文化および資源開発の大きな使命を担い創業以来、鉄道、港湾、炭鉱、旅館、附属地行政、諸試験研究等、満洲開発に渾身の努力を傾けている。

〈碧山荘〉

　明治44年（1911）12月に福昌公司は東山町にて埠頭労働者の一大収容所の碧山荘の建設に着手し、諸般設備全般が完成した大正15年（1926）に福昌公司の埠頭における全荷役作業を福昌華工（株）が買収し、満鉄傍系会社とした。苦力たちの生活に安定を与えるとともに古来の労働習慣を組織化し、傷病の救

3-73　碧山荘

恤、死亡廃疾の弔慰、日用品の廉価供給、主食品燃料の補給等の厚生施設が設けられ、国際労働管理に万全を期しつつ、優に1万7000人の収容能力を有する苦力の一大収容所として運営されている。

〈油房〉

　市の東部と軍用地宝町一帯と西崗子とに多く存在している。満洲特産の大豆から豆油と豆粕を製出する工場を油房と呼び、百に近い工場数が大連における第一の工業として位置している。大豆の生産額は4000万石、世界の約63％を示しており、満洲における農業工業としての代表的なものであり、且つ豆粕の最大消費先は我が国であることから、満洲視察者の足を停めて見学すべき処となっている。日清・三泰・豊年・小寺・三菱等はその代表的なもので、新式のものは大掛かりな機械力で水圧式によっているが、油房内で油にまみれた裸形の苦力の豆粕を運ぶところなどは珍しい作業振りである。

〈埠頭〉

　埠頭は満鉄経営に係り規模宏大に4本の繋船岸壁延長は4624メートル、3～4千トン級の船舶34隻を同時に繋留し得、3万トンの巨船も横付けができ、倉庫80棟は40万瓲の貨物を収容する。この他にも野外積荷場12万余坪を有し、その港湾設備は東洋一を誇る。表玄関の半円形ドームは大連のシンボルで、大正14年（1925）に完成した。出船入船の船客荷物の上げ下しのために雑踏している埠頭の姿は活気に溢れている。港大連の価値はこの埠頭を一覧

することによって頷くことができる。また、満洲経済の消長はすなわち埠頭の統計表であると言われ、今後益々日満支を継ぐ要点となるだろう。

3-74　大会社巨商の櫛比せる山縣通

〈山縣通〉

山縣有朋の名に因む山縣通は、埠頭から港橋を渡り大広場に達する大連一の幹線道路。両側には大連税関、大阪商船、三井物産、大倉土木、山下汽船、大連汽船などの官衙や民間の事務所が多数建てられ大連のオフィス街になった。右手前、大正末期に大山通から埠頭に最も近い位置に移転してきた大阪商船（株）大連支店、道路沿いに見える2つの円錐形屋根は大連税関である。

3-75　大連都市交通

〈大連都市交通（株）本社　バスのりば〉（起着）

常盤橋界隈鶴の舞うシンボル「常盤橋」は、すでに撤去されダリーニー川も暗渠化されたが、その名だけは地名として誇らしげに残っている。交通の要衝常盤橋交差点が新大連駅と対峙する形で、一躍大連の中心地となった。写真右側（南）に、柳本ビル、三越、大連都市交通、満洲電業、南満瓦斯、天満屋ホテルと一連のビル群が割拠している。左側（北）に、常盤町通に面した連鎖商店街のアーケードが見える。

(4) 旅順戦蹟巡拝コース

① 旅順戦蹟巡拝コース

大連常盤橋の大連都市交通（株）本社ビルを発し、旅大道路を経由して運行する旅順戦蹟巡拝バス（日帰り）は、最も効率がよく好評を博している。

〈旅大一周旅順戦蹟巡拝バス〉――昭和14年（1939）当時
25名乗り遊覧バス、所要時間約10時間（午前8時発、午後6時着）、料金大人3円50銭、小人

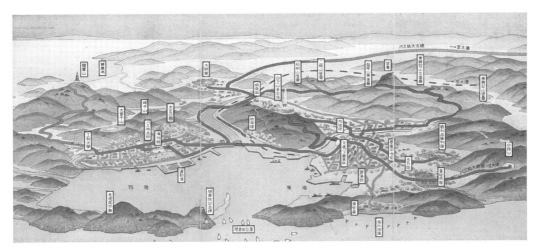
3-76 「旅順戦跡」鳥瞰図

半額　昼食付き

〈旅順戦蹟バス巡拝コース〉（日帰り）

　大連発：（旅大南線経由）旅順停車場→閉塞隊記念碑→白玉山納骨祠→旅順表忠塔→戦利記念品陳列館→東鶏冠山北堡塁→望臺砲台→二龍山堡塁→松樹山堡塁→水師営会見所→露国戦死者墓地→旅順博物館→二〇三高地（爾霊山）→旅順港→（旅大北線経由）大連（帰着）

② 各観光箇所

〈旅大道路（南線）〉

　大正13年（1924）10月竣工延長44.5kmに及ぶ近代マガダム式道路（工事費135万円）　海沿いに結ぶ広闊快適な一本道で、この旅順・大連間に旅大八景があった。すなわち、次の景勝地である。

　黒石礁・凌水寺・小平島・蔡大嶺・老座山・龍王塘・玉の浦・白銀山

3-77　旅大道路

〈旅順停車場〉

　北欧の停車場を想わせる駅。駅を出て、程なく右折すると龍河の流れに架かる日本橋を渡り新市街に入る。折れずにそのまま白玉山の麓を左に廻る格好で進むと旧市街に入ることとなる。露治時代の木造建築を補修したもので、日露戦争当時から重要な働きをして、日本統

3-78　旅順駅

3-79　旅順停車場

3-80　旅順駅正面2008年現在（劉撮影）

3-81　旅順駅プラットホーム2008年現在（劉撮影）

3-82　戦跡を訪ねる人々―旅順駅

治時代を経た今も現役で頑張っている。

〈閉塞隊記念碑〉
　第三回旅順港口閉塞戦に戦没した三十二勇士の遺体はロシア海軍の手で、白玉山の麓に手厚く仮埋葬されていた。後日ここに「忠烈輝萬世」の文字を刻んだ記念碑が建てられた。ここから更に羊腸の道を幾旋回して白玉山の頂上に至る。

3-83　閉塞隊記念碑

〈白玉山納骨祠〉
　白玉山の頂上は瓢箪型をなし、北の膨らみに南面して日露戦争で犠牲となった将兵2万600余の遺骨を納めた納骨祠が建ち、毎年4月と10月に祠前で盛大な招魂祭が行われていた。

3-84　旅順表忠塔

〈旅順表忠塔〉

　白玉山頂上の瓢箪型南の膨らみには円錐形218尺に及ぶ表忠塔が聳え建っている。この表忠塔は東郷・乃木両将軍の発起により建設されたもので、明治42年（1909）11月28日に竣工式典が行われた。内部は螺旋階段になっていて塔上の展望台に立てば渤海と関東州の全景は挙げて眼底に映じ、言語に絶する雄大なパノラマとなって開ける。

3-85　戦利品陳列記念館

〈戦利記念品陳列館〉

　建物は元露軍下士官集会所であったものをそのまま利用したもので、小さいながらもよく充実した参考館である。当館には二千五百余点の陳列品・戦前戦後の砲台模型・防禦物の構造解説・攻囲戦闘時の実況写真・出征諸将の肖像等が展示され、壮烈悲壮なる当時の状況を目のあたりに見るようで、見逃がすことのできない好資料である。

〈東鶏冠山北堡壘〉

　当堡壘は数ある防御堡壘中、歴史的に著名であり且つ典型的なものである。堡壘は東鶏冠山堡壘・南堡壘・第二堡壘および北堡壘の四カ所に岐れ、就中著名なのが北堡壘であった。この砲台の東方戦線中最高峰の望台を直後に控え東北正面を守る中堅の最重要地であり、近世式永久築城本位の堡壘である。突撃また突撃、全滅また全滅、悪戦苦闘の末、明治37年

(1904) 12月18日夜半にようやく占領した。日本軍も多大の犠牲を強いられたが、露軍も名将コンドラチェンコ少将が戦死を遂げ、露軍の士気にも影響を与えた。

〈望臺砲台〉

東鶏冠山北堡塁の背後に位置し、東北正面中最も高い山で、標高184メートル、露軍防御地の鎖鑰地であって、防戦最もよく努めた処、頂上には今なお露軍の使用した海軍砲2門を留めている。

3-86　東鶏冠山北堡塁

〈二龍山堡塁〉

ここは白銀山、鶏冠山、盤龍山、松樹山等と続く諸堡塁中最大の永久堡塁で、備砲の数も他塁に比して最も多く、鉄道線路を挟んでクロパトキン堡塁と対し、龍河の盆地を俯瞰して西方諸砲台に対する日本軍の後方連絡を断つに最も有利な地歩を占めていた。当堡塁の攻略には比隣諸堡塁からの集中砲撃を受けて攻撃意の如くならず、爆破のために前進選抜部隊の過半が地中に生き埋めとなる等の困難があって、辛くも12月29日にこれを占領したのであるが、ここの占領がやがて旅順開城を促したのだとも言われている。

〈松樹山堡塁〉

惨憺たる激闘数次の後、明治37年（1904）12月31日第一師団第一大隊の奮闘により爆発を企て遂に胸牆部を覆没せしめて占領したのであった。背後にあたる松樹山補備堡塁は、かの白襷をあやなした決死隊の攻撃で著名なところである。

〈水師営会見所〉

旅順攻撃のクライマックスは、二〇三高地の占領であった。旅順港内の露艦の壊滅をみて戦局はたちまち我が方有利に展開した。明治38年（1905）1月1日さしもの露軍も降伏開城の決意を表明し、翌2日両軍の委員が駅の西方約6kmにある水師営に相会して和議の取決めを行った。ここは清朝時代に屯営が置かれていた処である。1月5日遂に攻囲軍司令官乃木大将と露国関東軍司令官ステッセル中将の会見という運びになる。当時使用した民家は、戦蹟保存会の手で保存され、かの小学校唱歌で名高い棗の樹も長らく緑濃く栄えていた。

〈露国戦死者墓地〉

市外小案子山東麓に日本政府の手で建てられたもの。明治41年（1908）6月10日に竣功。

3-87　博物館記念館

3-88　旅順博物館

3-89　二〇三高地

除幕式には乃木大将が勅命を奉じて参列し、これに対し露国皇帝も遙々と名代を派遣した。またその後、ロシアから墓参団が来たこともあった。

〈旅順博物館〉

　元ロシア陸軍将校集会所として建てられたものだが、完成に至らぬうちに戦後となったので、それを引継ぎながら更にルネッサンス様式を加味して築造された重厚で美しい姿だった。満洲・蒙古・中国本土に関する先史時代以降の様々な遺物や遺品が約9万点所蔵されていると言われた。蒙古・風俗・産業・参考の各部に分かれ、類いのない遺品が多かった。大谷光瑞の寄託していた新疆・敦煌地方の蒐集出土品は特に圧巻であった。ミイラも数体あった。

〈二〇三高地（爾霊山）〉

　旅順停車場の西約7kmのところに、二〇三高地のこんもりと盛り上がった山容がある。明治37年（1904）9月19日から11月29日までのほぼ70日間、日本軍はこれを攻めに攻めたが難攻不落、更に兵員を注ぎ込んで12月5日にようやく山頂を占領した。正に「屍山血河」の大激戦地だった。山頂に立って四顧すれば市街地は勿論湾内の光景も一望の裡、港内の露艦はことごとく砲撃に撃破され、ここに露

守備軍の死命は制せられたのであった。銃弾を模した山頂の記念碑は乃木将軍の筆で「爾霊山」と書かれている。

〈旅順港〉
幅狭い旅順港口の閉塞作戦の決行、二〇三高地からの砲撃で留めを刺され最期を遂げた露艦隊、戦火に荒れた旅順港も今は波穏やかに静かな佇まいに明け暮れる。

〈旅順ヤマトホテル〉
旅順戦蹟巡拝コースの旅順での発着場は、当ホテル裏となっている。

旅順戦蹟巡拝を終えたバスは旅大道路北線を経由して大連への帰路に就く。

〈旅大道路（北線）〉
昭和7年（1932）7月竣工　延長77km、一部タールマガダムとなっている。

3-90　旅大北線二道河子水源地付近を走るバス（「バス案内」前出）

四 メディアと娯楽

Chapter 4

1 ❖ 新聞と通信社

(1) 大連新聞界

　新聞、通信及び雑誌等の言論機関は、一面には営利的事業として経営されるが、その社会に及ぼす影響がすこぶる重大なものがあるので、単に営利事業として見るべきものではない。言論の自由は我が日本において、憲法の保障する処であるが、新附領土ないし植民地その他の外地では、特にその発行に対して許可制度であることによっても、その一端を知り得るように、大連では占領当時の軍政時代から現在に至るまで、依然として許可制度であり、ことに満洲国の建国以後では、言論機関の重要性からその統制が相当に強く行われようとしているのである。

　今、大連における言論機関の発達を顧みる時、幾多の変遷を経て今日の発達を見たことを知ることができるだけでなく、言論機関が如何にその地方と住民とに必要な重要性を帯びつつあるかが見られるのである。

　関西文化圏を象徴するものに、大阪毎日・大阪朝日の満洲地方版が、かなりの範囲で購読されていた事実が挙げられる。地元紙よりは、一日乃至一日半遅れの記事にならざるを得なかったけれども、記事内容への関心は勿論、地元紙の報道をチェック・トレースするという意味でも価値があった。なお、昭和19年（1944）3月6日、全国新聞の夕刊が廃止され、朝刊一本となった。

　地元紙には、当初遼東新報・満洲日日新聞・大連新聞と三紙あり、明治40年（1907）発行の満洲日日新聞は満鉄の資本が入っており、満鉄の機関紙的役割を有していたものである。遼東新報・大連新聞の二紙は社主・編輯長のパーソナリティを反映した特色ある新聞であった。中でも歴史が古く活力ある紙面を展開していた遼東新報は、昭和2年（1927）に満洲日日新聞に吸収合併され、満洲日報と紙名が変更される。更に昭和10年（1935）には、大連新聞も満洲日報が買収合併の上、二転して満洲日日新聞と紙名が復元するのである。この合併は、経営の問題以上に、当時の言論統制の結果であると思われるフシがあった。いずれにしても、これら地元新聞紙の変遷の中には、日本と同様、大正デモクラシーの時代から昭和に入っての言論弾圧強化の歴史が、如実に反映しているものというべきであろう。

4-1　大連の新聞社(左上:満洲日日新聞社工場員集合住宅、右上:大連新聞社旧社屋、中央:満洲日日新聞旧社屋、左下:泰東日報社、右下:遼東新報社)『満洲写真大観』(大正10年11月)

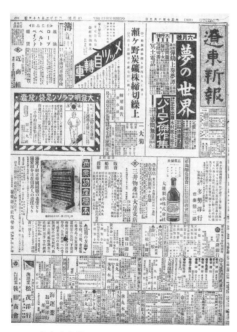

4-2　「遼東新報」(大正7年6月5日)

　漢字紙としては、泰東日報・関東報・満洲報の三紙があり、英字紙には満洲日報から独立したマンチュリア・デリー・ニュースがあった。
　昭和13年(1937)時には大阪朝日新聞の売捌所があって、内地の新聞も読むことができた。

① 遼東新報

　満洲・大連における黎明時代に新聞機関としての第一鞭を付けたのは遼東新報で、遼東新報がその開祖である。明治38年(1905)、末永純一郎の出願により遼東守備軍事司令官の許可を得て、同年10月25日初号を発刊したのであった。当時一週二回の発行であったが、明治39年(1906)1月1日より隔日発行とし、同年4月3日の神武天皇祭を以て4頁の日刊新聞として、更に2頁の漢文版をも発行した。これは実に大連における日刊新聞の創始であって、在住者はなお多数に達せず、か

つ軍政当局の厳重なる監督の下に、普通新聞を刊行した編輯及び経営の苦心は想像するに余りあったのである。

　かくて明治40年（1907）9月1日、旅順に関東都督府が設置され、大連民政署の開設となって文治行政の実現されることになり、初めて言論機関も許可営業の種目に加えられ、特にその発行に関しては厳選主義の下に、容易に許可を得ることの出来ない特殊な公共的社会機関となった。

　その後幾多の困難と戦い、基礎がようやく固まり、先年敷島町に地を取得して宏壮な社屋の建築を見るに至ったが、昭和2年（1927）11月には満洲日日新聞に吸収合併され、社名を満洲日報と改称し、輝かしき遼東新報の業務はここに終焉することになった。

② 満洲日報

　この間、営口において軍政機関の認可により発行しつつあった満洲日報は、大連支社を設置し大連版を発行する許可を得て、安斎源一郎により大連において印刷し発行したことは異例と見るべく、満洲日報の廃刊とともに大連版も自然に解消した。

　ちなみに、昭和2年（1927）に満洲日日新聞と遼東新報とが合併して新たに称した満洲日報とは、軌を異にする。

③ 満洲日日新聞

　満鉄会社の創設に伴ってその一機関として、明治40年（1907）11月3日、満洲日日新聞が発行されるに及んだ。大連の新聞機関はここに始めて関東都督府の公布式機関及び満鉄会社の宣伝機関としていわゆる「御用新聞」と称されるが、民間側にもっぱら関係を結んだ遼東新報と、二社が対立してその機能を充分に発揮した。

　初代満鉄総裁の後藤新平が満洲発展の宣伝機関として邦文のほか、英文及び漢文欄を兼備した一大勢力ある新聞を作ることを提唱し、東京印刷会社社長星野錫及び同取締役藤山雷太等がこれに呼応して成立した。社業は印刷及び新聞の二部とし、新聞部には森山守次が初代社長として経営に当たった。

　明治42年（1909）1月森山辞任により、伊藤幸次郎に代わると同時に、社業の全部は伊藤社長に属し、まず英文欄を分離して小

4-3 「満洲日日新聞」（大正6年4月17日）

4-4　1915年公選中の森山守次（「朝日新聞」大正4年3月22日）

4-5　守屋善兵衛　日本電報通信社『新聞総覧』（大正2年版）（大空社復刻、1991年）

型4頁の「マンチュリア・ディリー・ニュース」と名付けて本紙の附録として発行した。同43年（1910）1月伊藤退任後しばらく専任社長を置かなかったが、明治44年（1911）8月守屋善兵衛が継任、大正2年（1913）11月資本金13万5000円全額払い込みの株式組織に変更した。同5年（1916）2月守屋社長退任、副社長村田誠治就任、社業刷新のため大いに努力し、同8年（1919）8月退社し、村野常右衛門が社長を継任し、同9年（1920）3月西片朝三副社長に就任、社長経営の衝に当たり、資本金を50万円に増資し、しばらく休刊中の夕刊を同年4月から再び復活して朝夕刊8頁とした。同12年（1923）に、小山内大六が社長となって、朝夕刊12頁に拡張した。

大正末期から「こども新聞」が隔日刊として発行が始まった。

昭和2年（1927）4月から、満洲日日新聞社の主催で、蔡大嶺マラソン大会が始まり、以後は市民を熱狂させる待望の年中行事となった。同じ昭和2年（1927）9月山崎猛が社長となるや、同11月遼東新報を買収併合して満洲日報と改題し、東公園町に社屋の新築工事に着手したが、山本満鉄総裁辞任のため昭和3年（1928）7月辞任したので、高柳保太郎が継任した。その年10月に新社屋が竣工し、新社屋落成披露が行われた。

次に昭和5年（1930）2月松山忠次郎が社長に就任、資本金を75万円全額払込に増資をした。昭和9年（1934）3月村田慇磨社長継任して社業に一大格調をなし、翌10年（1935）9月大連新聞を買収併合して、大連における唯一の邦字新聞となり、全満を通じての第一流新聞となったばかりでなく、内地の新聞界にも五指に数えられる一つになって、将来益々発展の趨勢を示している。

昭和13年（1938）12月1日、本社を奉天市に移し、旧本社は大連支社となったので、しばらくは満洲日日新聞「大連版」の発行を続けた後、大連日日新聞と改題して、昭和20年（1945）8月の終戦に至った。

④ マンチュリア・ディリー・ニュース

　満洲日日新聞の附録から独立して大正元年（1912）8月、浜村善吉が社長として経営する処となり、英字新聞マンチュリア・ディリー・ニュースが発刊される。次第に基礎を確立して満洲における邦人経営唯一の英文新聞として独特の地歩を占めた。満洲事変勃発に際しては、英字新聞として我が国軍の宣伝に大いに貢献したが、昭和8年（1933）3月、浜村社長は円満退任して、高山保太郎の経営に移り、株式会社に組織を変更し、社長高柳保太郎、支配人太原要、編輯長には外人を招聘し面目を一新して、盛んに活動展開中、昭和11年（1936）春、陸軍省新聞班長として盤名があり外国事情に精通する陸軍予備少将古城胤秀を副社長並びに編輯長に任じ、その陣容を整えた。次いで8月高柳社長が引退し、古城氏が社長を継任した。

⑤ 大連新聞

　大正5年（1920）5月、大連市政の批判検討を主な目的として、夕刊新聞の発行計画に基づき大連新聞が創刊され、大連における三邦字新聞として鼎立し、昭和2年（1927）11月に遼東新報が満洲日日新聞に合併（この時に満洲日日新聞は満洲日報と改称）された後も、昭和10年（1935）8月に大連新聞が満洲日報に収併合されるまで、その活躍を続けたのである。

4-6　「大連新聞」（大正9年7月6日）

4-7　「大連新聞」（昭和10年8月5日）

⑥ 泰東日報

　関東州内にて、漢字新聞発行の第一着手をなすものであり、明治41年（1908）10月3日、

従来遼東新報の漢文欄を主宰していた金子雪斎が、大連公議会幹部諸氏の要望を容れ社長としてその経営に当たり、泰東日報と題して創刊されたのが本報である。

堂々と正義を主張する雪斎社長の卓識と絶大なる筆致は、泰東日報の声価を非常に高めた。金子社長没後、阿部眞言が継任し、次いで彼が病没すると、代議士風見章は阿部氏との交友関係から継任し、昭和10年（1935）4月、株式会社に組織を変更し、社屋を奥町の旧居より飛騨町大連新聞社跡に移転した。その後は柳町精副社長がもっぱら経営を担っていた。

⑦ 関東報

大正9年（1920）9月、関東報が創刊された。主に通俗的社会記事に力を注いで、在連中国人の知識を啓発し、以て日支親善の実を挙げることを目的として、都甲文雄が関東庁当局の許可を得たものであるが、永

4-8 「泰東日報」中華民国2年、1913年1月19日

田善三郎が該発行権を継承して社長に就任し、日刊新聞として発行するに至った。大正13年（1924）以来、副社長市川年房が代表者として社業を経理し、昭和9年（1934）に至って小崗子在住の実業家らが醵金して株式組織に改め、社業の基礎を確立すると同時に、市川副社長は社長に就任した。

⑧ 満洲報

満洲日日新聞の漢字版附録の発行権を譲受け、大正11年（1922）7月24日、西片朝三の個人経営に属する満洲報が創刊された。旧東北政権時代に奉天にて発行する盛京時報の圧迫を受けつつある機会に乗じ、本紙の急激な発展となり、昭和3年（1928）の発行部数は1万部であった。

電気遊園下に地下室とも6階、建坪128坪鉄筋コンクリート造の宏壮な社屋ビルを建築し、西片氏自ら社長となって経営に任じ、大いに発展を示して、昭和6年（1931）には待望の日刊紙になった。

⑨ 満洲タイムス

大正9年（1920）5月の創刊で、大澤龍次郎が中国新聞の論評を翻訳し、亜細亜評論と題して発行したものの後身であって、大正14年（1925）4月山中峰尾を主幹として大連タイムス

と改題し、次いで菊池秋四郎が遼東タイムスと改称して経営していたが、昭和4年（1929）7月、遂に山井浜権平が社長として経営するに至った。昭和7年（1932）、満洲国建国を受けて満洲タイムスと改題し、関東新聞・極東雑誌を整理廃刊とした後は、大連唯一の週刊紙として、その声価を保っている。

（2）通信機関

　大連においては、大正9年（1920）8月、日本電報通信が大連支社を創設し、9月1日に関東庁より通信の発行許可を得たのを嚆矢とする。次いで大正13年（1924）3月、帝国通信が支社を設置して市内版を発行した。大正14年（1925）4月に日満通信が発行され、新聞連合社の大連支局開設があり、その通信の発行となった。昭和7年（1932）帝国通信大連支社は独立して帝国通信社と称して、「日刊帝国通信」を発行している。同年（1932）11月に満洲国通信の大連支社が開設され、通信発行を見るに至った。

4-9　大連通信管理局

　また、昭和11年（1936）4月、日本電報通信と新聞連合社が合同して同盟通信社の設立となったが、両通信の発行は廃止され、開設された同盟通信大連支社も通信は発行せずに単に本社へ通報するのみとなった。この他には、商業通信大連支社が経営されているので、昭和11年（1936）末での通信発行は、帝国通信、日満通信、満洲国通信及び商業通信の4種のみであった。

① 帝国通信

　東京帝国通信の支社として大正13年（1924）3月に創立し、通信を発行してきたが、東京本社の業務不振により、昭和7年（1932）、遂に大連支社は独立して帝国通信社と称し、「日刊帝国通信」を印刷・発行する許可を得て、山口忠三はその経営に当たり、小型新聞の体裁を示すに至ったが、昭和10年（1935）10月、山口の引退によって高橋徳夫が之を継承し社長として専ら経営に任ずることになってから、あたかも大連新聞の廃刊となって、大連市内に日刊新聞としては満洲日日新聞の一社のみだったので、自然に帝国通信社の読者層を拡大し、今や隠然たる言論界の一機関となった。市内栄町に事務所を設け、印刷部を整備して将来の発展を期している。

② 日満通信

　大正14年（1925）4月、津上善七の個人経営で、その後十有余年間一日の休刊もなく継続

してすでに基盤も固く、津上社長の信用もあって大連の通信界に一方の雄を称し、津上はまた大連記者協会の常任幹事として言論機関の間に重きをなしている。市内佐渡町に事務所を置いていた。

③ 満洲国通信大連支社

新京に本社を有する満洲国通信社は、創立と同時に昭和7年（1932）11月大連支社を開設し、寒河江堅吾を支社長に任じ、市内敷島町五品ビルディング内に事務所を設け、規模を整備して通信を発行しつつあるが、満洲国における特殊の通信として、その声価・信用は頗る重大なものがあるのは言を待たないところである。

④ 商業通信

経済時事及び一般商業に関する商業通信大連支社は、井口陸造によって経営されていた。

2 ❖ 娯楽——ライブ視聴・鑑賞空間

(1) 娯楽の空間

大連が近代文化都市として発展していく過程で、大連に住まう人々、大連に観光を目的として訪問する人々、大連を経由地とし欧州へ往還する人々などに対して、それぞれ、その時々に娯楽が提供されてきた。それらは近代都市として整備、発展し、近代東アジアエリアにおける「音楽・芸能文化」の振興の様子を垣間見ることのできる空間ともなっていた。また人々はただ楽しむだけのオーディエンスとしてだけでなく、パフォーマーとしての身体も持ち得る場として存在していた。その「場」は、前節で言及されている大連で発行されていた邦字新聞をめくっていくと、その様子が次々に立ち現れてくる。

本稿では、明治、大正、昭和前期にかけての代表的な内地および欧米のプロパフォーマーの来連公演を中心に、大連で学び育ったアマチュア・セミプロのパフォーマーがどのような場で来連した人々のパフォーマンスを視聴していたか、ハードとしての劇場空間の画像そして新聞紙面に紹介された予告記事や報告記事を参照しながら、その一端を眺めてみたい。

大連で立ち現れた娯楽空間での多様なパフォーマンスのあり方は、日本が西洋芸術文化と遭遇し、その受容過程では、日本人が育み続け、継承・保持してきた伝統文化との融合あるいは併存など揺れ動いていた時代を反映する様相を示している。言い換えれば、楽しむ空間が「和物」から「洋物」へと徐々に動いていき、そしてまたふたたび「和物」への関心がたかまっていったことが見えてくる。

具体的に示すと、明治42年（1909）には「和物」「洋物」文化を体験できる象徴的な場が登場した。「歌舞伎座」と「電気遊園」である。前者のオーディエンスたちは、主体的に生み出していった大連の街づくりに貢献する移住者であり、いわば江戸幕末から明治初期に生まれた人々も多くみられる。それらの人々にとっては「和物」を体験できる空間「歌舞伎座」は

待望の建造物であったといえよう。

　しかし、同時にモダンな西洋文化に傾注していった人々も存在し、それらの人々／そしてその子どもや孫たちは、前章で見てきた内地よりもより「モダンな多機能をそなえた総合レジャーランド」といえる「電気遊園」を夢の楽園として訪れていたのである。そして大正へと時代はうつり、発展し、大正末には、ライブ視聴だけでなく、ラジオ放送が始まり、より多様な音楽が聴取可能になった時期とも重なっている。

（2）ライブ視聴

①「和物」の場
〈船上の庶民の楽しみ〉

　明治末の段階で、大連に向かう人々に船上でどのような娯楽空間が与えられていたのだろうか。その内容は、満洲日日新聞（明治41年（1908）年4月22日　第172号（5））に、次の様に報じられている。

> 一、二等客の設備完全……気の毒なは三等客……航海中の退屈……余興と新聞紙発行……秘訣は待遇の善に在。一、二等乗客も三等乗客も斉しくお客様として大切にするは勿論殊に三等乗客の如きは特別の注意を払い如何にして楽しく航海せしめんかとは石本船長の最も苦心したる処なりき
> ▲新聞紙の発行、浪花節、蓄音器、講談、落語の余興を始むると倶に、一方三等乗客に対しても食事の上に注意を払い出来得る限りの待遇を与えたればその船の小なるに吃驚して一度はは二の足を踏みたる乗客も扱大義丸の船客となりて海原遠く乗り出して見れば思ったよりは意外に乗心地よく殊に万事手の届く親切と面白可笑しく航海し得らるる愉快さに却って大義丸に乗らん事を望むに至れり（中略）

　続いて、船内新聞の記事が転記されている中に、余興の部分は以下の様に記されている。

> 今晩の余興……昨晩のつづきをいたしますからウンとお楽しみなさい。
> 　　　　演題……浪花節義士銘々伝
> 　　　　講談…色々
> 　　　　剣舞…御好次第
> 　　　　仁輪賀…同上
> 　　　　蓄音機…数十番

　このような手配は、もちろん大義丸乗船を促す策ではあろうが、実際に乗船した「三等客船」の人々の楽しい「船上娯楽」となったことは間違いないだろう。同時に、この記事からも、当時の庶民は何に関心をもっていたかの一端がわかる。

　そして「大連」での日常生活空間に、このように船上でも楽しんできたものを生で体験できる場所がしつらえられたことは、喜びに満ちていたであろうことが想像できる。

〈歌舞伎座〉

歌舞伎座は、明治42年の元旦に賑々しく開場された。玄関前には酒樽がおかれ、芸妓らを交えて鏡割りが行われ、正月気分とあいまって初日を飾った。『満州日日新聞』（明治42年（1909）1月3日3面）には以下のように報告されている。

●歌舞伎座の舞台開

元日に華々しく舞台開きをした歌舞伎座は非常の人気であった午前十一時の案内が午後四時頃迄も幕を引かなかったなどは感心しないが是非共元日に舞台開きをしなければならぬで万事が調はぬ勝ちこれはありがちの事小言は云へぬ、舞台の造りはなかなか見事に出来て土間も鶉も大連では難有い位ひ、三階迄出来て居るのでまあ小屋らしい木戸前に幟りや積み樽の景気よく、出し呉れる赤い緒の草履をつっかけて通ればさすがに春の装ひを凝らした、姐さんたちも大分見へた、愛宕町梅花に磐城町の菊屋お名染筋の旦那様たちも盛装の屠蘇機嫌、さしつおさへつ盃の数を重ねて居れば、別に幕を引けと八釜敷くいふものもなく、観客を挙つての新年宴会といふ見へ、それでも楽屋や道具方は車輪の大いそぎ、吉例の三番叟がやがて始まって、浦島の引抜きだんまり人数の少いといふ難はあれど、顔も衣裳も好い所丈け見せて幕を急ぐといふ見物への御遠慮と見たら差支なし、いよいよ幕が開いて白縫物語、市蔵の豊後之助は振りまひた花筅と共にやんやの大受け、役徳の秋作はおきまりの綺麗な顔、菊三郎の秋篠又よく見せて呉れた大事な処で電気がつかず大いに歯痒かつたは役者の知らぬ事、大連で見せて呉れる芝居として文句なし定めし夜興業も面白かったらうが廻つた舞台の木をしほに中途で御免を蒙った（男シャク）

歌舞伎座では、大正時代に入ると、奇術や浪花節が盛んに上演されるようになった。

内地でも人気を博した、美人女性奇術師として名を馳せた松旭齊天勝一座の来連予告記事が掲載された。同記事では、併載された喜歌劇「日本主義」の舞台写真はインパクトのあるものである。

天勝は、その後、大正13年（1924）1月に日本を出港し、アメリカ、カナダ、ハワイで公演も行い、翌年4月に帰国しており、さらに人気を高めた。

そして大正15年7月に、ふたたび大連公演を行っている。その時の予告では、「世界的大劇団、新帰朝記念興行」というキャッチコピーが付されるまでになっていた。もちろん連日満員の盛況で、観衆を魅了した。こ

4-10　右斜め広場からみた大連歌舞伎座（『満洲大観記念写真帖』東京堂、大正7年（1918））

4-11　正面左からみた大連歌舞伎座

4-12　松旭齊天勝一座来連予告記事(「大連新聞」大正10年(1921)3月28日)

の帰朝記念公演では、後述する新築となった「大連劇場」で幕を開け、好評により、二の替りから歌舞伎座に場所を移し、「新京人形」などを公演し、再来連も大歓迎を受ける公演となった。

〈大連劇場〉

　大連劇場は、奉天の柴崎時蔵によって、大正11年（1921）11月11日創建された、当時は「満洲一の大劇場」である。その彼の偉業を紹介する大連新聞の記事によると、「娯楽と慰安と芸術思想向上」のための「文化的設備」を整えたと記されている。開場当時は1階席、2階席ともに桟敷で、一階の特別席一部は椅子席で、帝劇を模してオーケストラボックスをそなえている。新聞に掲載されている内部写真をみても、前述の歌舞伎座とは全く外観も内観も異なっていることがわかる。そして次々と大きな公演が行われることとなった。こけら落し公演は、右団次が行い、大正13年（1924）8月11日からは市川左団次により、「修禅寺物語」

4-13 大連劇場

4-14 大連劇場を創建した柴崎時蔵と劇場の概要記事(「大連新聞」大正13年(1924)9月5日)

「慶安太平記」など5演目が上演されることが予告記事から読み取れる(『大連新聞』大正13年(1924)8月11日)。桟敷席とは言え、近代建築の1000人収容の劇場は、大連の人々にとっても喜ばしく迎え入れたといえよう。昭和に入り、全席椅子席の協和会館が創建されるまでは、日本の舞台芸術だけではなく、多様な公演が行われている。

アメリカのモダンダンスの第一人者デニショーン大舞踊団も公演を行っている。紹介予告記事には、「東京帝国劇場にて25日間満員をつづけ、更に大阪宝塚の大劇場にては京阪神幾十万のファンを熱狂」させたと華々しく広告が打たれている。また「舞踊芸術に真理を探り、美の極致たる肉体美を審味する機会は遂に来れり、此機会を逸しては再び見る事を得ませぬ」とまで観衆の心を引き付ける文言で紹介がなされている。これらの広告では、東京や京阪神での公演の状況を明記して、その素晴らしい公演が「大連」でも見ることができることが強調されている。

一方、〈和物〉の待望の公演も、大正15年(1926)8月に行われている。帝国劇場の女優村田嘉久子も引き連れた守田勘彌の初来連公演である。こちらも予告記事では、人気役者の顔写真入りで編集され、まちにまった観劇がかなうと思う気持ちをそそるものとなっている。

舞台芸術だけでなく、前年の諸芸の人気者が来連している。物まね芸の江戸屋猫八が、大正14年(1925)4月に来連し、28日から6日間大連劇場に出演、そのあと旅順の八島座にも出演した。また、全ての来連者は挙げることは出来ないが、新作もので名をあげている浪曲師京山若丸だけでなく、著名な浪曲師が度々来連している。

また、大正14年(1925)には、「演芸大会」が開かれている。和洋混合のプログラムで、賑々しく公演が開催されたことは、一度に多くの娯楽を楽しめることで、人気のあった催し

であったと思われる。

　大連新聞社社屋竣工披露の演芸大会が大連劇場で開催されたあと、満洲各地への移動公演を行っている。プログラムからも分かる様に、近世邦楽、マンドリンなどの洋楽器の合奏、オペレッタなど、三日間の多彩なプログラムである。この演芸大会は、満洲各地での公演でも盛況で、大連新聞では順次各地の報告記事が掲載されている。翌15年（1926）年10月11、12日には逓信現業招待演芸大会が二日間開催され、長唄、琵琶、そしてお伽歌劇公演も行われている。内地の浅草六区等で、「浅草歌劇」に酔いしれていた光景が、関東大震災でその活気が一時的に消えてしまったなかにあって、ここ大連では、「和物」と「洋物」の混ざりあった催事が、庶民の喜びの一時をかもしだしていたように思われる。

　日本の伝統的な舞台芸術、世界に名を馳せた「天勝」の魅力的なステージショー、アメリカのモダンダンスのステージも、大連では連日満員の来場者があったことから、それぞれの演目に魅了されていたことは間違いない。しかし、満洲各地を巡回するプログラムとしては、「オペレッタ」や琴・三弦などの近世邦楽、常磐津・清元など語り物などが織り交ぜられた。このような演芸大会は庶民にとって敷居が低く、気楽に楽しめたのではないかとも思われる。

4-15　デニショーン舞踊団の公演予告（「大連新聞」大正14年（1925）10月26日）

4-16　守田勘彌初来日公演の予告記事（「大連新聞」大正15年（1926）7月18日）

4-17　江戸屋猫八来連の広告（『大連新聞』大正14年（1925）4月28日）

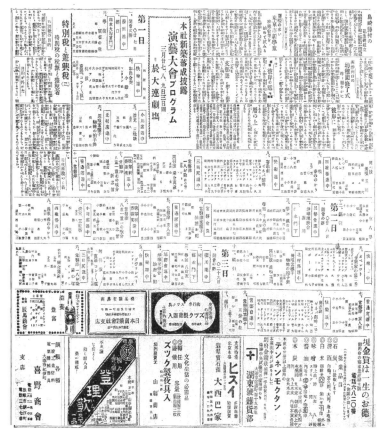

4-18　大連新聞社本社新築落成披露演芸大会プログラム(「大連新聞」大正14年(1925)3月23日)

4-19　逓信現業招待演芸大会舞台写真(「大連新聞」大正15年(1926)10月12日)

②「洋物」の場

　昭和に入ると、南満州鉄道の社員倶楽部に隣接して、協和会館が創建された。南満州鉄道の会館ではあるが、欧米人や世界的に活躍した日本人演奏家が来連した際には、本会館で演奏会が挙行されている。また露治時代に創建され、改装された大連基督教青年会館でも演奏会がもたれた。

　昭和2年（1927）に、ジンバリストとエルデンコのヴァイオリン演奏会が開かれた。

　昭和7年（1932）年にはフランス人ピアニスト、ジル＝マルシェックスが待望の来連を果たした。彼はすでに、東京や京都で演奏会を行い、当時、フランスピアノ音楽のライブ演奏がきわめてまれで、一般聴衆だけでなく専門家も一目を置いた演奏会となった。大連での予告記事でも、「巨匠ヂ氏出演」と名打たれ、ベートーベンやショパンの名曲に加え、ドビュッシー、ラヴェルの作品、そしてリストといった、満洲に住まうクラシックファンには最高のプレゼントになったと思われる。

　昭和11年（1936）に当時の日本人男性歌手にとっても、また満洲にロシア文化をもたらしたハルビンなどに在留しているロシア人にとっても待望の演奏会が行われた。言うまでもなく、その歌手はシャリアピンである。シャリアピンは日本よりまず航路で大連に入り、そして、ハルビンに向かった。

　その様子は、満洲日日新聞には「挨拶の声も世界一」という見出しで、写真入りで紹介されている。記事によると、家族は上海に残し、著名なマネージャー、ストロークと共に日本各地での演奏会を成功させ、満洲入りしている。

　3月25日国際芸術協会主催、大連新聞、満鉄音楽会の後援で、協和会館で開催されることになった。27日には、その演奏会の様子を「世界一の声、深夜のごとき静寂の中に流る、声楽王の大連公演」の見出しで報告

4-20　大連基督教青年会館でのエルデンコのヴァイオリン演奏（「大連新聞」昭和2年（1927）11月27日）

4-21　大連基督教青年会館全影（『恩寵廿年』昭和3年（1928））

されている。観客の中には、在連各国領事館員のタキシード姿もみられた。
　リムスキー・コルサコフやチャイコフスキーなどの楽曲が歌われ、アンコールと足踏みが鳴りやまず、満洲楽界史上の特筆すべき夕べとなった絶賛の報告記事が掲載された。

〈注目を浴びた日本人演奏家の来連コンサート〉
　昭和7年（1932）年には、世界に名を馳せたヴェテラン藤原義江、そしてアメリカに生まれ、フランスで学んだ宮川美子、さらに東京音楽学校（現東京芸術大学）を卒業後、フランスで学んだ荻野綾子ら新進気鋭の演奏家が立て続けに来連している。
　2月の宮川美子の演奏会は、「豊かな異国情緒に満堂の聴衆酔う」という見出しで、演奏会報告記事が満洲日報に掲載された。
　宮川美子は、アメリカ生まれ、フランスで本格的に声楽を学び、パリオペラコミック座でデビューし、日本に帰国（一年間滞在）し、その好評ぶりは大連にも届き、大歓迎を受けたのである。曲目は、山田耕筰の「鐘が鳴ります」「からたちの花」、フォーレ、ドビュッシー、オペラ作品では「ある晴れた日に」など、ポピュラーな作品で組まれている。大連公演のあと京城（ソウル）へのツアーを行い、大連同様、大歓迎される。満鉄音楽倶楽部のメンバーである村岡楽童により、満洲日報に演奏曲の解説や宮川のプロフィールが予告連載される。
　次に藤原義江が来連した。彼は日本で歌劇団を創設するだけでなく、欧州の舞台にも立ち、「我等のテナー」と呼称され日本でも人気があり、大連でも熱烈歓迎をうけた。イタリア、イギリスなど欧米公演を成功させ、日本人にとって関心の高い声楽家であった。この大連公演のあとは、京城（ソウル）へもツアー続け、同様に大歓迎を受ける。スカルラッティ、ショパン、ブラームス、イタリアンソング、ロシア民謡、山田耕筰の「かやの木山に」など計17曲を歌って

4-22　新築となった協和会館の客席

4-23　新築となった協和会館の外観

4-24　宮川美子の演奏会報告記事(「満洲日報」昭和7年(1932)2月19日)

4-25　藤原義江の演奏会報告記事(「満洲日報」昭和7年(1932)10月16日)

4-26　荻野綾子の演奏会予告記事(「満洲日報」昭和7年(1932)5月7日)

いる。

　荻野綾子は、大正時代末に、フランスで声楽、ハープを学び、昭和6年(1931)二度目の渡仏。著名なアルト声楽家、クレール・クロワザ(Clare CROIZA)に推挙されパリ音楽院で演奏会を行った。ラヴェル、フォーレ、ドビュッシーそしてスペインのファリャなどの歌曲だけでなく、リュリなどのバロック時代の作品も歌った。また、山田耕筰の「幽音」だけでなく、新進気鋭の橋本国彦の「黴」「舞」も歌う、多彩なプログラミングで賞賛された。シベリア鉄道を経て、満鉄で大連に、そして航路で帰国の途路、まず大連でそのプログラムによるリサイタルを行い、聴衆に絶賛された。

　このように、ピアニスト、アンリ・ジル＝マルシェックス、レオニード・クロイツァー、レオ・シロタ、ヴァイオリニスト、ヤシャ・ハイフェッツ、声楽家、フエオドール・シャリアピン、そして、世界で評価を得た藤原義江、荻野綾子、宮川美子など、豪華絢爛な演奏会が、新築となった協和会館で挙行された。これらの演奏会の意義としては以下の点があげられる。彼らにより、例えば、ロシア、フランス、ドイツなど代表的な楽曲だけでなく、日本の若手の作曲家、橋本国彦や宮城道雄などの作品が披露され、在留邦人が東京、パリなどに

引けを取らない音楽環境に身を置くことができたこと。そして大連は当時の欧州と日本を結ぶ陸路、水路の移動ルートの交差点にあったことにより、日本人演奏家は欧州への往／復路においても演奏を行う好条件下にあったこと。また、日本で教鞭をとっていた演奏家たちも訪問しやすい外地の一つであったことが指摘できる。さらに、これらの興行が満鉄関係の演奏団体や大連音楽学校関係者による積極的なサポートと近代的なホール、大連劇場や協和会館の開場という、ソフトとハード両面に支えられていたことは特筆すべきことといえよう。

③ 美術鑑賞の場

〈大連新聞社主催の昭和3年御大典記念大連美術展〉

音楽家と同様画家も大連に在住し活動していたことが、大連新聞の記事からもうかがい知ることができる。

この美術展への出品資格は、満洲在住者の自作品であり、第1席者には50円、第2席者には30円、第3席者には20円が授与され、会場は三越百貨店であった。一般公開が始まる初日に、入選者が同紙に掲載されている。この美術展に先んじて同新聞紙上で、「アトリエ」を訪問する記事が連載された。選考結果は、西洋画は、金賞はなく銀賞が、市村力の「美ちゃんのお庭」、と本田平八郎の「陸橋」、そして同賞は境野一靫の「ベット」と田中佐々市の「菊畠」に決定し、また、「東洋画」は金賞が小倉圓平の「古玩商人」、銀賞が宮本柳芳の「吐綬鶏」、銅賞が長田節子の「夕化粧」に決定した旨が、「郷土満洲が生んだ芸術の殿堂、彩管の精華を見よ」という題字のもとに記載されている。

4-27　昭和3年奉祝満洲美術展入選者の告知記事（「大連新聞」昭和3年（1928）11月8日）

また、満洲在住の代表的な画家のアトリエを訪問する記事が連載されている。再現芸術の音楽の場合は、演奏会場でのパフォーマンスを通して、そのパフォーマーのレパートリーやパーソナリティーを看守できる。美術は展示場ではその作品のみが展示されることが多いので、ひととなりを多くの人が知る機会は少ない。そういった意味では、こういう記念美術展公募に際し、画家の存在を広く一般市民に紹介する連載記事は、美術展来訪者数にもつながっていたであろう。

紙幅の関係で、全ては列挙できないが、本連載記事では、日

本画の伊藤順三が初回で取り上げられ「画伯」と称され、東洋画、谷山画伯などの西洋画の画家だけでなく、満洲各地の学校で美術の指導にあたっている教員も取り上げられている。熊岳城公学堂の草野七郎、旅順高等女学校大橋画伯、奉天第二小学校の明賀房雄などを訪問している。何れにしても、三越百貨店で開催される美術展に向け、画筆を走らせていることが語られ、鑑賞者の関心を引き寄せるものとなっている。もちろん、内地から大連などに移住した画家もおり、また東洋美術館を創建すべく、精力的に書画・骨董を蒐集した首藤定のように画家たちをサポートする人物も登場し、終戦の際には、ロシアへ彼らの作品を譲渡することで、人々を救う事にもつながったことは感慨深いものがある。そして再現芸術や芸能だけでなく、公教育の場で児童・生徒の感性をはぐくみ、また成人の趣味を広げることができたことは、注目すべきことである。

④「大連」という娯楽空間の「装置」に魅了される人々

4-28　満洲美術展を前に満洲在住の画家のアトリエ訪問記事（「大連新聞」昭和3年（1928）8月25日）

最後に、ここまで見てきた賑わいの場にはどのような人が集っていたのかを簡単にみておきたい。

一つは昭和3年（1928）に刊行された『満洲芸術壇の人々』に収載されている、プロも含まれているが、多くはアマチュアないしセミプロの立場で芸術・芸能に関わった人たちである。

大連に居住している人は、おおよそ書道・絵画・彫刻・建築などに分類されている人が85名、文壇（文芸・俳句・短歌など）107名、洋楽・琴曲・尺八・雅楽に分類されている人が114

4-29　大連能楽堂落成式舞台写真(「大連新聞」大正11年(1922)4月5日)

4-30　大連能楽殿竣工記念絵葉書(わんや書店蔵)

4-31　大連放送局の高くそびえる電波塔

名、謡曲が231名、茶花道が120名、長唄・清元・常磐津・浄瑠璃・琵琶に分類されている人が145名挙げられている。実態としてはほかのジャンルに関わっている人も含まれているとはいえ、かなりの数にのぼっている。これらの人物の中には当然、教授者もいるので、オーディエンスを獲得していく力も兼ね備えていると思われる。昭和10年(1935)6月の歌舞伎の市川羽左衛門の来連公演は1000名収容の大連劇場、そして竹本津太夫の来連公演は1000名を超える聴衆が席を埋め、8月に開催された能(宝生流17代宗家の大連公演)では500人の観客が新築の大連能楽殿に参集したこと、これらのオーディエンスたちは自らも大連在住の師匠達に手ほどきを受けている人々も含まれており、おさらい会などで自ら板の上に立つこともある一方で、このような大きな公演を成功させるうえで大きな力を発

揮していたことがうかがえる。

　また、自ら積極的に実践を行わない鑑賞者にはどのような人がいたのかを類推できる記事も満洲日報に掲載されている。こちらは、40組の富裕層の令嬢が父親の趣味を語る記事である。基本的に「令嬢」の方は、神明高等女学校、弥生高等女学校などを卒業し、中には内地の奈良女子高等師範学校などに入学勉学をつづけたものもおり、「お父さま」の職種は、満鉄関係者、商店主、医師、弁護士など多様であるが、総じて富裕層とみられる。

　趣味の内容も見事に多様で、西洋から入ってきたゴルフ、ボーリング、野球などのスポーツ（実践、観戦）、映画鑑賞、美術鑑賞、西洋音楽、16ミリ映写機での撮影、また、「日本音楽」（謡〈仕舞〉、長唄、清元、浄瑠璃、浪花節、琵琶歌）、囲碁、将棋、麻雀なども多く、あるいは釣り、植物栽培、蜜蜂の養殖など、多岐にわたっている。

　最後に、本稿で取り上げた主要なライブ会場と同時に、大正14年（1925）にはラジオ放送が開始され、ここ大連もJQAKから放送が行われた。大連から流されたのと同時に、草創期には、内地からの生中継が行われている。紙幅の関係で詳細について言及できないが、内地との距離が近いこともあり、大連には本格的なオーケストラ団体が当時は成立してはいなかったので、オーケストラ作品を、大阪あるいは東京からの中継により聴取が可能となっていた。また、多様なジャンルの邦楽や話芸も積極的に放送されていたことは、外地と内地の温度差なく、聴取でき、大連という地理的条件により人々の娯楽の幅をひろげ、「耳が肥えたオーディエンス」を醸成していたといえるのかもしれない。

　これらの事象は大連が近代文化都市に働く老若男女の趣味の多様性を生み出す環境が整っている事を示している。言い変えれば、大連という街には従来庶民が楽しむ芸能だけでなく、西洋芸術文化といった近代になって日本人が出会った趣味の世界をかなえることができる「装置」が備えられていることに他ならない。「エリート層」に分類される人々も多様な「装置」のなかで、シティーライフを楽しむことができ、さらに折折に来連する世界的な著名なプロのパフォーマンスに接することが出来た事は、新しく創出された「文化都市大連」の魅力の一つになっていたように考えられる。そして諸施設は内地のツーリストを誘う大きな力を持ちえたのではないだろうか。

　現代に生きる我々はタイムマシーンに乗って、その夢のような空間に立つことは今となってはかなわないが、新聞紙上に描かれた記事から想像することで、胸おどり、ワクワクできるのは、筆者だけではないだろう。

五 異郷に生きる

Chapter 5

1 ❖ 公教育の展開

(1) 大連初等教育創設の動き

① 概　況

　『大連市史』（井上謙三郎編　昭和11年9月）によれば、大連の初等教育は、「大連における小学校教育の創始は、実に日露戦役がようやく治まって、邦人の在住者が日に日に増加し、したがって同伴児童も就学年齢に達するものが増えてきたので、関東州民政署令第13号により、明治39年（1906）3月29日大連尋常高等小学校が創設され、5月1日から露西亜町旧教会寺院を校舎として仮校舎で開校したのが始まりである。」と記されている。

　大連の小学校設立は、関係者の努力によって都督府の発足に先んじて順調に船出した。そして職員の努力を凌ぐ勢いで激増し、次々と分教場の拡大設置を招いた。

　　① 明治39年（1906）5月1日　　　　露西亜町で開校
　　② 明治40年（1907）4月15日　　　児玉町元商品陳列館跡　4学級収容（分教場）
　　③ 明治40年（1907）7月8日　　　　安芸町元陸軍経理部跡　4学級収容（分教場）
　　④ 明治40年（1907）8月24日　　　東公園町に本館着工

　その後、校舎の建築も進められ、第二小学校の設立も迫られた。また引き続き増員が止まず、第三小学校を設置しなければならなくなった。

② 学校設立までの動き

　　明治38年（1905）1月1日　　　　旅順開城。
　　明治38年（1905）1月4日　　　　邦人の大連への渡航許可。
　　明治38年（1905）2月11日　　　青泥窪を大連（ダイレン）と改称布告。
　　明治38年（1905）9月8日　　　　日露講和条約締結。

　日露戦役終結後、大連に移住する日本人が急増する。

③ 大連小学校設立

日露戦後、平和回復とともに、家族連れで大連に移住する者が急増し、児童のうち就学年齢に達するもののために、小学校教育機関の早期開設が強く望まれた。

この小学校の早期開設の要望に応えるべく、関東総督府が大連民政署長関屋貞三郎をして文部省の岡五郎監督官と交渉し、東京府下で指折りの名校長金子忠平（本郷小学校長）はじめ、教頭海老沢五郎、教師土方進作（ピアノ）、同井上十夜（女）の4教師を選抜、明治39年（1906）初頭に着連、学校開設準備に当たらせた。

明治39年（1906）3月29日	関東州民政署令第13号により、露西亜町（山城町）の旧ロシア正教寺院を仮校舎に使用と決定。（校地4520坪、うち運動場4295、校舎は煉瓦造二階建、8教室にして地下室および附属舎1棟）
明治39年（1906）5月1日	大連尋常高等小学校創設開校。当時の就学児童は、4学級尋常科62名、高等科13名、計75名　教師4名。大連における小学校の開祖である。

④ 仮校舎教会寺院

この建物は、満洲資源館の南側にあたる山城町9番地で、それまでは陸軍の将校用の病院として使用されていたが、仮校舎（旧ロシア寺院）は、設備も不充分で、かつ狭隘なので、東公園町に新校舎を建設、明治41年（1908）4月30日に移転した。ただ同年10月14日、この教会は私有物件であることが判明したので返還した。

5-1　大連尋常高等小学校（明治39年5月）

5-2　大連第一小学校（以下、5-48まですべて秦所蔵）

⑤ 学校開校後の概況

明治39年（1906）9月1日	関東都督府が開庁。
明治40年（1907）2月26日	児童数急増につき、教会狭隘となり、一時民政署の一部（のちの満洲資源館）を分教場として借用した。
明治40年（1907）3月25日	勅令第49号をもって関東州小学校官制が発布。
明治40年（1907）4月1日	本日をもって関東州小学校官制が施行せられ、始めて小学教育機関の基礎が完成された。
明治40年（1907）4月9日	有栖川宮威仁親王殿下御台臨の光栄を蒙る。
明治40年（1907）4月15日	児玉町6番地所在の元商品陳列館即売部の建物を修繕して分教場とし、4学級を収容。
明治40年（1907）7月8日	安芸町1号地の元陸軍経理部の建物の一部を修繕して分教場とし、4学級を収容。
明治40年（1907）8月24日	東公園町6番地に新校舎建築着手、起工。
明治41年（1908）2月11日	有栖川宮威仁親王殿下より「大連小学校」の扁額御揮毫を賜わる。
明治41年（1908）3月25日	建設中の平家建校舎2棟、14教室が竣工。大連における小学校校舎として、最初に建設された。
明治41年（1908）3月30日	山城町より移転し、移転式挙行。
明治41年（1908）10月4日	借用していた教会施設を返還。
明治41年（1908）2月11日	校旗制定。樹立式を行う。
明治41年（1908）4月1日	新学期より新校舎にて授業開始。
明治41年（1908）5月1日	校歌制定。作歌大和田建樹先生、作曲小山作之助先生。
明治41年（1908）7月1日	第2期工事2階建本館建築に着工。
明治41年（1908）10月20日	露西亜町の旧本校閉鎖（返還）によりにわかに西通り二丁目四番地の中国人家屋を借入れ分教場とし、7学級を収容。

5-3　大連高等小学校（大正6年3月）

創立当初児童数の増加表

(単位：名)

明治39年度（1906）				明治40年度（1907）				明治41年度（1908）			
5月1日	1学期末	2学期末	3学期末	4月末日	1学期末	2学期末	3学期末	4月末日	1学期末	2学期末	3学期末
75	192	328	346	574	711	813	839	1,122	1,289	1,326	1,332

備考　本表は第二小学校が新設されるまでの増加状態を示す。この激増ぶりの裏には学校当事者が学級編成あるいは設備において、如何に苦心せられたかを察知することが出来る。

明治41年（1908）12月21日	第2期工事2階建本館講堂205坪竣工。
明治42年（1909）3月31日	児玉町、安芸町、西通りの各分教場はいずれも廃止。ただし、児玉町、西通りの2分教場は、引き続き新設の第二尋常高等小学校の分教場となる。
明治42年（1909）4月1日	大連第二尋常高等小学校（のちの大連日本橋尋常小学校）開校。東公園町の本校は大連第一尋常高等小学校と改称。

⑥ 大連周辺の教育

明治42年（1909）4月1日	私立柳樹屯小学校を設立し、明治41年（1908）9月20日公立となり、金州尋常小学校柳樹屯派遣教授所と改称された。
明治44年（1911）4月1日	大連第三尋常高等小学校（のちの大連常盤尋常小学校）設置。老虎灘分教場を設置(明治42年（1909）7月)、明治43年（1910）4月1日に本校教授所となる。
明治43年（1910）11月	北白川宮輝仁親王殿下の御台臨を仰ぐ。
明治45年（1912）3月6日	老虎灘分教場を廃止。
大正15年（1926）7月5日	柳樹屯小学校校舎修築移転式。

⑦ 大連教育の転換

　明治40年（1907）3月21日、大連小学校教育の発足で喘いでいるときに、国は、①義務教育年限延長、②実務・基礎技術修得強化、③高等教育の改善、などについての教育の全面的拡充整備をねらう改正を発布した。小学校改正令である。日露大戦後、日本の就学率が52%から86%に急上昇したのを受けて折から欧米列強と肩を並べるような国際関係を迫られた国民的飛躍をはかるために教育の全面的発展を試みようとした改正であった。

　関東都督府は、上記①②に鑑み、年限延長に即応する経費面には支障のないように努めたが、教育指導上に噴出する多様な問題には手を拱いていた。問題は発達階段が三層をなす児童たちを、ひとつ屋根の下、同一教場内で一斉に訓育することの難しさを如何にするかの政策にかかっていた。しかし空き教室はなかった。（幼児期）（児童期）（青年前期）の発達階段の飛躍を訓育上克服する手立てに窮した結果であった、

　限られた施設で有効な教育状況を見出す為の思案がしばらく続いた。法令が出て8年、ようやく見出した対策が次の通りであった。

それは大連が関東州特別市制をしいて衛生・教育に関する業務を受け持つことになる大正4年（1915）9月1日の祝典直前であった。

① 大正4年（1915）4月13日
大山通り8番地に第一尋常高等小学校分教場を設置する。
② 大正4年（1915）9月1日
第二・第三の各尋常高等小学校の高等科を廃止し、東公園町の第一に集め、これを大連高等小学校とする（大連第一尋常高等小学校は廃止となる）。同校尋常科は1年〜3年のみ第一小分教場へ移管。第一分教場はこれを承けて大連第一小尋常小学校となり、内容、名称を変更。
　なお、4年〜6年の児童はそれぞれ最寄りの第二第三小学校へ転入する。
③ 大正6年（1917）2月8日
本校の位置を大連伏見台と告示する。

　尋常科・高等科の分離が教育条件の向上には効果があった。しかし入念に模索したはずの改正令対策にしては、何かしら粗雑な手法との非難は免れなかった。小学校開祖の栄に輝く第一尋常高等小学校を廃して、実務能力・基礎技術修得を図るのに大連高等小学校を分離独立させることによって、改正令の趣旨に応えるのであろうが、苦汁の涙を幼い子に強いた施策には、かなりの問題を生んだ。母校・恩師・友人を奪い、慣れない隣接校へと流れ行く幼い児童の空しい思いは、神に捧げるいけにえにも似て涙なきを禁じ得ないところである。とくに教育の原点は「家庭をはなれて最初に社会的な繋がりを直覚する学校生活である」と言われるだけに、尋常科課程は教育上枢要な段階としなければならず、青年前期の社会的準備にあたる実務力向上などとは比ぶべくもないことであろう。

　義務年限の延長が、義務制と関わりのない大連高等小学校独立に置きかえられたことは、違和感のある施策だった。
　また新たに設置した分教場に1〜3年生を収容し、それを受けて廃校したばかりの第一尋常高等小学校と名付けて名称のみの継承とも復活とも断じ得ない形で発足させたことは、大連教育史の混迷を決定的にした行政上の錯誤だと思われる。
　更に大正6年（1917）2月の通告は「伏見台位置宣言」如き奇妙な通達であった。「官意は天意なのか」と問い質したい程の衝撃を受けた。恐らくその時代の官による通告の重みは大きかったと思われるし、それによっ

5-4　大連伏見台尋常小学校

て関係者を力づけたものではなかったかと思われる。
　現に職員一同はこの期に及んで学校の創始に直接係わった名誉と誇りを感じその歴史を担う責務を自覚したのだった。
　伏見台には政治の手違いから、創立予定の大連中学校の校舎の一部が竣工していた。大連高等中学校は、その校舎を仮校舎として、伏見台の住人となった。
　移転にあたって開校以来様々な出来事に関わる大事な物件を確かめ、遺失することのないように保管し運搬整理した。教師たちは歴史を継承する役割を職責とした。

〈伏見台上の雄叫び〉
　伏見台には元気な歓声が溢れた。童顔をそり落としながら、日々成長を止めない若い芽が校庭を駆け実習に腕を磨いた。尋常科と一緒に学んでいた時とは、気くばりやじれったさもなく、自由闊達に振る舞えて実習などにも身が入る痛快さがあった。実習は、はかどり逞しい産業人の面影さえ漂わせるようになった。高等小学校の伏見台移転は教育礼讃の声をあげた。

〈教育界の新しい波〉
　異変は仮校舎からの移転の頃だった。大連中学校の発足で初の入学試験が行われることになったからであった。
　大連で初の中学校受験に高小生が一斉に反応し、新しく開かれた門戸への応募が殺到し、厳しい選抜を経て発表された結果は、高小生の圧倒的な希望を物語っていた。

大正7年（1918）度入学者出身校別人数

大連高小	大連第二小	大連第三小	旅順第一小	旅順第二小	砂河口小	金州小	奉天	鉄嶺小	遼陽小	撫順小	大石橋小	内地	朝鮮	その他	計
41	10	17	1	0	7	1	1	1	1	0	1	6	0	3	90

　燃え上った進学への熱い希望の表われであった。これまでの、実務に強くなって世のために尽くせる実業人になろうとする一本筋の学びの道だけが、我等の進路ではないとの熱望が光っていた。41名に込められた声であった。

〈新たな校史に立つ伏見〉
　学校長の重松与八は、入試前後の生徒や保護者の思いや動向を眺めるうちに、高等小学校教育経営について、抜本的な改善が必要であることを感じた。重松は職員会議にはかり、校長会への関心を誘い、行政庁にも動きかけて、啓発かたがた支援の輪を広げた。

　改善の大綱は次のようなものだった。
(1) 高小生育成の主眼点は、

① 知、情、意、体、技、の全人的教養の涵養
　　② 実務能力の向上を来たすこと
　⑵ 実務能力向上に必要な施設設備
　　（西部地域に校地、青年教師の場と指導者の育成を確保する）
　　（伏見台校舎には、実習内容を高める為の施設設置が困難であること。本校周辺が住宅過密となり、近くの児童が遠い通学を余儀なくされているので一考を要する。）尋常科設立。
　⑶ 本校を第1学年、第2学年、補習科の三部に分ける。
　　第1学年は尋常科の延長深化課程とする。
　　第2学年は、希望により、商科、工科の2科に分ける。
　　補習科は、商工各科の練度を高める。

　翌大正8年（1919）も生徒の進学熱はおさまらなかった。大連商業・大連中学・大連商工学校の創設と100人を越える進学者のために、実習に集う高小生は減少した。入学予定校が第二第三の2校から昭和9年（1934）に第四を加えた3校になるが、生徒数は増えない。進学を希望する者が多くなるために、実習参加数が減り、実習活動が停滞した。指導計画に実業界への真迫感が薄れていった。

　学校は指導方針を検討した。第一尋常小学校から派生したような第二、第三、第四の尋常科の各学校では、日は浅いながら明日の満洲を担う逞しい生命を育てている力強く明るい実践が続けられているとの話が伝えられている。他方、近隣の学齢期児童を持つ親や有志からは、子どもの通学上便利な場所に尋常小学校を創って欲しいとの申し入れが頻繁に呼せられていた。

　重松校長は、高等小学校の改善（未来図造り）と、尋常科の設立など問題を早急に処理すべく、職員会議を中心に幅広くに動き続けた。

　地域の要求に応じ、尋常科は大正10年（1921）4月1日、1、2年生を募集、その後、毎年1学年ずつ募集することを府が了承した。さらに遅れて高等小学校は、昭和3年（1928）3月伏見台尋常高等小学校長重松与八が次期大連高等小学校（早苗高等小学校）開校事務取扱いを都督府から命ぜられ具体化することになった。つまり大正10年（1921）尋常科発足とともに、大連尋常高等小学校と改称され、追って昭和4年（1929）4月1日、高等科が早苗高等小学校へ移転した後、大連伏見台尋常小学校と改称されたのである。

⑵ 大連初等教育のその後

大正4年（1915）4月13日	大山通8番地に大連第一尋常小学校分教場を設ける。（のちの大連第一尋常小学校〜大連朝日尋常小学校となる）
大正4年（1915）9月1日	第一・第二・第三の各尋常高等小学校の高等科を廃止し、東公園町の第一小学校に集めて大連高等小学校とし、同校尋常科1、3年は第一小分教場へ移管（第一小分教場はこれを

	受けて、大連第一尋常小学校となり内容・名称を変更す）。（4、6年は最寄りの第二、第三小学校へ転入する）
大正6年（1917）2月8日	本校の位置を大連市伏見台と告示せらる。
大正7年（1918）4月8日	博文町5・6番地に新築の校舎竣工により移転。校地6122坪　うち運動場3100坪　校舎及び便所375坪。
大正9年（1920）11月30日	左翼校舎6教室増築竣成。
大正10年（1921）4月1日	尋常科を併設し、1・2学年を募集。大連尋常高等小学校と改称。
大正11年（1922）4月17日	右翼校舎13教室・地下室5室および便所増築竣成。
大正12年（1923）1月10日	校庭にスケート場を設く。
大正13年（1924）4月1日	大連伏見台尋常高等小学校と名称変更。
大正14年（1925）9月2日	屋内体操場（兼講堂）竣成。
大正14年（1925）10月7日	温室完成。
大正15年（1926）9月25日	閑院宮載仁親王殿下御台臨の光栄に浴する。
昭和4年（1929）9月19日	高等科を大連早苗高等小学校へ移籍。
昭和5年（1930）4月1日	大連伏見台尋常小学校と改称。
昭和5年（1930）5月27日	国旗掲揚台完成。
昭和6年（1931）7月21日	テニスコート2面新設。
昭和6年（1931）11月17日	左翼校舎4教室増築。
昭和7年（1932）4月9日	二宮尊徳先生銅像除幕式挙行。
昭和7年（1932）10月27日	左翼校舎2教室増築。
昭和11年（1936）5月1日	創立30年を記念する記念室完成。
昭和11年（1936）6月1日	創立30年記念式を盛大に挙行。
昭和16年（1941）4月1日	国民学校令の公布に伴い、大連伏見国民学校と改称。
昭和21年（1946）3月25日	大連伏見国民学校としての最後の卒業式を挙行。
昭和21年（1946）8月	日僑学校の発足に伴い、本校舎を伏見台公学堂校舎と交換して大連市日僑初等学校第六校となる。

① **大連日本橋尋常小学校**

　明治42年（1909）4月1日、大連第二尋常高等小学校として、児玉町と西通の仮校舎にて開校、授業を開始。12月7日、北大山通12番地に新校舎落成し、翌年（1910）1月8日、移転。大正4年（1915）9月1日に高等科は大連高等小学校へ統合のため、大連第二尋常小学校となる。大正7年（1918）4月5日、周水子分教場が昇格して、大連周水尋常小学校となる。14年（1925）4月1日、大連日本橋尋常小学校と改称。昭和9年（1934）12月、甘井子分教場が設けれ、翌年4月に大連甘井子尋常高等小学校として独立。同16年（1941）4月1日、国民学校令の公布に伴い、大連日本橋国民学校と改称。昭和20年（1945）8月15日、終戦で閉鎖され、中国により接収され、大連71中学になる。

5-5 第二小学校

② 大連常盤尋常小学校

　明治44年（1911）4月1日、大連第三尋常高等小学校として西通二丁目4番地の仮校舎にて開校。生徒は、大連第一尋常高等小学校から西通以南の地区（近江町、越後町、但馬町）、大連第二尋常高等小学校から浪速町を境とした信濃町以南が転校した。当時の児童数406名、8学級、職員9名。同年11月13日、西公園町8番地に建設中の本校舎が、新築落成し、移転した。大正4年（1915）9月1日、高等科の生徒が、東公園町の大連高等小学校（大連第一尋常高等小学校が改称）に吸収され、大連第三尋常小学校、そして同14年（1925）4月1日大連常盤尋常小学校と改称。昭和2年（1927）7月1日、大連常盤青年訓練所を併設開校された。同15年（1940）7月大相撲一行満洲巡業し土俵開きに関脇名寄岩関が来校。翌16年（1941）4月1日国民学校令の公布に伴い、大連常盤国民学校と改称。10月、開校30周年記念事業として理数科の研究発表と中庭の整備（水田・日時計設置）を行い、父兄より寄付金が12000円集められた。同21年（1946）3月25日大連市政府により常盤校舎は接収され、この日卒業式を行った34回生をもって35年の歴史を閉じた。生徒は西通を境として南側は春日校へ、北側は伏見台校へ分散して転校。昭和21年（1946）8月12日日僑学校の発足に伴い、旧春日校は大連市日僑初等学校第七校、旧伏見台校は

5-6 大連常磐尋常小学校

5-7 沙河口第一小学校

旧伏見台公学堂と校舎を交換して大連市日僑初等学校第六校となる。12月20日、大連市日僑初等学校の繰り上げ卒業・修了式。翌21日学校は閉鎖され各職員は休務となった。

③ 大連沙河口尋常小学校

　明治44年（1911）9月1日日満鉄沙河口工場地帯に在住する邦人子弟を収容するために、校舎の建築および設備費は、全て満鉄からの寄贈により、霞町92番地（当時は大連市外で町名、地番はなし）にて尋常科6学級編成で開校される。大正3年（1914）4月1日高等科が設置され、沙河口尋常高等小学校となる。

　同10年（1921）4月1日大正通に同名の沙河口尋常小学校が開校のため、沙河口第一尋常高等小学校と改称。同13年（1924）5月3日「父母の会」を設け学校と家庭の連携を強化される。翌年4月1日大連沙河口尋常高等小学校と改称。昭和2年（1927）7月1日大連沙河口青年訓練所を併設、開校。翌3年5月昭和天皇即位御大典記念事業として、テニスコートを新設する。5年（1930）3月29日高等科の男子は新設の早苗高等小学校へ、女子は聖徳小学校高等科女子部へ吸収されて廃止。4月1日大連沙河口尋常小学校と改称。10年（1935）5月大連沙河口青年訓練所を大連沙河口青年学校と改称。16年（1941）4月1日国民学校令の公布に伴い、大連沙河口国民学校と改称。20年（1945）8月15日終戦で学校閉鎖、大連市第47中学となる。

④ 大連柳樹屯尋常高等小学校

5-8 大連柳樹屯尋常高等小学校

　明治40年（1907）11月20日、居住民の有志者で私立柳樹屯小学校を設立、本願寺出張所の一部を校舎に充て布教使夫妻が教授の任に当たり、翌41年（1908）9月20日、公立となり、金州尋常小学校柳樹屯派遣教授所、翌42年（1909）4月1日、大連第一尋常高等小学校の柳樹屯分教場、そして大正2年（1913）4月9日、柳樹屯分教場を廃し、大

連柳樹屯尋常高等小学校となる。大正15年（1926）7月5日新校舎へ移転式を行い、校舎はロシア軍兵営跡を修築して利用した。昭和16年（1941）4月1日国民学校令の公布に伴い、大連柳樹屯国民学校と改称、昭和20年（1945）8月15日終戦で学校閉鎖となる。

⑤ 大連朝日尋常小学校

5-9　大連第一小学校　大正14年4月朝日尋常小学校

大正4年（1915）11月10日、東公園町40番地（朝日広場）に新築工事中の校舎が完成。大正14年（1925）4月1日、大連朝日尋常小学校に改称。昭和16年（1941）4月1日国民学校令の公布に伴い、大連朝日国民学校と改称。昭和20年（1945）10月14日未明に原因不明の火災により、校舎全焼失。

⑥ 大連大広場尋常小学校

大正6年（1917）4月2日、従来の大連高等小学校が伏見台へ移転した後、その跡地の東公園町6番地の校舎を充用して9学級編成にて開校、授業開始する。本校校舎は、大連における小学校校舎として最初に建設された歴史を有し、校舎としては大連小学校教育の上から記念すべきものである。大正7年（1918）7月末日、特別教室2室増築し、トイレ1ヵ所修繕、11月末日奉安所並びに作法裁縫室落成。同13年（1924）から昭和2年（1927）にかけ、二階建の新校舎を建築、校容完成する。この間大正14年（1925）（1925）4月1日、大連大広場尋常小学校に改称。また、昭和3年（1928）3月31日大連大広場青年訓練所を併設、開校。昭和10年（1935）5月、大連大広場青年訓練所を大連大広場青年学校と改称。昭和16年（1941）4月1日、国民学校令の公布に伴い、大連大広場国民学校と改称。新校歌が制定される。昭和20年（1945）9月、戦後日僑小学校と呼称され、北満からの避難民に校舎の一部を提供する。翌21年3月、最後の卒業式を挙行、4月学校を接収された松林小学校に教室の一部を提供する。昭和22年（1947）1月、引き揚げが始まり、自然廃校となる。

5-10　大連大広場尋常小学校

⑦ 大連周水子尋常高等小学校

5-11 周水子尋常高等小学校

大正7年（1918）4月5日、大連第二尋常小学校の周水子分教場が昇格し、大連周水子尋常小学校として小野田セメント会社職工合宿所の仮校舎において開校された。10年（1921）9月、仮校舎から300mほど離れた泡崖屯に新校舎の新築に着手し、翌年8月竣成と同時に現校舎に移転を完了した。開校に当たって小野田セメントは校地の提供と基礎的備品費として1200円を寄付した。翌11年（1922）3月31日、大連周水子尋常小学校と改称。翌12年（1923）4月17日、大連周水子尋常高等小学校とし高等科が併置された。昭和16年（1941）4月1日、国民学校令の公布に伴い、大連周水国民学校と改称。昭和20年（1945）8月15日終戦で学校閉鎖。

(注記) 1. 小野田セメント工場の操業開始当初は、このあたり一帯を「臭水子」と称していたが、如何にも「臭水子」ではと「周水子」に改めたようである。
2. 「水泥庁（廠）」とは、中国語で「セメント工場」の意味である。
3. ここにあった競馬場が大連富士の山麓、馬欄河畔に移転した跡地に、周水子飛行場ができた。

⑧ 大連春日尋常小学校

大正9年（1920）4月1日、第三小学校の仮校舎にて開校、第五小学校と称す。第5学年以下628名を12学級編成し、教員12名学区は近江町・天神町から伏見台・老虎灘・傅家庄まで含まれていた。6月1日、西公園町216番地に新校舎落成、移転。同13年（1924）4月1日大連春日尋常小学校と改称。4月4日、嶺前小学校開校により、転出者多数でる。昭和16年（1941）4月1日国民学校令の公布に伴い、大連春日国民学校と改称、同21年（1946）8月、日僑学校の発足に伴い、大連市日僑初等学校第七校となる。

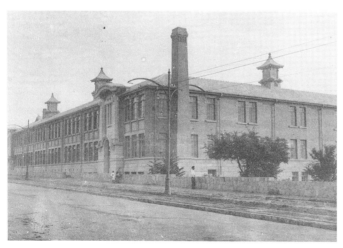
5-12 大連第五小学校　大正3年より春日尋常小学校

⑨ 大連大正尋常小学校

大正8年（1919）、満鉄沙河口工場拡張のため校舎の増築計画を施し、校舎建築に着手。（当時は郊外で町名地番がなかったが、後に決定された地番は、大正通175番地）沙河口地区を予め柵内・柵外の2区に分ち、柵内居住の児童は既設校（満鉄鉄道工場の近くにすでに別校の沙河口尋常高等小学校があった）に、柵外居住の児童は次の新設校に収容することとな

5-13　大連大正尋常小学校

った。大正10年（1921）12月、建築中の校舎が竣工し、翌11年（1922）4月1日、沙河口第二尋常小学校として開校され（既設の沙河口尋常高等小学校は、沙河口第一尋常高等小学校と改称される）、同14年（1925）大連大正尋常小学校と改称。昭和2年（1927）4月、聖徳小学校開校により、2～4年生204名転校。昭和5年（1930）4月、下藤小学校開校により、2～4年生131名転校。同6年（1931）11月開校10周年記念事業として、児童博物館および自動文庫が設置される。翌7年（1932）4月、霞小学校開校により、2～4年生443名転校。昭和16年（1941）4月1日国民学校令の公布に伴い、大連大正国民学校と改称。昭和21年（1946）12月20日閉校となる。

⑩ 大連松林尋常小学校

大正11年（1922）4月7日、常陸町に新設校舎の竣工をもって開校式を挙行（校地は松林町45番地にあるが、大正12年（1923）2月の地番改正後も常陸町という町名は存在している）。小学校校舎は従来、二階建であったが、三階建で堂々とした景観を呈した。大正12年（1923）9月朝鮮人学校を併設。大正13年（1924）3月、保護者会の後援を得て、母国見学団を組織し、第1回見学を行う。以後、昭和8年（1933）まで毎年内地への修学旅行を実施。小学校では他に例がない。大正13年（1924）4月1日、大連松林尋常小学校と改称。大正14年（1925）3月、朝鮮人学校を廃止。昭和9年（1934）4月1日大連松林青年訓練所を併設、開校、翌10年（1935）5月大連松林青年訓練所を大連松林青年学校と改称。昭和16年（1941）4日1日、国民学校令の公布に伴い、大連松林国民学校と改称。昭和20年（1945）8月15日終戦で中国より接収され、大広場小学校に移って2部授業、翌21年（1926）閉鎖。

5-14　大連松林尋常小学校

⑪ 大連南山麓尋常小学校

5-15　大連南山麓尋常小学校

大正13年（1924）4月1日、大連南山麓尋常小学校設立（当初、第七尋常高等小学校と仮称されていたが、この仮称名は使用されなかった）。学級数は尋常科6学級、高等科3学級。土佐町公学堂および伏見台小学校の一部を使用して授業を開始。4月26日、桜町2番地に建築中の本校舎新築落成し移転。昭和4年（1929）4月、女子補習科が設けられる。翌5年（1930）3月29日高等科および女子補習科は廃止され、大連南山麓尋常小学校と改称、郷土室、太陽灯浴室、尊徳園等の特殊施設が設けられた。昭和16年（1941）4月1日国民学校令の公布に伴い、大連南山麓国民学校と改称。昭和20年（1945）8月15日、終戦により中国が接収、大連市第二中学となる。

⑫ 大連嶺前尋常小学校

大正13年（1924）4月4日、桃源台228番地の新校舎にて開校。昭和3年（1928）11月、保護者会の事業として児童文庫を設置。同7年8月にプールが設置される。同10年（1935）4月1日、静浦小学校の開校により、通学区域を変更。さらに12年4月1日向陽小学校の開校により、通学区域を変更。昭和16年（1941）4月1日、国民学校令の公布に伴い、大連嶺前国民学校と改称。昭和21年（1946）8月、大連市日僑初等学校となる。昭和21年（1946）12月10日閉校。

5-16　大連嶺前尋常小学校

⑬ 大連聖徳尋常小学校

昭和2年（1927）4月1日、大連聖徳尋常小学校として仮校舎大正小学校にて開校。9学級380名、うち2～4年生204名は大正尋常小学校よりの転入。同年9月回春街812番地に新築工事中の校舎第1期工事完成、移転。昭和4年（1929）4月1日高等科女子部を併設により、大

連聖徳尋常高等小学校と改称。昭和5年（1930）4月1日、下藤小学校開校により、尋常科一部転出し、あとに大連家政女学校が付設される。昭和8年（1933）4月1日、光明台小学校開校により、尋常科一部転出する。昭和16年（1941）4月1日、国民学校令の公布に伴い、大連聖徳国民学校と改称。昭和20年（1945）8月15日終戦後、中国が接収、西崗区東北路小学になる。

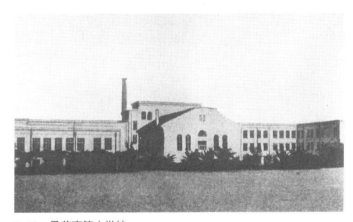

5-17　大連聖徳尋常小学校

⑭　大連早苗高等小学校

　昭和4年（1929）4月1日、高等科男子のみの小学校として伏見台および聖徳小学校の仮校舎にて男子1年生、学級数7（工科3、商科4）256名で開校する（したがって、伏見台・沙河口・南山麓小の各高等科は、昭和5年（1930）3月末までに廃止）。同9月19日早苗町60、80番地に新校舎第1期工事完成により移転。4月、2学年制男児高等小学校としての学年が充実する。昭和6年（1931）4月1日卒業生のために、更に1カ年程度の商工補習科を設置される。昭和16年（1941）4月1日国民学校令の公布に伴い、大連早苗国民学校と改称。昭和19年（1944）3月本校閉鎖、廃校となる。青年学校となり下藤小へ移る。同年4月1日大連経済専門学校（大連高等商業学校が改称）が、光明台校舎から廃校後の早苗校舎跡へ移転、ここを本校舎とするが、昭和20年（1945）8月15日、中国により接収され、解放軍の施設となる。

5-18　早苗高等小学校

⑮　大連下藤尋常小学校

　昭和5年（1930）4月1日、聖徳尋常高等小学校、沙河口公学堂を仮校舎として開校、7月14日、校舎一部成り仮校舎より全部移転（昭和6年（1931）6月2日、校舎全部完成）。昭和9年（1934）4月1日、新設の大連中学校に西側校舎を貸し、開校式が行われる。昭和10年（1935）11月30日、スケート場固定設備が竣工、翌11年（1936）9月5日運動場の整理工事が完成。昭和12年（1937）5月10日、虚弱児童給食設備完成。翌13年（1938）4月4日、養護学級が

5-19　大連下藤尋常小学校

特設される。昭和14年（1939）4月1日、第3中学校が校舎借用、開校する。昭和14年（1939）9月20日、地理教室設備される。昭和19年（1944）4月1日早苗青年学校発足、校舎借用。昭和21年（1946）4月30日校長制度廃止命令が市政府より出る。昭和21年（1946）8月19日日僑初等学校第12校と改称。昭和21年（1946）12月20日引揚開始により閉校。

⑯　大連霞尋常小学校

昭和7年（1932）4月1日、下藤小学校にて開校年（13学級、児童数642名）し、5月霞町14番地に新校舎第1期工事完成し移転。昭和10年（1935）4月、養護学級設置（1・2・3年）、同12年（1937）、学校給食開始。校舎の地階に調理室を設置。14年（1939）4月大連霞青年学校を併置。昭和16年（1941）4月1日、国民学校令の公布に伴い、大連

5-20　大連霞尋常小学校

霞国民学校と改称。同20年（1945）10月日本の行政監督終了、授業は午前中のみになる。教員に対しては中国による民主主義教育理念の講習により、続いて太平洋戦争に対しての自己批判の試験をうけさせられる。21年（1946）4月霞小学校は接収。大正小学校に移転、合併。両校生徒併せて1学年2クラス程度の児童数。同年12月20日引揚げ話が出始め、学校は自然閉鎖。

⑰　大連光明台尋常小学校

昭和8年（1933）4月1日、早苗高等小学校内に本部を置き、伏見台小・下藤小の一部を借り、授業開始し、12月23日、光明台21番地に校舎第1期工事完成し移転。同時に近在の聖徳小学校及び、その他の小学校からの転校児童を併せ迎え、新出発となった。児童数517名、10学級で5年生が最上級生。同9年（1934）12月校舎の第2期工事竣成。11年（1936）校舎環境は、校庭も南側山裾まで拡張され諸施設はすでに整備され、冬季のスチーム暖房も完備。

全学年が男女各2学級40名余りとなった。12年(1937)1月第1回大連学童アイスホッケー大会。(6年生チームがA級、5年生以下のチームはB級) A級・B級両チームが出場し、B級チームは堂々の優勝。14年(1939)1月、第3回大連学童アイスホッケー大会に出場し、A級優勝。同15年(1940)12月、大連小学校蹴球(サッカー)大会、優勝する。昭和16年(1941)4月1日、国民

5-21　大連光明台尋常小学校

学校令の公布に伴い、大連光明台国民学校と改称。16年〜19年児童数が急増し、第3期校舎増築工事が進められた。昭和19年(1944)1月30日、大連学童アイスクホッケー大会でA級優勝。昭和20年(1945)8月31日、ソ連軍が校舎を接収、隣接の満洲電々社員養成所に移転させられる。10月電々の校舎も接収され、早苗小学校へ再移転、二部授業が始まる。昭和21年(1946)3月大連光明国民学校最後の修了式を早苗校において行う。(最後の卒業生は12回生)。8月、中国側の市政府の管轄下に入り、日本人小学校は日僑初等学校となる。大連光明台小学校の校史を閉じた。

⑱ 大連静浦尋常小学校

　昭和10年(1935)4月1日、嶺前小学校の講堂を借り、それを6つ仕切り、5つを1年から5までの教室とし、残り1つは教員室として、授業開始。在校児童328名、学級数11、養護学級1。翌11年(1936)1月31日、平和台にモダンな3階建の本校舎新築落成し移転。在校児童328名。14年(1939)9月海洋少年団設置。短艇練習で精神力・体力を錬成する。安芸海等を迎え、土俵開きをする。昭和16年(1941)4月1日、国民学校令の公布に伴い、大連静浦国民学校と改称。大連市全小学校の保健関係者で組織を作り、保健養護の強化に取り組む。本校にはレントゲンを設置する。昭和20年(1945)9月、大連三中は校舎をソ連軍に接収され、静浦小学校に移転し二部授業を行う。その後、中国に接収され自然閉校。

5-22　大連静浦尋常小学校

⑲ 大連甘井子尋常高等小学校

　昭和9年（1934）12月、大連日本橋尋常小学校甘井子分教場を設置。翌年（1935）4月1日、甘井子分教場が独立して、大連甘井子尋常高等小学校となる。所在地は甘井子淑房屯275番地。13年（1938）3月、学校図書館を設置。放送施設を完備。学級が競って校内放送に参加。昭和13年9月開校5周年記念事業の一つ、低学年用遊具数種類、運動場南側を埋める。12月高学年用体育固定施設設置及び土俵開き。14年（1939）8月、校地を広げてテニス、バレー、バスケット等のコートを造成。16年（1941）4月1日、国民学校令の公布に伴い、大連甘井子国民学校と改称。18年（1943）8月夏休み勤労奉仕作業、石だたみ舗装道路造り。昭和20年（1945）8月15日終戦で学校閉鎖。

5-23　甘井子尋常高等小学校

⑳ 大連向陽尋常小学校

　昭和12年（1937）4月1日、3学年以上の児童を嶺前小学校に、2学年以下の児童は春日小学校に収容開校する。4月2日春日小学校において、仮開校式を挙行。向陽台54番地に新校舎落成、移転。

　昭和16年（1941）4月1日国民学校令の公布に伴い、大連向陽国民学校と改称。20年（1945）8月終戦。ソ連軍進駐し、学校一時閉鎖。9月14日授業を再開、21年8月向陽小、光風公学堂と校舎交換させられる。昭和21年（1946）12月20日、向陽小学校、閉校となる。

5-24　大連向陽尋常小学校

㉑ 大連日出尋常小学校

　昭和11年（1936）8月、関東州庁にて新設校（12学級）の議まとまり、日出町の溜池を埋立てて、地下1階地上3階建の煉瓦造り校舎の建築に着工、翌年（1937）4月1日、朝日小学校を母体校として大連日出尋常小学校開校。南山麓小学校を仮校舎とする。13年（1938）10月日出町番外地に建築工事中の校舎竣工、本校舎にて授業を始める。16年（1941）4月1日国民学校令の公布に伴い、大連日出国民学校と改称。21年（1946）3月学校閉鎖。

5-25　大連日出尋常小学校

㉒ 大連上葭国民学校

　昭和16年（1941）4月1日、国民学校令公布の当日に、下藤小学校の一部を仮校舎として開校。教職員は8名、生徒は第4学年が最上級生であった。翌17年（1942）4月新校舎1棟のみであるが完成し、移転。19年（1944）1月、大連市小学校のアイスホッケー大会に、1回生（6年生）チームが初出場して優勝する。同19年（1944）3月1回生が卒業、講堂は遂に建たず、卒業式は廊下で行われた。21年（1946）8月、戦後の混乱期の後、

5-26　大連上葭国民学校

校名も大連市日僑初等学校第十一校として継続される。12月、引揚げ開始とともに、短い歴史を残して学校閉鎖。この間3回生までは卒業し、在校生は4回生から8回生までである。

(3) 戦後の状況

　ほとんどの学校が同じ経緯があったであったろうかと思い、戦後情況の解消過程を以下に記す。

　　昭和20年（1945）8月下旬　　ソ連兵大連を占領

昭和20年（1945）9月	2学期開始。開始後7カ月位、女教員は万一を考え登校せず。学校長は戦犯として馘首され、教員で委員制度を組織、選出した委員長が運営に当たった。
昭和20年（1945）10月	この月まで日本の行政監督下。授業は午前中のみになる。公学堂は中国が接収、公学堂の日本人教員は国民学校に転勤。教育長（前教育課勤務）の中国語での民主主義の教育理念の講習があり、続いて太平洋戦争に対しての自己批判の試験を受けさせられる。天皇は絶対なりと書いた先生は不採用として席が無くなった。
昭和20年（1945）11月	中国の行政管轄になる。給料は3カ月分貯金通帳で支給されたが、資金凍結命令で現金にならず。児童より1口100円の月謝を徴集、全学校一括してから教員に配分。
昭和21年（1946）3月	教員の内独身者、共働きの女教員は勇退。この頃は児童数も激減。
昭和21年（1946）4月	霞校は接収され大正校に移転、そして合併。両校生徒合わせて1学年2クラス程度の児童数。
昭和21年（1946）11月	この頃までかろうじて授業が続く。大正校も1階は中国保安隊が接収、学校としては2階以上を使用。
昭和21年（1946）12月	引き揚げの話が出だし、学校は自然閉鎖。接収時の要員として小賀みちこ先生1名のみ残留。
昭和22年（1947）2月末	残留中、接収の事もなく、そのままにして引揚げる。

〈大連日僑学校〉

大連日僑学校は、第2次大戦後、ソ連軍占領下の大連に1947年（昭和22年）春以降残留した日本人（約8000）の子供のために設立された。

当初小学部から中学部まで、約450名が通学。

この学校は現地中国人の大連市政府や残留日本人のボランタリー活動等により維持された。

造船、機械、化学、電気、交通等に携わる高級技術者が一挙に帰国されては、当時大連の諸企業体の経営に混乱を来すことは明白なことだから、中国企業は真摯に日本人技術者の残留を要請していた。

帰国引揚げが具体化し、残留者が確定するとともに、学校設立の計画も進められた。

こうして大連日僑学校は昭和22年（1947）年春に創設され、昭和28年（1953）冬に輝かしい歴史を残し、栄光の任務を果たし閉校した。

あたかも1905年（明治38年）、大連の建設に日露戦後の大連埠頭に上陸した若い日本人父兄の子弟の為に大連尋常高等小学校が設立され、大連発展の足並びに合わせるように栄光の

歩を刻んだ。

(4) 中等教育概況〈男子校・女子校〉

① 大連中等教育の始動とその特徴

　前述のように、小学校の施設はすべて都督府（関東庁）の経営するところであった。大正4年（1915）関東州特別市制公布の9月から小学校の経費は人件費以外の需用費は市で負担することになった。大正14年（1925）8月、関東州市制が布かれた後も既存の制度が維持されたので、その後の都市の異常な発展、渡航邦人の激増に対し、小学校の増設は避けて通らない時代であったために最盛期には1〜2年に一校増設の有様であった。

　学校施設は煉瓦または石造りで、廊下や教室もスチームが整っていたが、厳冬の寒気や乾燥した大気に耐える身体をつくる上で、練成が必要でスポーツが奨励された。

　学校は内地への転学、進学の都合から法令に基づいた内容で運営されていたが、環境条件や生活習慣の違いから望ましい学習が成り立たない理科や国語、音楽などは補充読本、満洲唱歌で補充、また高学年は中国語の学習用に教科書を編集し指導していた。このように大連では密度の濃い特色のある教育が行われていた。

　大連は商工都市、旅順は政治・農務・軍事・教育の都市と言われる。都督府は明治42年（1909）、43年（1910）、旅順中学校・高等女学校を設置した。さらに明治43年には旅順工学堂の授業が開始されるよう、都督名で政府に建白書を提出し、即座に採択され、旅順に高等教育の門戸を開いたほどである。それに対して大連は中学校に実務教育系に商工関係校を私立に任せておけばよいという考え方だったようである。

　明治時代の日本では、中学校へ進学するのは村長と学校長の子弟ぐらいで、相当の財産家でも高等小学校卒業が大抵であり、このような風潮が影響したのだろうか。

　ところが大連に渡航した家族の高等小学校や中学校への進学熱は内地の子供たちと大きく違っていた。

　大連では、中学校の開設が旅順より9年も遅れて開設、明治40年（1907）に義務教育が2年延長、高等小学校が義務教育の終結課程となった。そのため、高等小学校は実務、基礎技術修得課程が国民教育水準向上の重点策として刷新されたのである。

　大連尋常高等小学校は、学校が創立されたばかりで、法体制の内容が充分吟味されないこともあったのか、大連は国民教育向上の方向に的を絞った。

　一船毎に増えていく生徒で、教室は一杯になり、校舎に溢れ、新たな校舎を探して移転するのが大変だった。3年生が移った、今度は4年生だと移動を重ねるのだった。

　新築校舎が東公園町に14教室竣工したが、激増する生徒を入れることはできず、早々に増築しなければならなかった。

　そのような折、学校の本拠とも言える教会教室が、日露戦の占領物件ではなく個人所有の物件だと判明した。施設はただちにに返却しなければならず、さっそく仮校舎の手配に追い込まれた。仮校舎は西通りの現地人所有の物件を改修して利用することとなったが、また移動と離散の繰り返しだった。

本校舎の竣工、教会校舎の返却、新築校舎の整備と、ことが進められていく中でも規則正しく運行される満員の日満航路が、各便10人から20人の児童を運び、入学申し込みは続けられた。創立時75人だった児童数が本校設立時には253人にもなる程であった。
　本校に次ぐ新設校を築造しなければならない様相であった。大連の発展ぶりはおそるべきほどである。新年度を控え、1300人にふくれあがった生徒を、どう編成し、指導体制を整えていくか、適正な環境と教師の確保を希望していた。教師不足は過密学級につながり、管理不全を招く恐れがある。金子校長と海老沢教頭は、大連第二尋常高等小学校、及び西通りが分教場の運営を一体的に行うために各施設長すなわち大連尋常高等小学校、新尋常高等小学校、西通り分教場の各施設長（金子忠平・井上房吉・石川亀治）の打ち合わせ会（校長会）を開催し、対応を検討した。
　明治42年（1909）は、尋常科6年の設置と教育課程の完全実施の年であった。大連では第一・二尋常高等小学校とも新設で余裕があったので、学年設置は易々たるものであったし、教育課程の完全実施も国に依存した教材送致などで容易に対処できた。
　その後、施設内で児童数の密度が高まり、危険度が増えてきた。高等科では尋常科低学年児童と互いに相反する面が多く、トラブルの機会も増加した。それを受け、三校長の協議では尋・高分離論が強まり、ついに明治44年（1911）に高等科補修科設置の新たな展望が開けた。
　明治44年（1911）4月に、西通り常盤橋近くに新校舎が新築された。大連第三尋常高等小学校となる。第三小学校は、第一小学校から西通り以南の地区から、第二小学校から浪速町を境とした信濃町以南の地区から転校した460名の生徒だった。新校舎はまだ余裕があったが、第一、第二小学校の過密が解消されていなかった。月例の校長協議会では毎回のように高等科と尋常科の同居教育の矛盾について語り続けられた。
　大正4年（1915）、大連の日本人人口は10万人に近づいた。町内会も整い、市政に一段と自治の動きが高まっていた。その時期に大連市特別市制を勝ち取り、衛生業務および教育業務は市で運用する制度が確立された。この期に応じたかのように、都督府は、同4年4月に大山通り8番地に第一尋常高等小学校の分教場を設置するという府令を発表した。さらに9月に第二、第三尋常高等小学校の高等科を廃止し、東公園町の第一に集め、これを大連高等小学校とする（大連第一尋常高等小学校廃校）決定を下した。同校尋常科は1年～3年のみ第一小学校分教場へ移管し、同分教場は大連第一尋常小学校となり、内容、名称を変更した。なお、4年～6年の児童はそれぞれ最寄りの第二、第三小学校へ転入した。
　このように、大連の小学校は高等科と尋常科が分離独立されることになった。そしてその後、高等小学校1校と全市にわたって設置された23小学校は尋常科のみとなり、その上部の構造体として、男子7、女子7の中等学校（中学校・高等女学校）が設置されたのである。

② 〈男子校の場合〉
　明治40年（1907）（月日不詳）　　河井篤叙が大連市愛宕町に夜間商業学校を設置、経営にあたる。

明治43年（1910）9月15日	社団法人東洋協会設立の商業補修学校開校。
明治45年（1912）2月	商業補習学校を商業学校に昇格。（のちに大連商業高等学校となる）

　昭和7年（1932）頃より進学希望者が著しく多くなり、中学への入学難（昭和8年の早苗高小への入学者は529名に達した）が激しくなり、市民は中等学校の増設を熱望した。関東庁は、明治44年（1911）満鉄により設立された南満洲工業学校が大正11年（1922）専門学校に昇格したため、甲種工業学校の新設に重きを置き（中学校は学級増設で当面を糊塗）、昭和8年（1933）の関東庁予算に計上したが、大蔵省において削られてしまった。

　そのため、昭和9年（1934）大連市が借金財政の中、異常の決意をもって市立中学校（大連中学）の新設に踏み切った。しかしながら、満洲国誕生により工業技術者の必要性がいよいよ増してきたので、昭和10年（1935）3月関東局告示をもってようやくにして大連工業学校がが設立されることになった。

　かくて人口の増加と共に続々新設開校され、昭和20年（1945）には14校（男子校7校、女子校7校）があった。

③〈女子校の場合〉

明治40年（1907）（月不詳）	河井篤叙大連女学院を大連市駿河町に設置、在籍数は本科および裁縫専修科合せて50人前後であった。
大正2年（1913）9月	逐年内地人の渡満するもの多くなり、生徒数もこれに比例して増加し、教員の増聘、教室の増設、教育内容の充実に伴う設備等と多額の経費を要するようになったため、石本鑽太郎が之を引受けて経営することとなる。
大正3年（1914）3月	大連高等女学院と改称し、児玉町元満鉄工業学校（のちの南満洲教科書編輯部）の建物を満鉄会社より借受け、経費約六千円を投じて、校舎の修理改築、工具および機械などの備品を整備して、学校教育の大勢を確立する。
大正3年（1914）4月	新たに本科、裁縫専修科各40名を募集し、ここに全生徒140名を収容するに至る。
大正3年（1914）6月	関東都督告示第61号により、官立大連高等女学校（のちの神明高女）を創設し、同時に球私立大連高等女学院を合併して、児玉町の校舎校具一式を引継ぐ。

(5) 各中学校・専門学校の状況

● 男子校
① 関東都督府旅順中学校
　明治42年（1909）4月7日に初代校長勝浦鞆雄（全東京府立第一中学校校長）が任命され、5月

5-27　関東都督府立旅順中学校

1日、中村町仮校舎（後の旅順高等女学校の一部）にて校務が開始され、5月7日、授業開始（生徒1年生133名。2年生23名。計156名）以後、開校記念日となる。

大正2年（1913）3月、第1回卒業生24名卒業、大正6年（1917）8月櫻桂同朋会発足、本部の外に旅順、大連、奉天、東京、山口、熊本、先代、京都に支部を置かれ、桜桂同朋会誌第1号を発刊（大正10年（1921）まで）。大正13年（1924）3月13日、旅順第一中学校と改称、中国人生徒は旅順第二中学校に分離、同年5月7日　創立15周年記念式を挙行され、生徒図書室が創設される。昭和8年（1933）4月1日、旅順中学校と改称、昭和20年（1945）8月18日37年の歴史を閉じる。

この間、明治45年（1912）4月庭球部創設、大正2年（1913）10月第1回陸上運動会、同4（1915）年5月7日、第1回相撲大会、同月上旬第1回短艇競漕会、同5年（1916）1月、第1回武道大会開催、2月第1回氷上大会、同15年（1926）10月17日第1回旅順戦蹟リレーマラソン開催、マラソン部創設、同年旅順グランドに水泳プールが設けられ、水泳訓練が始まり、水泳部創設、昭和5年（1930）5月、蹴球部の一部門としてラグビー部創設、同9年（1934）4月、射撃部創設される。そして昭和5年（1930）5月9日より毎週水曜に放課後の3000メートル一斉マラソン始まるなど、年間を通じて体力をつける運動部系クラブ活動が活発に展開された。昭和8年（1933）5月24日には、卒業生より楽器が寄贈され、ブラスバンド部が創設された。また同9年（1934）に射撃部、14年（1939）に相撲部、16年（1941）に国防競技部なども創設された。昭和17年（1942）4月から英語、中国語の授業が削減され、教練の時間が増加した。

② 大連市立大連商業学校

明治43年（1910）9月15日、社団法人東洋協会設立の商業補修学校（2年生夜間部）が開校、同年10月16日東公園町の第一尋常高等小学校の雨天体操場を仮校舎として、授業を開始。同45年（1912）2月3日、夜間商業を

5-28　大連商業学校

併設する甲種商業学校に昇格、大正元年（1912）9月天神町新校舎へ移転。同11年（1922）5月5年生甲種部のほかに3年生第二科を設置、同12年（1923）4月三年生第二科の女子部を附設、同13年（1924）1月紅葉町の寄宿舎を増改築し本校舎として移転、大連商業学校と改称。天神町校舎は女子部専用、そして同年3月夜間部が大連市に移管、市立商工学校に引き継がれた。昭和3年（1928）3月、男子第二科は4回卒業生をもって廃止、同5年（1930）4月1日、女子部は独立分離し、大連女子商業学校が設立される。昭和21年（1946）3月、第31期生が卒業、夏には校舎が接収される。

③ 関東庁立大連第一中学校

大正7年（1918）4月8日、大連高等小学校が博文町6番地の新築校舎に移転し、大正7年（1918）4月14日大連中学校伏見台本校舎において入学式を挙行し、旅順中学その他からの転入の第2学年64名と第一学年生90名、計154名。同年10月6日大連中学校開校式を挙行し、以後開校記念日と定め、第1回運動会を開催。大正8年（1919）9月、校歌制定、同11年（1922）

5-29　大連中学校

第一回卒業式挙行、4年終了者7名を含む57名が卒業する。昭和4年（1929）8月体育館が、同8年（1933）8月水泳プール竣工。同13年（1938）相撲部創設土俵開き、横綱双葉山らが来校、土俵入りを行う。同15年（1940）夜間部開校、55名が入学。同20年（1945）4月、金州分校設置、金州国民学校を仮校舎として開校。21年（1946）26回卒業式挙行、8月12日大連市日僑中等学校第一校と改称、12月繰り上げ卒業、修了式を行う。

④ 大連市立大連実業学校

大正9年（1920）3月、大連市立商工学校として設立、同10年（1921）4月25日、市役所楼上仮教室にて入学式挙行、授業開始する。商業実務および印刷出版の2年生2分科。同年12月25日柳町98番地に新築校舎竣工し移転、翌11年（1922）4月、開校式挙行。同13（1924）年4月、

5-30　大連実業学校

夜間学校となり、商科、工科。昭和3年（1928）4月昼間部男子商業科を併設。同7年（1932）4月1日、大連市立実業学校と改称し、本科及び専修科を設置する。本科は乙種3年制の商業科・工業化の2科。専修科は、6カ月修業の英語・中国語・簿記・タイプライター・珠算・土木・建築及び電気の8科。電気科のみは2年修業。同10年（1935）、専修科廃止、本科は甲種5年生となる。生徒数は700名、17学級。同15年（1940）転山屯1番地に新校舎竣工（柳町旧校舎は陸軍病院として使用）。

⑤ 関東庁立大連第二中学校

大正13年（1924）4月1日、天神町女子業学校を仮校舎として入学式を行う。3年生1学級33名、2年生2学級96名が大連一中より分離編入、新入1年生3学級144名の合計6学級293名。同年9月1日、水仙町20番地に新築校舎一部完成し移転す。10月12日、第1回運動会挙行。同14年（1925）、1回生が北京、天津旅行。同年10月17日新築講堂で開校式挙行。昭和4年（1929）9月5日、3千メートルランニングを全校生徒が毎週木曜日に行う。同7年（1932）8月、プール完成。同10年（1935）7月11回生内地修学旅行。同13年（1938）9月、大相撲満洲巡業、横綱双葉山来校、土俵開き土俵入り。20年（1946）12月、二中校舎接収され、同4月、転出先の第一中校舎にて二部授業はじまり、翌月30日一中と二中合併。8月12日、大連市日僑中学校第一校と改称。12月20日繰り上げ卒業、修了式。21日、高等専門学校・男女中等学校・初等学校閉鎖、各職員は休職となる。

5-31　関東庁立大連第二中学校

⑥ 大連市立大連中学校

昭和9年（1934）4月1日、大連市立大連中学校開校式を挙行、下藤小学校仮校舎において、第1回入学式を行い、4学級に編成される。体操担任に元オリンピック水泳選手・宮畑虎彦、英語担任にデビスカップ庭球選手・太田芳郎を迎えた。昭和10年（1935）4月1日、下萩町40番地の東洋一と誇った新校舎で第2回生の入学式を挙行。同年7月星ヶ浦水泳訓練（4限終了後。

5-32　大連市立大連中学校

昭和16年（1941）まで）。昭和12年（1937）4月校歌制定（北原白秋作詩、山田耕筰作曲「興れり白雲」）。14年（1939）2月、第1回生卒業。昭和21年（1946）3月空洞の校舎で、第9回生卒業。同年8月下藤小学校舎で大連市日僑中等学校第二校となる。12月、芙蓉高女校舎で、繰り上げ卒業・修了式を挙行し、閉校となる。

⑦ 関東庁立大連工業学校

昭和10年（1935）4月1日、仮校舎早苗高等小学校において、開校式を挙行。機械科、建築科、土木課、応用化学科、電気科の五科があり、生徒数252名、職員22名。同月15日授業開始。翌11年（1936）8月22日、西山屯488番地の新校舎に移転。15年（1940）3月第1回卒業。

5-33　関東庁立大連工業学校

⑧ 関東州立大連第三中学校

昭和13年（1938）4月15日、下藤小学校を仮校舎として、第1回生160名入学式挙行、4学級編成。翌14年（1939）4月、第2回入学式を仮校舎・早苗高等小学校にて挙行。17年（1942）4月、第5回入学、全学年が揃う。20年（1945）修業年限4年となり、第3回生、4回生卒業。21年大連市日僑中学校第3校となる。21年（1946）12月第5回生繰り上げ卒業式、1〜4年生修了式挙行、閉校。

5-34　関東州庁立大連第三中学校

●女子校
① 関東都督府立旅順高等女学校

明治43年（1910）7月1日、大陸初の日本人高等女学校として

5-35　関東都督府立旅順高等女学校

設立され、関東都督府高等女学校と呼称。校舎は露西亜統治時代の市役所を使用。寄宿舎姫百合寮・白百合寮を設置。大正9年（1920）5月、大連に関東庁立神明高等女学校が設立され、関東督督府立旅順高等女学校と改称。昭和20年（1945）8月15日終戦で閉鎖、計5000人が学んだ。

5-36　大連高等女学校　昭和3年3月より大連神明高等女学校

② **大連神明高等女学校**

大正3年（1914）6月11日、官立大連高等女学校を創設し、同時に旧私立大連高等女学院を合併して、児玉町の校舎校具一式を引継ぐ。同年7月23日第3学年56名、第4学年28名入学。旧私立高等女学院の生徒収容のため、講習科2学級を設置する。9月児玉町仮校舎で開校式を行う。大正6年（1917）5月7日神明町新築校舎一部竣工し、移転、12月雨天体操場、講堂竣工。翌7年（1918）3月29日、就業年限を小学校卒業4カ年となる。大正10年（1921）修業年限4年と5年の2種となり、5月内地見学旅行を実施。昭和3年（1928）3月24日大連神明高等女学校と改称。4月1日、大連弥生高等女学校と第1学年生徒の合同募集を行い、新入生徒をその成績および数に就き両校に均分する。9月8日プール完成。同8年（1933）4月、第一学年より制服を統一する。同9年（1934）8月、神明会館（同窓会館）および弓道場の新築完成。同18年（1943）4月、指定校制度となり、南山麓小、嶺前小、静浦小、向陽小卒業生が入学。同19年（1944）交通難のため、金州に神明分校設置。昭和20年（1945）8月22日、終戦に伴い、ソ連軍進駐により一時休校。10月に授業再開。9月、神明会館接収され、メリノール校校舎となる。同21年（1946）9月5月、ソ連政府当局により、神明校舎接収され、神明高女生徒は弥生校舎に移転し、両高女合併、午前・午後の二部授業となる。同21年（1946）8月21日、大連市日僑女子中等学校第一校と改称、12月20日、卒業式並びに進級式挙行。21日旧弥生校舎は大連市政府に接収される。学校閉鎖、職員は休職となる。

③ **大連弥生高等女学校**

大正8年（1919）4月1日、大連市立実科高等女学校設立され、5月1日西広場の仮校舎で授業開始。本科2学級、選科1学級。大正9年（1920）3月30日第1回卒業式を行う。大正10年（1921）7月21日、弥生町の新築校舎に移転。就業年限を4カ年とし、補習科を設置。本科6学級、補習科1学級、選科1学級。翌11年（1922）2月13日、学則を改正し、本科を主とし実科を併設し、校名を大連市立高等女学校と改称。3月28日第1回内地見学旅行団出発（帰連

4月17日)、以後毎年実施。昭和3年（1928）4月1日、大連弥生高等女学校と改称し、大連神明高等女学校と第一学年生徒の合同募集を行い、新入生徒をその成績および数について両校に均分することとなった。同7年8月、15日25メートルプール完成。同13年（1938）4月、1～4学年5学級となる。昭和16年（1941）「母国見学の修学旅行」関東州庁の要望により中止。昭和18年（1943）4月指定校制度と

5-37　弥生高等女学校

なり、朝日小、大広場小、松林小、日本橋小卒業生が入学。昭和20年（1945）8月22日、ソ連軍進駐により一時休校、10月に授業再開。同21年（1946）5月、大連神明・弥生両高等女学校が統合、学校名を大連神明弥生高等女学校と改称、旧神明高女生徒は旧弥生校舎へ移転し、両校女合併。8月12日、大連市日僑女子中学校第一校と改称。12月20日、卒業式並びに進級修了式挙行、翌21日本校舎、大連市政府に接収され、学校閉鎖し、各職員は休職となる。

④　大連市立大連女子商業学校

大正12年（1923）4月1日、社団法人東洋協会満洲支部は、天神町の大連商業学校に3年生第二科目の女子部を附設し、女子部第1回生入学、弥生高等女学校の一室を借用して開校。翌13年（1924）1月、大連商業学校から独立し、天神町校舎にて大連女子商業学校を設立。昭和20年（1945）8月終戦により、校舎半分接収、朝鮮人学校となる。翌21年（1946）8月12日、

5-38　大連市立大連女子商業学校

大連市日僑女子中等学校第三校となる。12月20日、繰上げ卒業式・修業式を行い、学校閉鎖。

⑤　大連羽衣高等女学校

昭和2年（1927）5月25日　財団法人大連語学学校理事長岡内半蔵個人が関東長官の認可を

5-39　大連羽衣高等女学校

受け、羽衣町の大連語学学校内に、私立羽衣女学院を創設。同5年（1930）3月3日、高等女学校の設立認可を得て、羽衣女学院を大連羽衣高等女学校と改称。同6年（1931）1月30日、火災により校舎消失。2月2日、仮教場を大連女子商業学校内に設け授業継続。同年（1931）4月、焼け跡に仮校舎建築、復帰する。昭和7年（1932）10月8日、伏見町8番地に新校舎完成し、移転。同9年（1934）本館3階、および講堂の第2期工事完成。昭和18年（1943）4月、指定校制度となり、常盤小、伏見台小、光明台小、聖徳小、下藤小卒が入学。同20年（1945）8月22日、ソ連進駐により一時休校。同21年（1946）3月羽衣高女としての最後の卒業式を挙行、4月30日芙蓉高女と合併。昭和21年（1946）5月9日、芙蓉高女校舎にて、二部授業始まる。8月12日、大連市日僑女子中等学校第二校となる。12月20日、引揚げ開始のため、繰り上げ卒業式および修業式を挙行、学校閉鎖。

⑥　私立大連高等女学校

　昭和10年（1935）5月8日、大谷光瑞が日満両国の親善と植民地解放の一礎石、そして「大東亜共栄」の理想のもと、中国・朝鮮の子女を受け入れ、商業科を特設して実学教育を目指す。同年6月20日、播磨町72番地、大連幼稚園を仮校舎として開校。第1回生4学級230名の入学式は、西本願寺において挙行。昭和11年（1936）5月、回春街21番地に鉄筋コンクリート2階建ての新校舎落成、1学年243名、2学年230名移転する。同20年（1945）10月中国側に校舎接収され、学校閉鎖。在校生（8、9、10、11回生）は市内各女学校に分散転入。

5-40　大連高等女学校

⑦　私立大連昭和高等女学校

　大正11年（1922）、高塚源一、大連女子工芸学舎を起こし、翌12年（1923）6月15日、大連女子工芸学校と改称し、常盤町1番地に移転。昭和3年（1928）2月17日、大連技芸女学校と改称し、社団法人組織となる。同4年（1929）12月5日、桔梗町121番地に校舎新築、移転。同7年（1932）1月12日、学則変更し、本科3年、専攻科1年とする。11月家庭科（1年制）を創設。同9年（1934）12月18日、大連女子専修学校と改称。同12年（1937）4月1日、

大連昭和高等女学校と改称。昭和20年（1945）10月、南校舎及び運動場をソ連軍に接収される。同21年（1946）3月第16期生卒業式。8月16日旧校舎を大連市政府に接収され、廃校。

⑧ 関東州庁立大連芙蓉高等女学校

昭和16年（1941）4月1日、関東州庁立大連芙蓉高等女学校開校し、聖徳小学校を仮校舎として200名の一回生が入学する。同17年（1942）9月、蔦町40番地苗圃に完成し、移転する。同20年（1945）3月1回生卒業。4月、2回生の動員が始まり、中央試験所・関東州庁・若本鉄工・保健所などへ分散配置され、登校日は週1日となる。昭和20年（1945）夏、一部は動員を解除され、代用教員の速成教育を

5-41　大連昭和高等女学校

5-42　大連芙蓉高等女学校

受けるため、神明高女へ数週間通学の後、それぞれの小学校へ分散して実習する。同21年（1946）4月、羽衣高女生徒を本校に収容、羽衣高女と合併。8月12日、大連市日僑女子中等学校第二校となる。12月20日、3回生繰り上げ卒業。学校閉鎖。

● 専門学校・その他
① 南満洲工業専門学校

明治44年（1911）3月16日、南満洲鉄道株式会社が南満洲工業学校の設立を申請し、関東都督の許可を受け、5月20日、工業実習として77名の入学を許可し、即日大連および撫順にて学科及び実習を開始する。翌45年（1912）2月16日、児玉町所在の満鉄所有建物を仮校舎とする。学則制定、中等実業学校の制度を彩り、生徒定員400名とし、建築科、土木科、採鉱科、電気科、機械科の5科に分かち、就業年限は4年とし、全寮制とする。大正3年（1914）3月8日、伏見町の新校舎へ移転。4月1日、撫順分教室を設置（大正10年（1921）5月廃止）。大正11年（1922）2月18日、満鉄は、南満洲工業専門学校設立の旨、告示し、同日学則制定され、建設工学科（土木建築・鉱山土木・農業土木）、機械工学科（電気・耕筰機械・鉱山機械・鉄道機械を）を設置され、就業年限は3カ年とする。5月1日、工専入学式、10日より授業開始。

5-43　大連南満工業学校

大正11年（1922）5月20日、専門学校令による満鉄立南満洲工業専門学校設立、開校式を挙行する。同15年（1926）3月1日、南満洲工業学校廃止、12回生の卒業をもって終了。昭和11年（1936）2月19日、満鉄社告により、建設・機械の2工学科を廃し、建築・土木・農業土木・鉱山・電気・機械の6工学科を置く。4月1日　附設職業教育部を、附設工業実務学校と改称。同12年（1937）10月1日　臨時技術員養成所を開所。電気科、機械科、採鉱科の3科を設置。同14年（1939）4月1日、附設工業実務学校を鉄道公務員養成所と改称し、大連鉄道学院に移管。同4月1日、通信・応用化学の2工学科を増設し、8工学科となる。昭和16年（1941）5月20日、創立30周年記念式典挙行。同20年（1945）3月14日、学校授業1ヵ年停止（ただし、国民学校を除く）。

② 大連高等商業学校

昭和11年（1936）11月17日、福海茂次郎（浪速町、白木屋洋服店主）拠出の浄財による財団法人大連高等商業学学校が認可設立され、同12年（1937）4月18日、私立大連高等商業学校開校。第1回入学式（120名入学）。4月19日、早苗高等小学校の一部を借用し、仮校舎にて授業開始。4月20日、専門学校令による指定を受け、学友会発足。文芸、馬術、射撃、武道、競技、球技の各部が組織される。4月25日、第1回別科入学式（58名入学）。同13年（1938）4月25日、学友会、国防部（射撃部、馬術部、航空部、軍事研究会）、武道部（柔道部、剣道部）、競技部（陸上部、氷上部）、野球部（野球部、ラグビー部）、同好会（庭球、籠球、排球、体操）に拡充される。同年9月29日、光明台校舎落成につき移転。昭和14年（1939）7月1日、応援団発足。同15年（1940）3月1日、第1回本科卒業式（卒業生94名）。同窓会設立発足。同19年（1944）4月1日、大連経済専門学校と改称。廃校となった大連早苗国民学校跡へ移転し、光明校舎は光明寮となる。

5-44　大連高等商業学校

● **特殊教育機関**

① **大連育成学校**

　明治40年（1907）9月1日、満鉄独自の社員養成学校として、乃木町7番地に創設。高等小学校卒業後4年修業の中堅社員養成機関。

② **大連鉄道教習所**

　満鉄の鉄道事業に従事する技術員を養成する機関として、乃木町7番地（大連育成学校と同所）に設置された。中学校卒業後、一年修業の中堅社員養成機関。のち大連鉄道学院となる。

③ **南満高専附設　工業実務学校**

　大正7年（1918）5月25日、伏見町14番地の南満工専内に附設職業教育部を設け、昭和11年（1936）4月1日、南満工専附設職業教育部を、附設工業実務学校と改称。昭和14年（1939）4月1日、附設工業実務学校を鉄道工務員養成所と改称し、大連鉄道学院に移管する。

④ **大連語学校**

　大正9年（1920）2月13日、岡内半蔵により、日本人には国際都市ととしての必要から英仏独露支の外国語を、中国人青年のために日本語を教授するを目的として創設され、4月1日、天神町1番地大連商業学校の一部を借用して仮校舎に充て、開校。大正9年（1920）4月5日、授業開始。同13年（1924）9月1日、羽衣町新校舎へ移転。昭和6年（1931）1月30日、火災により校舎全焼。仮教場を大連第一中学校内に設けて、授業を継続する。同年4月、新学期から授業を開始し、姉妹校なる羽衣高等女学校を直接大連語学校財団の経営に移す。昭和7年（1932）10月8日、伏見町8番地に新校舎建築。

⑤ **満洲法制学院**

　大正9年（1920）8月、当時の大連市長村井啓太郎院長となり、満鉄社員などを講師として在住邦人子弟に法制経済の知識を教育するために創設。一週12時間1年制をもって授業を開始。同11年（1922）5月1日、一年生を2年制に変更。同12年（1923）1月4日、関東庁より私立学校の認可を受ける。同14年（1925）5月、学科程度を改正し、授業時間を17時間となり、11月社団法人組織とする。昭和4年（1929）、7年（1932）、8年（1933）各年に、課程を更正し、昭和10年（1935）当時、一週15時間制となった。

⑥ **大連音楽学校**

　大正15年（1926）2月、南満州教育会教科書編集部の職員だった音楽家の園山民平が大連音楽学校を創立し、播磨町所在の幼稚園を仮校舎として、生徒の育成に努めた。昭和9年（1934）5月現在、4学級、教員数4名、生徒数207名。幼稚園の東隣に校舎があった。

⑦ 関東盲唖学校

　昭和3年（1928）12月、大広場小学校内に附属として、試験的に仮教場を設け、授業を開始。4年（1929）10月　関東庁当局では、日本人の盲聾唖者を収容し、これに普通教育を授けるため、関東庁盲唖学校規則を制定し、大連に学校を設置して児童身体の発達を擁護し、道徳教育、国民教育の基礎ならびにその生活に必須なる知識技能を授けることを本旨とした。同5年（1930）4月、山吹町51番地に関東盲唖学校を開校し、大広場小学校附属仮教場は廃止し、その生徒は山吹町61番地の寄宿舎に収容した。また、従来大連盲唖学校なる私立の存在もあったが、これも同様に収容した。

⑧ 南満商科学院

　昭和5年（1930）9月10日、高等商業講習会を開催し、基督教青年会館内に仮教室を設けて、中等学校を卒業し昼間勤務中のため、高等商業程度の夜学を設置した。10月6日、生徒数125名を基礎とし、南満商科学院設立を出願する。同6年（1931）8月10日、関東庁より私立学校としての設立認可を受ける。同7年（1932）4月、学校中改正の認可の指令を得て、卒業年限1ヵ年とす。昭和10年（1935）現在2学級で生徒数95名。基督教青年会主事、稲葉好延院長事務取扱を兼ね、大学および高商出身者に講師を嘱託する。

⑨ 満洲電信電話㈱社員養成所（関東逓信講習所）

　関東逓信局が電信電話事業に従事する技術員を養成する目的で、関東逓信講習所を設置。昭和8年（1933）9月1日、従来、関東逓信局が管掌する電信電話事業を一括して統制するために、日満国政府の協約に基づき、日満合弁による満洲電信電話㈱を設立。関東逓信講習所も満洲電信電話㈱社員養成所として移譲される。満洲電電社員養成所は、白菊町111番地に所在。

⑩ 商満工専附設　技術院養成所

　昭和12年（1937）10月1日、伏見町14番地で、商満工専附設として臨時技術員養成所を開所。電気科、機械科、採鉱科の3科を設置。同13年（1938）10月1日、附設臨時技術員養成所を附設高等技術員養成所と改称。応用化学科を増設。

⑪ 双葉学院

　羽衣町（常盤小学校の西裏側）に大連組合教会と隣接してあり、双葉幼稚園併設。

●旅順の各学校
① 旅順工科大学

　明治41年（1908）1月、関東都督大島義昌らが旅順工科学堂設立について政府に建白書を提出し、翌42年（1909）9月旅順工科学堂規則が制定され、翌年（1910）3月旅順新市街札幌街に定め、4月1日、各府県中学校長の推薦に依る入学志願者中117名に入学が許可され、同

月20日より授業が開始された。大正11年（1922）3月、旅順工科大学官制が公布され、大学の外大学予科及び附属高学専門部が設置され、旅順工科学堂は廃止となる。同15年（1926）5月には大学授業開始式が挙行された。昭和4年（1929）3月、大学第1回卒業生50名に卒業証書が授与される。

5-45　旅順工科大学

② 旅順師範学校、旅順女子師範学校

旅順師範学堂は明治38年（1905）9月、中国人の旅順工科学堂入学生の予備課程及び、現地公学堂教師養成のため設置されたが、その後大正7年（1918）～大正13年（1924）にかけて師範教育を強化した。一方関東州には日本人学校の教員養成機関がなかったので、師範学校卒業生や現職の教員の中から選抜して迎え入れていた。そのため官

5-46　旅順師範学校、女子師範学校

制を改正し、大正9年（1920）附属教員養成部を設置し、関東州教育にあたる新来教員に中国語および中国事情等の学科を設けた。しかし学校の急増が続き、大正12年（1923）以降、募集を停止した。

小学校では女性教員必須であることから、昭和4年（1929）より、旅順高等女学校に補習科乙種を設置し、2ヵ年の修業期間で小学校教員免許を授ける課程を設けた。昭和11年（1936）5月、男女寮師範学校が新設合併された。18年（1943）3月8日、旅順師範学校は専門学校に昇格したが、20年（1945）終戦により、女子部25名のみが卒業した。

③ 旅順高等学校

昭和15年（1940）以来、満洲の学校体系について研究をするため、その成果を関係方面へ連絡していた南満洲教育研究会は、満洲に既存する二大学を中核として、文理科各分野の大学を設立し、満洲総合大学の設立をはかるとして関係省庁へ働きかけていたが、その内海外には初の旧制高等学校を旅順に設置することを文部省が認めた。

5-47　旅順高等学校

5-48　旅順医科専門学校

④ 旅順医科専門学校

　昭和11年（1936）、関東軍は新京へ、関東州庁は大連へ去り、旅順の人口が急速に減少、旅順の衰退を嘆きながら、長古三郎（弁護士）から医学校の基礎医学に必須の人体解剖人体確保の情報を得た薬局長宮九世男が、附属医学校設立の可能性構想とともに、旅順市街の活性化の施策を謀ったのであった。

　関東庁による地域振興策には便乗できず、自治体後援の可能性を思案し、薬品業界への寄付金による医学校立ち上がり資金調達に走った。

　昭和14年（1939）4月14日、関東局法規提要、通称第48号によって、旅順市鮫島町に旅順医院附属医学校として発足。

2 ❖ 映画館・劇場

（1）黎明期の活動写真

　日露戦争の戦火終息し、大連の邦人渡航が日々増加の一途をたどる中、荒涼として趣味少なき満洲にあっては、劇場の必要が急務となった。やがて東京座、井筒座、常盤座、恵比寿座等の所謂芝居小屋ができたが、その時代もすでに去り、愛宕町・敷島町角に株式組織の歌

舞伎座が建築され、大連にも本格的な劇場が始めて完成の域に達した。城内は千人の観客を収容でき、外観も帝都第二流の劇場に譲らなかったが、ただ俳優の技は三府（東京、大阪、京都）に比して常に遜色が見られたのは否めない。その後、若狭町に日の丸座ができて、二劇場となったが、いずれも規模狭隘、そのほかの設備等完全と言い難く、当市における娯楽場としては甚だ遜色なきを得なかった。

満洲で活動写真が上演されたのは、明治39年（1906）2月、岡山孤児院一行の慈善音楽活動写真会が大連に来たのを嚆矢とする。内容は『旅順口海戦』『マッキンレー大統領の葬儀』『岡山孤児院の実写』などで、資金募集が目的だったが、結果は大成功であった。また、その年5月には、基督教青年会が音楽会の余興として活動写真『胡蝶の舞』などを写し、これも好評を博した。

5-49　基督教青年会館

5-50　大連歌舞伎座

明治41年（1908）、ハルビンからロシア人が写した活動写真を大連の千勝館の大広間で芸妓温習会に加わって映写し、寄席の大山館ではフランス人ブラース大活動写真の余興が評判をとった。そして明治42年（1909）12月、東京エム・パテー商会は、最新物の映画フィルムを携帯して来連し、歌舞伎座において興業を始めた。このことにつき、満洲日日新聞に記事掲載があるので転載する。

◉明治42年12月7日　『活動写真の好評』フィルムは殘らず最新物

　東京Мパテー商会は、特に満洲に於て活躍すべく独特のフィルムを携帯し来り、五日より歌舞伎座に於て興業を始めたるが、写真は孰れも最新中の粋を抜き、風彩画と滑稽物と魔術物とに論なく、頗る珍奇のもののみにして色も極彩色及び原色とも非常に鮮明なれば、見物の喝采に歌舞伎座も割る計りの好人気にして、五日は初日なるにも係らず約九分通りの入場者あり。書き入れの小学校生

徒等も多数見受けられしが、この側の大喝采を博したるは「至誠忠愛小国民」と称する長尺ものにて、時を日露戦役当時に取りたれば聊か時節後れの感あるも、お愛忠吉と呼ぶ兄弟のいぢらしき心がけに、温厚なる教師と朴訥なる親爺を配して背景を田舎にとってあるに加へて弁士は仮言を交へて説明するといふ趣向なれば、大人まで釣り込まれて鳴きを静める始末。伊藤公国葬の実況は霊柩横須賀着の光景より日比谷公園内の式場及び埋葬地に向ふ行列などずいぶん長尺なれど、当日雨天なりし為め映画の鮮明を欠き居れると。会葬者は馬車の幌を深く垂れたれば、只馬車の行列を見るばかりなるは遺憾なり。国技館における大角力何時見ても面白く、風景にては伊太利ヴェニスの風光、魔術にては葉巻函、滑稽ものにては月の夢、おとぎものにでは妙々護符、大いに受けたり。ちなみに同商会は現に多数のフィルムを携帯して居るのみならず、時々電報を以て東京より取寄せ居れば、毎夜同一写真を出すが如きことなしといへば、近頃芝居や寄席の平凡に厭きた市民には持って来いの観物ならんか。

● 明治42年12月13日　『活動写真劇』（歌舞伎座）
　Ｍパテー会社が打揚げた翌日から活動館地方興行部が乗込んで、やはり活動写真を興行してゐる。東京での流行はいつの間にか満洲へも移って、近来は大分所々の舞台へ活動写真の白布を引っ張り廻す様になった。今度の活動館のも声色、囃子、義太夫入で、無暗と観客を喜ばせてゐる。映画の種類は西洋物を大分持って来て居る様だが、呼物にしてゐるのは新派劇の松風村雨と旧劇の赤垣源蔵で、前者は三千五百二十八呎という長尺物。高田、藤沢、木下、喜多村、五味等の当り役を撮したので、素より写真だから到底舞台で味ふ程の感興は得られないが、それでも北浦家庭園の場等になると泣てゐる女客があるから妙だ。後者の赤垣は水野、若水、村田といふ顔振れださうな。前者では木下、後者では水野が最も鮮かにそれと首肯れる。土屋松寿の声色は器用なもの、弁士には秋月歌子といふ頗るハイカラの別嬪が出るので、大向ふは割れる程動謡めいてる。余興には電光作用彩色美人モデル何とかで、秋月歌子が裸体に成って什麼とかするといふ恐ろしいのがあるはずだが、初日の故で演れなかったのはまず以て助かった。

　大正3年（1914）10月、基督教青年会がイタリア、ナネス社の『クオ・ヴァディス』を輸入し、歌舞伎座で公開したが、これが満洲でまとまった劇映画として上映された最初の作品だった。この映画大連の文化人をも驚かせた。つまり、それまで活動写真は低級なものと見做されていたが、新しい娯楽、芸術であるとして未曾有の成功を収めた。
　翌大正4年（1915）4月には、基督教青年会がフランス、パテー社の『噫無情』を歌舞伎座で上映し、これまた成功を収めた。
　ついでだが、当時連鎖劇というのがあった。スクリーンが消えると舞台で弁士や素人の連中が芝居をする。又映画が場面をつなぐといった仕組みで、現在の映画感覚では考えられないセンスである。

(2) 活動写真館と弁士の活躍

　大正10年（1921）頃の大連の映画館について、篠崎嘉郎著『大連』の記事を見てみよう。

同年12月15日、大阪屋号書店の発行である。そこには次のような記事が掲載されている。

「第八節　劇場及常設活動写真館」
常設活動写真館の所在は、次の如くである。

名称	所在地	建物坪数	収容人員
浪速館	浪速町三丁目	124坪	900人
高等演芸館	三河町32	105坪	900人
花月館	信濃町115	166坪	970人
宝　館	岩代町30	90坪	600人
朝日倶楽部	沙河口三区34	未詳	570人
電気館	伏見台電気遊園内	109坪	572人

（大正9年当時、大連の映画館は以上6館であったことが判る）

備考：1. 入場料は、劇場は劇の種類に依り其の都度定め、常設活動写真館は特等六十銭、並等三十銭、小児並びに学生は半額。
　　　2. 中国劇場を除き其の他の劇場及び活動写真館に於ける座布団料は一枚七銭、火鉢一個十五銭、茶代十銭。

　その後、大正13年に花月館は「帝国館」と改名。
　　　大正10年には電気遊園内の電気館は撤去。
　　　昭和3年に浪速館は火災類焼により消滅。
　　　昭和に入って高等演芸館は「映楽館」、更に「太陽館」と改名。

　明治から大正にかけて活動大写真といわれた頃、映画館の座席は温室式の古風なもので、椅子席ではなく畳敷き、映写機も旧式アーバンが使用され、当時の映画はサイレント・無声映画なのでジンタによる伴奏付きで、スクリーンの横に弁士席があり、弁士が喉を絞って悲しい物語を更に悲しく説明していた。
　この活弁と言われる人達の羽振りは大したもので、送り迎えには人力車が付く。また、お客の方でもあの館の弁士は学があるとか、色街の姐さんたちにももてるとか、映画そこのけの人気だった。その頃の弁士には小笠原雷音、洋画の岩崎彦一、松葉紫郎等が大連では一流とされていた。東京からも徳川夢声や大辻司朗、松井翠声等有名な弁士が相次いで来連した。
　大正の末期から昭和にかけて、大連の映画界は長足の進歩を遂げ、弁士と伴奏には各館とも力を入れた。その頃には弁士と云わずに解説者と称し、各常設館には日本同様名物弁士が控えていて、力を誇っていた。例えば帝国館には洋物を得意とする大山峯月、日本物が得意の橘桂外がいたし、大日活には白藤六郎が名解説者として重きを成した。設備では比較にならないほど高い協和会館でも弁士を無視することは出来ず、解説者に関して常設館の応援を受けなければならなかった。また、協和会館での伴奏は贅沢にもヤマトホテル管弦楽団を使っていたから、大連の常設館で真似が出来ず、協和会館の出現が満洲の映画界に及ぼした影

5-51　日活館落成記念（1929・秦所蔵）

響は大きかった。

　一流ホテルのヤマトホテルでは試写会が初めて開かれ、ヤマトホテル管弦楽団の伴奏で2円の会費を取った。これが上流階級の歓迎を受け、次いでイプセンの『亡霊』も上映されたが、以来大作はホテルで試写会をする例となり、満鉄協和会館ができるまで続いたのである。

　大正14年（1925）春、大連満鉄社員倶楽部が新設、映写機は当時の優秀機だったシンブレックスが設置された。続いて、昭和2年（1927）、諸設備の完備した満鉄協和会館が設立され、以後映画の上映は協和会館で行われるようになった。これは儲かりさえすればよいと十年間、ボロ小屋とアーバンの旧式映写機で過ごしてきた大連の常設館に対する大きな警鐘ともなったのである。

　大連の映画愛好者によって「満鉄映画協会」という鑑賞グループも生まれ、ドキュメンタリー映画作家となる満洲日日新聞社の芥川光蔵、大毎支局の水野新章、満鉄映画班の能登博、吉田晋、のちに新京記念公会堂書記長となる真殿星麿、或は映画評論家がメンバーだった。彼らは映画界の発展と向上を目的とし、常設館側をリードすることとなる。よい映画がくれば彼らは試写会を開き、衆議によって「満洲映画協会」推薦となれば、各自が批評を書き、芥川が満日に載せたのである。結果として、それが宣伝となって観客が集まったため、興行側も新聞利用を知り、映画広告を載せる契機にもなった。

　こうしたことで見られる通り、満洲の映画状況は、普及こそ常設館や興行師の手によって行われたが、その発達は基督教青年会、満洲映画協会、満鉄協和会館、そして大連の全映画人を網羅した満洲映画人協会の活動が大きかった。

(3) オールトーキーの出現

　昭和2年（1927）、関東州に興行並興行場取締規則が発布された。これは映画館が余りに粗末なために作られた法令であり、三年の期限で改築命令を出し、最低限階下だけは椅子席にするように改造された。その程度は当然という向きもあったが、興行者の立場からすれば、座布団、火鉢などの特殊収入がなくなることであり、興行主は、それさえも嫌がった。だが、市民の映画館改造への要求は強く、満鉄の設備の整った協和会館が出来たために館主たちも時代の趨勢を意識せざるを得なくなった。

　昭和2年（1927）、発声映画（トーキー）の試作品ともいえる『物言う写真』が大連劇場で公開されたが、雑音が酷く見られたものではなった。

　翌昭和3年（1928）には協和会館で『素襖落し』が上映されたが、これも同様であり、大連

では初期のトーキーは相手にされなかった。この長唄所作『素襖落し』は松本幸四郎、澤村訥升などが出演し、前年に昭和キネマによって作られたばかり、帝国ホテル演芸場での試写が10月17日であり、日本での公開直後に満洲に持って来たことになる。

　つまり、日本と当時の満洲、特に大連における映画状況は殆ど差はなく、満洲は「地の果て」でもなければ「文化果つる国」でもなかった。

　昭和4年（1929）、フォックス・ムーヴィ・トーン撮影班一行が来満し、ポータブル映写機によってトーキーの上映を協和会館で行った。これが満洲におけるトーキーの最初であり、雑音の全くない再生音に観客は驚いたという。

　活動写真が登場したのが明治30年（1897）だが、無声映画に声を出させることは映画ファンの長い願望であった。それが昭和6年（1931）、トーキーが遂に出現したのである。国産オールトーキーの第一作は、松竹の「マダムと女房」である。この年3月、トーキー出現に刺激され、協和会館がウエスタン式を装置し、館内の諸設備を完備することになった。これは一般の常設館設備の改善気運となり、大連を始め沿線都市のトーキー化を促進することになった。

　昭和8年（1933）頃から本格的なトーキー時代を迎え、論争が激しくなり、無声映画時代を謳歌していた各館の弁士や楽士たちの生活を直撃することになり、解職抗議ストも行われたが、結局巨大な文明の車輪には抗す術もなく、わずかな手当で退職せざるを得ないことになった。（上記（1）（2）（3）の記述については山口猛『哀愁の満洲映画』の文章を多数転記させて頂いた。）

(4) 新聞紙上を賑わす映画広告

　昭和10年（1935）1月1日付けの満洲日報に「春の映画界」として記事と写真が例年のように掲載されているので紹介する。

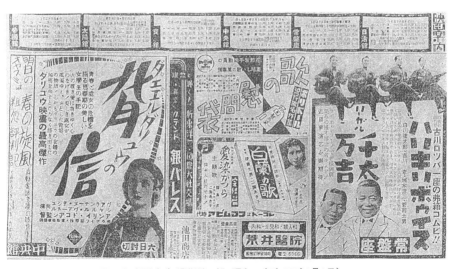

5-52　新聞紙上を賑わす映画広告（「満洲日報」昭和10年（1935）1月1日）

- ◎　日活館（千恵蔵映画「朝風三尺刃釼」）
- ◎　映楽館（新興キネマオールトーキー「唐人お吉」）
- ◎　帝国館（日活現代劇「巌頭の処女」）
- ◎　常盤座（伊太利映画「征空大艦隊」）
- ◎　宝館　（大都映画、阿部九州男「次郎長代り旅」）
- ◎　中央館（蒲田オールトーキー「春江の結婚」）

　以後もこの6館が封切館で、中には製作会社とタイアップした全面広告などが新聞に掲載され始めた（通常映画の広告は制作会社がその地の封切館名を入れて出す）。

　昭和11年（1936）1日付けの満洲日日新聞の朝刊5面に、帝国館が新興映画とタイアップした「新興映画の頁」、同6面には日活館が「日活の封切り映画をラインアップ」して全面広告で紹介している。

　さて、昭和14年（1939）1月1日付けの満洲日日新聞の映画の広告を見てみる。

- ◎　帝国館（東宝、エンタツ・アチャコの「水戸黄門漫遊記」エノケンの「法界坊」杉狂児の「蒙古の花嫁」）
- ◎　太陽館（松竹、佐野周二・高杉早苗の「愛より愛へ」）
- ◎　宝　館（新興キネマ京都、森静子「烈女競艶録」）
- ◎　中央館（松竹大船、田中絹代・上原謙「お加代の覚悟」）
- ◎　常盤座（日活、嵐寛寿郎「出世太閤記」）

　以上で各館と製作会社の関係の概略が分る。

　常盤座をはじめ他館でも洋画を封切していたが、戦争の関係で独・伊の映画が多くなった。

　昭和11年（1936）にベルリンで開催されたオリンピックの記録映画「民族の祭典」「美の祭典」の二部作が、昭和15年（1940）に至って日本で公開され、前後4時間にわたる大作に、今までにない感動を受けたことが忘れられない。

　第一部の「民族の祭典」では、古代オリンピックの紹介であるが、その時に体育の型をポーズしたシルエットの裸体の男女の映像に度肝を抜かれてしまった。陸上競技が主で、外人選手に混じって日本の棒高跳びの西田・大江の両選手の健闘ぶり、一万米で四位の村社選手、マラソンの朝鮮人選手孫基禎（当時は日本の植民地だったので、一応日本として出場）などの映像に大喜びをしたものである。第二部は水泳競技が主で、前畑・葉室・寺田選手らの活躍が目立った。

(5) 大連における映画最盛期

　昭和14年（1939）5月30日、国際観光案内出版部発行の『大連、旅順、観光案内』では、大連の映画界について、次のように紹介している。

「映画界」

第七芸術の映画が科学の進歩に伴って、無声から発声に、単色から天然色に、平面から立体にと恐ろしいほどの進み方である！新興満洲国のゴールデン・ゲートとも言うべきグレート大連は、アメリカ物はこの処、為替統制の関係からあまり輸入をみないが、友邦独逸や伊太利物の深味のある映画やフランスその他の欧州物は枚挙に違なく封切られているので不自由は感じないのである。

又、内地より奥地に向うフィルムが総て此処を通過する丈に、従って往き復りに映写されるので、ファンも恵まれるわけである。

観光都市大連で、永い旅の疲れ休めに一つ映画館にでもお出掛けになっては、如何ですか！！

映画館・劇場

館　名	営　業　所	代　表　者	電　話
日　活　館	磐城街23	倉重　忠夫	2-8825
中　央　館	西広場	南　大次郎	2-1333
常　盤　座	常盤町2	小泉　友男	3-2293
帝　国　館	信濃町33	小笠原雷音	2-6954
太　陽　館	近江町	上谷　由蔵	2-6307
宝　　　館	岩代町36	平田　貞助	2-3758
松　竹　館	黄金町15	深海　秀一	4-9068
朝　日　館	巴町63	守永　勇	4-9666
大連劇場	若狭町23	柴崎　時蔵	2-3938

中国人劇場

宏済大舞台	奥町56	合　資　会　社	2-4760
新世界大戯院	日新街10	王　樹　権	2-3938

「劇　　場」

日本人向きの劇場は大連劇場・常盤座（後者は映画兼営）の二座であるが、別に満鉄経営の協和会館というのがあって、折りにふれて東都梨園の一流花形を満鉄が招聘して在大連人に比較的安価に観覧さす事がある。常盤座に於ても同様であるが。

以上、映画館は6館を数え、他に沙河口地区に2館がある。劇場は若狭町に大連劇場の一カ所である。

(6) 忍び寄る軍靴の下に

このようにして気分も一新した大連映画界に、更に発展させるために、時の大連警察署映画検察官今井民雄の提唱によって、大連映画協会が発足した。また映画配給者、館主、従業

員の協力によって、優秀な内外フィルムがさかんに上映されるようになった。

長谷川一夫の「雪之丞変化」や、「阿部一族」、ゲーリー・クーパーの「モロッコ」、ラフトの「ボレロ」などの名画が上映されたのはこの時期で、大連の映画全盛期ともいうべき時代であった。

しかし、このよき映画時代も永くは続かなかった。昭和12年（1937）7月、北支蘆溝橋に起こった紛争は、上海に飛び火し遂に日中戦争に発展した。

戦意高揚に外国フィルムが、具体的にどのような不都合があったのかよく解らないが、大連映画配給者の所有する外国フィルム四百三十巻を消防署の中庭に集め灰にしてしまった。この中には「ベンガルの槍騎兵」「女優ナナ」、セシル・B・デミルの「クレオパトラ」など、多数の貴重なフィルムが含まれていた。

この後、外国映画は日独伊協定により、ドイツとイタリアの映画が時折上映されたが、「麦と兵隊」「爆弾三勇士」などの軍国物が幅をきかした。藤田進主演「加藤隼戦闘隊」（昭和19年（1944）3月）、「一番美しく」は今でも忘れられない。殊に「一番美しく」（昭和19年（1944））は、「姿三四郎」に続く黒澤明監督の第二作、光学工場の女子工員たちの日常を描いた矢口陽子主演の作品で、女子を描くのが下手と、後年よく言われた黒澤が、女性の初々しさ、バイタリティーに限りないロマンを抱いていることを示す作品でもある。キリリと鉢巻を締めた凛々しい姿は、今も頭に浮かぶ。後に矢口陽子は黒澤夫人となるが、すでに鬼籍の人となった。

この映画と同じころに「ああ紅の血は燃ゆる―学徒動員の歌」がよく歌われた。
　一、花も蕾の若桜　五尺の生命ひっさげて
　　　国の大事に殉ずるは　我ら学徒の面目ぞ　ああ紅の血は燃ゆる

戦局急を告げ、工場勤労者の不足を補うため、中学校、女学校の上級生はペンに変え旋盤を持てと命じ総動員をかけた。誠に悲壮感溢れるメロディーだった。平成6年（1994）に逝った家内がよく口遊んでいたので、「一番美しく」とダブって思い出されるのである。

昭和18年（1943）後半には、配給系列も白系と紅系に二別されて、新しい映画もそれほど作られず、昭和19年、20年には再映物が多くなり、ニュース一辺倒に急変した。松竹の「花」、大映の「歌う狸御殿」がその頃まで大連で上演されていた映画だったと思う。昭和20年（1945）夏、終戦直前に中央館で上映されたその「花」の場面の中で、美味しそうなケーキを見て、溜め息を吐いたことなど（この映画は再映ものだったので、無論戦前の描写があったのだ）、あの頃は食べ物に随分と飢えていたものだ。

終戦時は、各館ともソ連に接収され、中央館はプログレス（進歩）、太陽館はラドガ（虹）、協和会館はロコモチーフ（機関車）と、それぞれ改名され、「石の花」や「シベリア物語」などのソ連カラー映画が上映され、その美しさに驚嘆させられた。

(7) 電気館（当初演芸館）

大連在住の日本人にとって、映画は庶民的な娯楽の一つであった。明治の末から大正の中

期にかけて最も古い映画館は、満鉄直営の娯楽場・電気遊園内に設けられた「演芸館」である。それは明治42年（1909）12月31日付、『満洲日日新聞』の"新春の演芸界"という記事の中に活動写真館としてすでにその名が出ている。これが満洲で初めての映画常設館、有料活動写真館だった。左右2棟のボーリング場に挟まれたこのアーチ状の活動写真館は、初めは幻灯や活動

5-53　大連伏見台電気遊園地三大館の夜景

写真、綺麗処の手踊りなどをやっていたが、2、3年して洋画専門館になり、「電気館」と改名した。当時日本全国を席巻したフランスの犯罪映画「ジゴマ」も明治44年（1911）に、この電気館で上映された。

　遊園地の目玉の一つに一年を通じて行われた夜間のイルミネーション点灯があった。これは、それだけ余剰電力を供給できることを誇示しているに他ならず、満鉄の存在を宣伝するのに役立っていた。ボーリングは、当時東京、大阪にもなかった新遊戯で、明治42年（1909）12月に大連ボーリング愛好会ができ第一回の競技会が催された。ただし、この「電気館」は大正10年（1921）に両隣りのボーリング場と共に撤去され、跡地の高台には昭和13年（1928）10月に「小村寿太郎侯爵」の銅像が建立され、遊園地の名も小村公園と改称された。

　ここに明治末年頃の一少年のエピソードを一つ。露西亜町に住むその少年はよく西広場まで足を運び、西通りから遠く常盤橋の先に見える電気遊園高台の映画館の屋上に翻る旗を探し求めたものである。当時この映画館は洋画専門で、週に2、3回しか開演されず、開演日には屋上に旗が出る。旗が見えれば、今日はあるぞ！　と胸弾ませて出掛ける。いかにも少年洋画ファンと思われるが、ちょっと他にも訳がある。実は、無声映画時代だから、まず弁士が現れて前口上を述べるのだが、ここの弁士はなんと裾長の白いドレスを着た長身の女性で、中々の美人だった。彼女が舞台の中央に進み出て、客席に向って一礼するや途端に全身の豆電球が点って満艦飾ならぬ満身飾となる仕掛けに、こういうのを文明開化というのだなと一人合点し、ほんわか気分になるのであった。

(8) 中心部に集中する映画館

① 浪速館

　次は「浪速館」で、大正2年（1913）の元旦から活動写真をやっていたいという話だから、電気遊園の電気館に次ぐ映画館であった。場所は浪速町三丁目で、大連百貨店が建つ処であり、向いは幾久屋百貨店であるが、ここも以前は大連第二勧商場があった処である。

　9月、浪速館では上演禁止とされていた「ジゴマ」が大連警察の検閲を受け「噫名探偵」と

題名を変えて上映、毎夜大入りをとったという。

館内は全部座敷で、お茶子というおばさんが、座布団やキャラメル、餡パン等を売りに来る。夏は天井の大扇風機が汚れた空気を掻きまわし、冬は四隅のストーブが赤々と燃えているといった具合の懐かしい風景だった。目玉の松ちゃん（尾上松之助）の忠臣蔵、血煙高田の馬場、または新派大悲劇「ほととぎす」など、老頭児ファンには想い出の一齣である。当時のフィルムはセルロイドで瑕が付き易く、画面に縦線が走る、俗に雨降り映画といわれていた。金色夜叉など家の中でも外でも、いつも雨で、映画とはそんなものだと思っていたらしい。

古い頃から大連にいた人たちは、勧商場といえば懐かしい想い出につながる。今でいえば、駅前のアーケード街のようなものであった。大連での最も古い記録によると、明治39年（1906）頃、露西亜町に商品陳列館というのがあって、これが勧商場のハシリで、街の拡大につれて、浪速町二丁目の浪華洋行と西の小道を挟んで第一勧商場ができた。その後浪速町三丁目の幾久屋のできる前の場所に第二勧商場ができた。続いて第三の大山勧商場が、遼東ホテルができる前の敷地で開業した。明治末には西広場の南側、後に映画館になった場所に東洋勧商場ができた。一時は勧商場時代を思わせたが、周りに優秀な専門店が出き始め、その方が品物が揃っているので、専門店とデパートの挟み打ちに合い段々と衰退の一路を辿った。洋風近代化の店や建物が増えていく中で、勧商場が押されていくのは時勢の推移で仕方がないことだろう。

弱り目に祟り目とでもいうか、昭和3年（1928）10月9日の深夜、浪速町の三丁目中央で大火災があった。この一角にあった小料理屋喜代本の女将稲葉きよしの放火で、第二勧商場18軒が焼け出されて戸数42、損害300万円に及ぶ大連三大火災の一つであった。浪速館もご多聞に漏れず類焼の憂き目に遭い、ここでの再建はならなかった。そして浪速館の方は、日活と提携して磐城町に移り、日活館となった。浪速館の後は貸ケース式の大連百貨店が建築されたのであった。勧商場の焼け跡は、長い間空き地になっていたが、昭和5年（1930）にようやく幾久屋百貨店が建てられ、買物客で賑わい、大いに市民に親しまれた。

② 太陽館（当初：高等演芸館、次に：映楽館）

明治末に西広場の南側にできた東洋勧商場も、大正2年（1913）7月に外部だけを残して「高等演芸館」という映画館に改造された。

昭和に入って高等演芸館は改築して名を改め「映楽館」と称した。帝国キネマ〜新興キネマ系の映楽館である。

いつの日か、またも最後には「太陽館」と名を変えていた。私の記憶にあるのは太陽館になってからで、ここで見たのはロッパの「男の花道」「蛇

5-54　太陽館（「映画旬報第68号」昭和17年12月）

姫様」「お島・千太郎旅傘道中」などである。

③ 帝国館（当初：花月館）

大正10年（1921）発行の篠崎嘉郎著「大連」に、常設活動写真館として信濃町所在「花月館」の名が挙げられている。マキノ映画ほか、群小映画会社作品を上映していたが、大正13年（1924）6月5日、宝館が営業不振のため、これを花月館が吸収合併し、館名を「帝国館」と改めて、東亜映画常設館となる。その後最終的には、松竹系に移行した。昭和5年（1930）暮、同地にて改築・新装となった。（地番は大正12年（1923）8月の町名改正により、信濃町115番地から33番地に変更）

5-55　帝国館（同上）

昭和19年（1944）2月、中等学校を卒えて映画解禁の自由を得るや、戦局激化の最中にもかかわらず、鎖を解かれ飢えた犬のように、連日映画に貪りつき映画館を渡り歩きした。帝国館にはよく通った方で、当時は勿論封切りものは絶無で再映、再々映ばかりだが、「男」「婦系図」「新妻鏡」「花咲く港」等を見た。「未完成交響楽」にしんみりとして心静まる思いを抱いて感動したものである。続いて風見章子と小杉勇の「母子草」、風見章子の睦子役の可憐さにまたもや感動しきりであった。

④ 宝館

「宝館」は大正9年（1920）12月31日、岩代町で開業した。

ここに宝館の古い写真がある。二階建てで中央最上部に富士山のような屋根があり、「館宝」と勘亭流で右から左に書かれている。その下に縦看板と両脇に袖看板二枚があり、中央の縦看板に「新興帝国キネマ直営、高級映画封切場」と書いてある。一階の正面入り口には、左右に祝開館の提灯や花輪がずらりと飾られ、その前に25名の男女が横一列に立ち並んでいる。カンカン帽を被っている男の人が3、4人いるので夏頃かと思われる。女の人はエプロンをかけ裾に宝館とある。客を席へ案内したり、座布団、火鉢、お茶のほか、キャラメルや餡パン等を売り歩いたりするお茶子さん達である。

当時の宝館はスクリーンの前がステージになっていて、客席

5-56　宝館　再開館記念（大正13年）

寄りに半円形で楽隊が入るスペースがあり、それはステージより低く楽士が立っても客席からは見えないように造られていた。さて、場内は一階は椅子席だが、二階は前の方が畳敷きで座るようになっていた。その後方は椅子席である。

大正13年（1924）6月5日、宝館は営業不振に陥り、花月館との合併を余儀なくされ、花月館はこれを機に帝国館と改名した。この宝館の閉鎖は大連映画界にとっても大損失でなければならず、ファンの失望は如何許りであったろう。

しかしながら、大正14年（1925）7月2日の満洲日日新聞夕刊に「ファンご期待と憧憬の名映画公開」という宝館の広告が大きく出ている。つまり、大正13年に一旦は閉館したが、翌14年の夏に再開館されたもののようである。写真は多分この再開のときのものであろう。

宝館は小泉寛がマキノ映画と提携し、永年経営して附近の店員や検番連中に人気があった。その小泉寛は、昭和4年（1929）12月、連鎖街に新設された常盤館へ移ることになった。

昭和9年（1934）頃、映画を気持ちよく見ていただくために、場内の改装などを行う、椅子席を従来ベンチ式であったものが、すべて折畳み式に換装された。

マキノキネマ、新興キネマ、大都映画などの封切館として、目玉の松ちゃんこと尾上松之助、市川百々之助、羅門光三郎、森静子など出演のものが多かったが、市民に親しまれた宝館は、終戦まで続いた。

⑤ 日活館

日活映画の大連進出を機に、旧浪速館と提携した日活本社は、昭和4年（1929）3月、磐城町に「日活館」を新築開館した。そのこけら落しには日活のスター梅村蓉子が舞台挨拶をした。同時に倉橋支配人を送り込み、日活映画の宣伝に努めた。

これとほとんど前後して、各館も競って新様式による発声装置を完備して、わずか一、二年の間に旧館とは想像も出来ない映画殿堂が次々と出来ていった。

5-57　日活館

常盤小5年生の時、学校から引率され日活館で、片山明彦の「路傍の石」を鑑賞し、クラス全員で泣いたことが、強烈な印象として思い出される。

⑥ 常盤座

大連連鎖商店街は、大連市の中央に位する常盤橋に隣接し、平面的百貨店と称する新しいシステムの下に近代的設備を有する小売商店街であって、昭和4年（1929）12月にオープン

した。その京極通りの一角に、映画の殿堂「常盤座」が誕生した。岩代町にある宝館を長年経営していた小泉寛がこの常盤座を経営するようになり、館主小泉は実弟吾郎を支配人とし、新機軸のアイディアに取り組んだ。吾郎は支配人としてだけでなく、看板も書けばプログラムの編集、新聞広告のデザイン一切をこなし、本名を隠して土生青児と名乗る説明者も兼務するなど、八面六臂の活躍をした。

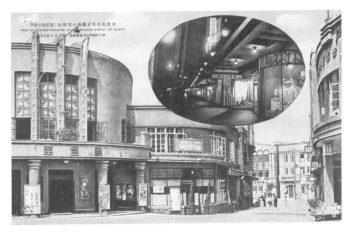
5-58　常盤座

　モダーンな独逸式建築の常盤座は、満洲唯一の設備と輪奐の美を持ち、開業当初は主して優秀外国映画専門館とし、且つトーキー映画としての高級館であった。また、一方では劇場を兼ね歌舞伎・新派を呼ぶなどして、幅広い興行を行った。収容人員1200名、休憩時間中の運動に感じのよい廊下とバルコニーを持っている。

　映画がパッと明るくなってくる話題、日曜日の午前は小学生向けのマンガ映画大会があり、「ミッキーマウス」「ベディブーブ」や「ポパイのセーラーマン」………子供には日曜の朝は楽しい天国だった。

　昭和15年（1940）5月、藤原義江歌劇団のオペラ公演が常盤座で開催された。

⑦　中央館

　昭和6年（1931）12月、西広場の北側に中央館（資本金200万円、社長南大次郎）が新築開館した。この中央館は近代的な様式を取り入れた豪華な諸設備やシンプレックス発声映画機四台の据付けなど、東京の一流映画館に比肩しても劣らない新感覚は、地の利もよく大連のファンに喜ばれた。

　上原謙、田中絹代共演による「愛染かつら」を上映した時などは、大連始まって以来の二週間続映、連日満員という記録を作った。

　かくて、日活館の開館に前後して、洋画専門の常盤座が、昭和5年（1930）暮れ、帝国館が改

5-59　中央館

（五）異郷に生きる　231

築、ここに新たに松竹映画専門の中央館の開館、更に高等演芸館を改築した映楽館（のちの太陽館）が出来て、大連の映画館は全部で6館、宝館以外は新装の威容を誇った。

　ちなみに、昭和11年（1936）には、スタープロマイドの売れ行きで人気調査が行われ、その結果は、

　男優：林長次郎、片岡千恵蔵、嵐寛寿郎、上原謙
　女優：山田五十鈴、森静子、花井蘭子、田中絹代
となっている。

　大連二中を出て、協和会館の学生映画デーでは見せてもらえなかった「暖流」「愛染かつら」「純情二重奏」「戸田家の兄妹」など、次々と貪り見たのを覚えている。

5-60　文映館（秦所蔵）

⑧　ペロケ（のちの文映館）

　昭和7年（1932）4月、大連会館、ペロケ、東亜会館、遼東ホテルの4軒にダンスホールの許可が下りた。羽衣町にあった「ペロケ」は、当時のモダンボーイやら紳士達にとって夢の殿堂だった。生バンドでダンスが踊れるのだから、贅沢の極みと言ってよかったろう。こうした中で、昭和8年（1933）9月、聖徳街一丁目にて、児玉勝美事件が起った。満洲チフスの権威児玉医博の夫人が、ダンスホール「ペロケ」で知り合った若いマドロスの愛人を痴情の果てに殺害し、博士がその死体処理に関与したという猟奇事件であった。その頃内地から訪れる満洲観光の客たちは大連に上陸するなり、まずペロケに案内してほしいと言ったという。

　昭和16年（1941）10月、戦争の時代を迎えて大連のダンスホールは閉鎖された。ペロケも廃止に追い込まれ、洋画専門館「文映館」として再生し、主として再映の洋画ものを上映していた。戦争の激化に伴い、文映館はニュース専門館に変わった。ここでは、「背信」「会議は踊る」「格子なき牢獄」などが記憶に残っている。

⑨　沙河口地区の映画館

　満鉄は、大連西郊の沙河口に約177.5ヘクタールの土地を確保し、このうちの91.5ヘクタールを工場用地として満鉄沙河口鉄道工場を建設し、明治44年（1911）から操業した。また、工場の東側74ヘクタールの土地に従業員用の住宅754戸をはじめ、小学校、病院、郵便局などの公共施設を建設した。かくて一市街地が形成されれば、沙河口神社造営の議が起こり、大正3年（1914）10月に社殿が竣工し、鎮座祭を執行した。

　当然ながら、娯楽施設として映画館要望が高まり、巴町に「朝日倶楽部」（のち「朝日館」）、黄金町に「松竹館」の2館が出来たが、詳細は知れない。

(4) 劇場と中国劇場

大連劇場が、大正11年（1922）5月、若狭町四丁目の壱岐町電車通りに面する角地に竣工・開場した。その昔、若狭町に日の丸座という劇場があったということであるが、それとの関係は一切不明である。収容人員1100人、大連歌劇協会、歌劇団、少女歌劇団等の常設館の他、文芸関係団体が使用してい

5-61　宏済大舞台

た。観劇人の社交場として、紳士淑女が着飾って出入りしていた。そして格好のお見合いの場として利用されていたようでもある。

昭和15年（1940）9月、新協劇団の大連公演はここで行われた。俳優には、三島雅夫、信欣二、宇野重吉、細川ちか子、滝澤修、小澤栄太郎らがいた。昭和20年（1945）3月、大連劇場にておいて、大連、奉天、新京、ハルビンの四大交響楽団と辻久子による合同演奏会が開催された。

中国劇場には、奥町の一角に宏済大舞台と、西崗子・露天市場の近くに新世界大戯院の2カ所があった。

宏済大舞台は、明治41年（1908）に建てられた、欧州中世紀建築の風格をもった劇場である。当初は「永善茶園」と呼ばれたが、お茶を飲みながら京劇などを鑑賞する処である。昭和9年（1934）に補修工事が施されて、「宏済大舞台」と改称された。当時は満洲の最高級の劇場で、著名な俳優が京劇公演をしたりした。観光客にとって最も珍しかったのは中国芝居であろう。簡単な舞台装置と称しても背景一枚、笙・喇叭・太鼓・笛・銅鑼・大鉦等に合わせて唱い舞う京劇！！　解らぬながらも土産話に一度は見るべきであろう。

〈学生映画デー〉（本トピックは嶋田道弥『満洲教育史』より転記させて頂いた）

大正末期・昭和初期の頃から学生がしげく映画常設館に出入りする傾向が出てきて、風紀維持を懸念せざるを得なくなってきた。日本人の悪習慣として劇場、常設館等においては、態と無作法の行動をするを憚らず、学生も自然にその感化を受けている点が少なくなかった。学生をして、自由に映画を観覧させることにより、映画そのものより受ける悪影響、映画耽溺より起こる弊害、常設館の環境より受ける悪感化等の弊害については、予てから教育者及び一般識者の間に、重大な教育問題社会問題として研究されつつあったが、ついに昭和3年（1928）3月、大連各中等学校・高等女学校は、申合わせの上、全中等学生の映画常設館出入り及び一般映画の自由観覧を禁止した。しかし、現代社会においては映画から全く学生を遮断してしまうことは不可能である、のみならず、映画その弊害の大なると共に、一面これを

善用すれば、その効果は測り知れないものがある。各校はこの禁止令を布くと同時に、学校自ら優秀且つ健全な映画を選択して、学生に観覧させる方法を講ずる必要を認め、これが解決に関し大連満鉄社員倶楽部に援助を求めたのである。社員倶楽部は、予てよりその附属集会場の協和会館に完備する映写設備を有し、満鉄社員及びその家族のために、毎月2、3回映画会を主催していた。その目的とする処は、各校と同一であり、かつ社員子弟中には多数の中等学生を有するので、学校の方針を援助することは、一面社員の福祉を増進する所以であると信じ、喜んで応諾した。

かくて各校代表者及び倶楽部映画担当者との間に、数次の会合が行われ、「映画の選択にのみ学校側が参加し、映画会は倶楽部が主催すること」とした。倶楽部は自己の計算において主催するが、利益は一切収得しない方針の下に引受けることになった。かくて昭和3年（1928）5月18日に、第一回大連中等学生映画デーは協和会館で誕生した。その第一回は「キートンの大学生」が選ばれた。女学生は昼間に学校より引率し、男学生は夕方から各自随意とされた。

その後、無声映画では、「キートンの大学生」のほか「黄金狂時代」「巴里の灯」、また、トーキーでは「巴里の屋根の下」「モロッコ」「嘆きの天使」などが上映されている。

中等学生は、それまでは公会における行儀作法の訓練を受ける機会がなかったので、マナーの悪さを第一回の学生映画デーで痛感した主催者は、学校側と協議の上、敢えてこれが矯正に努むることとした。すなわち

　　一、男学生は制服制帽着用に限ること（女学生は昼間学校引率につき無用）
　　二、館内にては脱帽すること。
　　三、口笛及び野次を厳禁すること
　　四、飲食物を持参せざること。
　　五、映画が終了し点灯して始めて席を立つこと。

等の規則を設け、毎回各校において訓育主任より注意を与え、会場でこれを励行せしめた。その結果、漸次学生の訓練行届き、今や学生映画デーにおける学生の秩序整然たる行動は、これを模範的と推奨しても差し支えないまでになった。この一事だけでも、学生映画デーの功績は顕著であると言える。

中等学生の映画対策の解決に拘らず、小学生は先頃まで常設映画館出入を制限されていなかった。ために中等学校では、上級生よりも小学校から悪習慣を持って来た一年生の取締に悩まされていた。それで小学校にも同じ取締を希望する声は会議の都度起こり、小学校も全部禁止することになった。また中等学生と年齢相等しき高等小学生を、学生映画デーに加えたので、今後の大連学生の風紀は映画に関する限り完全に維持されることになった。後に中等学校に入学すれば学生映画デーに行けるようになるということが、小学生のあこがれの一つになった程、学生映画デーに対する観念は普遍化して、大連市内の中等学校の生徒は、月に1回協和会館で映画を鑑賞することができ、幸せであった。

昭和11年から18年の頃を思い出すままに書き出してみる。「新しき土」「若い人」「泣虫小

僧」「風の中の子供」「太陽の子」「綴方教室」「ベンガルの槍騎兵」「シビオネ」「土」「子供の四季」「風の又三郎」「愛の一家」「秀子の応援団長」「宮本武蔵・巌流島の決闘」「馬」「民族の祭典」「美の祭典」等を見せてもらった。それ以後は、戦意高揚ものが大多数を占めていった。「五人の斥候兵」「土と兵隊」「西住戦車長伝」「暁に祈る」「露営の敵」「ハワイ・マレー沖海戦」「海軍」「空の神兵」「加藤隼戦闘隊」「陸軍」「燃ゆる大空」「轟沈」「一番美しく」等々。書き洩らしも多くあるが月1回の学生映画デーほど楽しいものはなかった。当時の中等学生らの思い出の最たるものであったとつくづく偲ばれるのである。

3 ❖ 日本球界を凌駕した大連野球界

(1) 野球が大連に上陸

　そもそも野球は、明治6年（1873）、米国から日本に伝わってから、明治9年（1876）には日本最古の野球チーム"新橋クラブ"が作られ、その後は一高時代、早慶時代、鉄道野球を中心とした実業団・クラブチームの台頭等々と、明治から大正にかけて野球は素晴らしい勢いで全国各地に普及していった。

　日露戦後、大連・旅順に日本人社会が生まれんとするとき、内地文化が一時流入し、大連の文化の豊かさを象徴する一つとして、スポーツの普及と、その水準の高さが挙げられる。中国の人々は蹴球・籠球に長じていたが、日本人の間では、夏季は野球、冬季はホッケーが代表されるものであった。勿論陸上競技をはじめ、水泳、排球、卓球、剣道、相撲など、あらゆる分野のスポーツが行われており、中でも野球は、少年から壮年まで年代を越えて誰にも親しまれ愛され、市内至る所で野球を楽しむ歓声が響き、興隆の息吹きが活気づき、する人も見る人もスポーツ愛好の人口は大変なものであった。

(2) 中等学校野球の勃興

　満鉄が明治40年（1907年）4月に大連に本社を移し、長春までの鉄道経営に乗り出してから、満鉄人材を養成する必要に迫られ、同年9月に満鉄見習夜学校を満鉄本社内に開設した。この学校は普通の中等学科の他、鉄道経営に必要な実務に重点を置いた。したがって、就学年齢もまちまちで、半分大人の仲間入りした青年が多く、この学生で作っている若葉会チームはたいへん強くて、鎧袖一触当たる処なしという感じで、明治42、43年（1909、10）頃から、学生チームとして有名であった。大正10年（1921）に満鉄見習学校と、次いで大正13年（1924）4月満鉄育成学校と改称されたが、昭和3年（1928）を限りに育成学校に野球部の存在は見られなくなった。

　大正初期の満洲中等学校野球部は、その若葉会、大連商業、南満工業（のちの南満工専）が鼎立して、伏見台の中央試験所脇の広場で練習試合を行っていた。また旅順工科学堂（後の旅順工大）霊陽会にも挑戦していた。

　満洲中等野球の濫觴と言えるのは、大正初年の満鉄立・南満洲工業学校対東洋協会立・大

5-62　育成学校若葉チーム(「満洲日日新聞」1924年4月27日)

連商業学校の定期野球戦とされる。

　しかし、年々歳々隆盛となるにつけ、両校応援団の超熱狂はややもすればスポーツ精神を無視した行為となって現われ、遂に大正6年(1917)これを中止するの止むなきに至った。なお、定期戦が中止中の時期も両校は大正5年(1916)より、主に実業団が参加していた関東州野球大会に旅順中学とともに出場し、技量の切磋琢磨を怠らなかった。

　その後各方面より復活の要望があったが、両校当局ではその危険を慮り復活の許可を与えなかったところ、大正9年(1920)早々に遼東新報社記者長澤千代造の斡旋によりようやく復活の機運を醸し、遂に同年4月両校並びに長澤以下遼東新報社関係者集合の上、その後毎年春に両校の定期戦を行うことに決定、同年7月15日4月振りに復活した定期戦第1戦を満倶球場において挙行、結果は5－3で工業に凱歌揚がり、引き続き17日第2戦を挙行することとなった。しかし、当日雨天のため止むなく延期となったが、工業側の試験期切迫のため、第2戦は、秋に開催することとなり、越えて9月10日実業球場において対戦の結果、接戦の末に、8回裏薄暮のため5－5のドロンゲームとなり、遂に同年は決勝を行わずに結末を告げた。

　かくて、大正10年(1921)には第2回定期戦を挙行することとなっていたが、早々に全国中等学校野球大会を主催する大阪朝日新聞が満洲予選地区を設置することとなったので、前期挙行の定期戦は廃止し、全満中等学校を糾合せる予選会を開催することに決定したのである。

　満洲・朝鮮代表は大正10年(1921)第7回大会から、また、台湾代表は大正12年(1923)第9回大会からの参加となったが、これらの外地代表は、いずれも終戦によって消滅となった。

　満洲代表を決する満洲予選大会は、大正10年(1921)を第1回とし、毎年7月に大連の満倶球場または実業球場で開催された。関東州からは、大正10年(1921)、大連商業チームが初めて全国大会に駒を進め、いきなりベスト4進出となる大活躍を示した。同チームは昭和10年(1935)に廃部になるまでの14年間に12回出場し、他に覇を許したのは、大正11年

（1922）の南満工業と昭和4年の（1929）青島中学の2回のみであった。大正期には目覚ましい活躍ぶりで、初出場の時を含めて準決勝までの進出が4度、なかでも大正15年（1926）第12回大会では静岡中学と決勝を争い、惜しくも1－2で敗れて準優勝に終わった。投手円城寺満・捕手桜井修のバッテリー時代に最強を誇ったが、昭和期に入ってからは目立った成績を残せぬままに、大連商業野球部は廃部となり、大連における中等学校野球は終焉を告げた。

(3) 大連野球の華「実満戦」

　大連野球界の代表的なものは、何といっても"実満戦"であった。それは、満鉄および関連会社の社員を主体とした大連満洲倶楽部チームと、その他大連実業界の会社・商店から選手を出して混成された大連実業団チームとの野球対抗戦で、大正2年（1913）から始まったが、同5年（1916）から「全関東州野球大会」が開催されることになり、実満戦は大正9年（1920）まで、暫時休止された。満洲日日新聞社の斡旋で、大正10年（1921）春から、中断中の実満対抗試合は本格的な定期戦として再開されることになった。

　加えて、昭和2年（1927）から始まる「全日本都市対抗野球大会」の関東州代表の栄誉は、その年の実満戦の勝者が担うことになったので、その人気は正に"満洲の早慶戦"と呼ばれて一挙に高まりを見せた。両チームとも、毎年内地大学その他から続々と補強される。つまり格別高額な給料でスカウトされるのだが、一流中の一流選手でなければ採用されない。東京六大学の優勝チームが遠征にやってくると、全満各地を回って帰国する前には必ず主だった選手はスカウトされているという状況であった。

　そもそも大連における野球界は、明治41・2年（1908・9）頃までは、野球道具さえ求められぬ有様、腕に覚えのある人はいても世人の注意を惹く程のチームの組織はなかった。

　当時大連には、日本野球界の重鎮平岡熙の弟で、大山通り(株)光明洋行の支配人だった平岡寅之助がいた。彼は関西の野球大会には必ず審判員に選ばれる程の野球界の権威者だけに、大連においても大いに野球奨励を鼓舞し、満鉄や町中に隠れたる選手を頻りに物色したものである。その後間もなく、満鉄少壮社員を主として稍々形の整ったチームが組織された。別にチームの名称もなくはなはだ旗色も不鮮明なものであったが、明治43年（1910）大連湾に米国の軍艦が入って水兵の野球団から試合を申込まれ、迎え撃った結果は破られたので、更に大連に在る選手で有力な者ばかりを糾合し結束を固めて再び米兵を迎え、復讐戦を挑んで今度は見事に勝利を収めた。この試合は偶々大連の野球熱を煽る原因となって、この頃から大連における野球界はようやく活気を呈するようになってきたのである。

　大正元年（1912・明治45年7月改元）、満鉄野球部員および町中有志により青年会野球団が組織されたが、"大連満洲倶楽部"の前身とも言うべきものであった。敷島町の基督教青年会の選手達は、細川健彦が青年会の事務員だったので、何時もそこを集会所にして集まっていた。その頃のメンバーは、早大出の細川・大町政隆のバッテリーに小林諦亮、井上芳雄、阿山隆介、慶応普通部出の塚原孫一、上野靖、東郷静夫らであった。

　一方、大正元年（1912）秋9月、これも光明洋行在勤の島津秀太郎と前田叢司が伏見台に散策を共にし、中央試験場前当時の満鉄運動場でノックをする2人の男を見て近づくと、意外

5-63　1916年　第一回野球大会で優勝した実業団チーム（「満洲日日新聞」）

にも内地で面識のあった日本塩業の唐沢一郎と小田井倍尾の両氏であった。野球という趣味を同じくする4氏はその場で衆議一決し、以後連日此処に落ち合って野球の真似事を開始したのであった。更に大倉組に勤務の上田真一郎、増田屋勤務の鈴木学三、山下隆太郎、樫村洋行の息子樫村賢二、光明洋行の店員として来連したばかりの前田俊介や、安宅商会、東京製綱、三泰油房の社員等も加わり、チームらしいものが存立した。これ実に"大連実業団"の前身であった。

　越えて大正2年（1913）春未だ浅い日、信濃町の大日本製鋼会社支店長多賀鋭吉の発議により同社楼上に、これ等諸氏が参集して正式に"大連実業団"を組織することに決し、2月11日紀元節の佳節を卜して　ここに発会式を挙げたのである。一足先に生まれていた満鉄少壮社員を主とするチーム青年会野球団は、実業団の旗揚げに刺激されて有力な選手を多く集め、改めてチームの基盤を鞏固にした。

　青年会と実業団は最初からほとんど伯仲の実力を持して対抗することになり、まず第一回対抗戦は3試合を戦った。青年会は細川・大町のバッテリーを擁し実業団チームとの初戦に1点差で敗れた後、"大連満洲倶楽部"として正式に名乗りを揚げた。その後の結果は満倶が2勝して勝利を獲得した。

　このことは実に大連野球界の華！実満戦の嚆矢であった。以後の実満対抗戦は、大正5年（1916）から関東州野球大会が開催されることになったのに伴い、暫時休止の状態となった。実業団はそのまま一チームとして出場し、同大会に君臨して幾多の光輝ある戦績を残したのに反し、満洲倶楽部は満鉄本社、埠頭倶楽部、大連駅、沙河口工場等各部所に分散して参加したので、大正9年（1920）まで中断されることになった。

　大連中央公園には、忠霊塔を挟んで、東に大連満洲倶楽部の「満倶球場」、北に大連実業団の「実業球場」と、それぞれに専用グラウンドがあった。元々大正8年（1919）までは、専用グラウンドを満倶と共用したり、東広場重要物産取引所裏にグラウンドを移す等、また満倶も伏見台の満鐵運動場で練習をし、西公

5-64　大連西公園内野球グランド

園グラウンドを実業と共用したりして、甚だ不便を感じていたが、野球興隆の気運に後押しされて両球場の建設が決まり、大正9年（1920）8月には実業グラウンド開きが行われ、同じ頃に西公園グラウンドを拡充改修した満倶球場も完成した。一つのクラブチームが専用の野球場を備え持ち、クラブハウスを設備し、完全な観客席、総合的クラブ施設を完備していたということも、スポーツ先進地、文化レベルの高い地域として誇るべき存在であった。

満洲日日新聞社の斡旋により、大正10年（1921）春から、中断中だった実満両チームの対抗野球試合を、本格的な定期戦として始めることとなった。

この"実満戦"は"満洲の早慶戦"と謂われ、果然満洲野球界の発展を促す動機となり、大連は勿論満鉄沿線にまで多大な影響を与えた。その後、幾多の曲折を経ながら、約3万人の観衆を湧かせ、日本球界の視聴を集める一大イベントに成長するに至った。事実、両チームの主力選手は東京六大学出身の有名プレーヤー達で占められていた。

再開された実満定期戦は、当初の2年間は春秋2季に行われたが、以後は6月に3回戦とし、昭和6年（1931）からは5回戦制となった。

また、昭和2年（1927）からは、都市対抗野球大会が東京神宮球場（のちに後楽園球場に変更）で開催の運びとなり、実満戦はその関東州代表を決める予選大会を兼ね、その勝者が出場することとなった。東京大会では、いずれのチームが出場しても実力は高く、第1回は大連満倶・第2回は大連実業・第3回は再び大連満倶と、三連覇を果たし『黒獅子旗、三度玄界灘を渡る』の快挙を成し遂げた。その後は優勝こそ逃したが実満どちらが代表でも優勝候補の筆頭に挙げられ、第6回と第10回が大連満倶・第14回が大連実業と3回準優勝し、初戦敗退1回以外は全てベスト4に残る成績を挙げて、大連市民の期待に応えるとともに、「打倒大連」を掲げた内地勢のレベル向上にも寄与した。

アカシアの白い芳香が巷から去り、行き交う人々の服装に夏の気配が醸し出され、光輝く陽光が満ち溢れる頃、つまり6月ともなれば街の話題は"実満戦"一色の声に湧き始め、大連市民を二分する大イベントとして、興奮はるつぼ化して弥や高まっていくのであった。

定期戦開始となれば、市内の人口が移動しつつあるかのように観覧者の波が中央公園の球場へと続いた。一塁側、三塁側のスタンドは直ぐに一杯となり、外野席にもぎっしり入り込む超満員の球場は、白い花が一杯咲いたようになった。この激烈な試合を見んものと球場の外の樹木に攀じ登って観戦する者も出る始末であった。

ある時には、大連の街が真っ二つに分かれてファン同士の刃傷沙汰もあったともいう。また、これは傑作な実話だが、満倶ファンが一計を案じて、大事な試合の当日、ネット裏に派手な衣装の"夜のオネーさん"を数人座らせて、黄色い声で叫んだり、チラリチラリの妨害戦術を試み、怒った実業ファンが首謀者を袋叩きにしたこともあったそうである。

(4) 社会人野球

大正2年（1913）に始まった実満対抗野球試合は、果然満洲野球界の発展を促す動機となり、大連は勿論南満鉄道沿線にも少なからぬ影響を及ぼした。

市内各職場に社会人野球の気運が漲り、埠頭倶楽部、満鉄本社、大連駅、鉄道工場、用度

5-65 初回関東洲野球大会決勝戦（「満洲日日新聞」1916年6月12日）

課、通信管理局、地方課、消費組合、電気BC倶楽部、国際運輸、満洲電業等々、続々と有力なチームが組織されて、これ等に若葉会、大連商業、南満工業、霊陽会、旅順中学等及び大連実業団も加わり、満洲日日新聞社の主催の下に大正5年（1916）から昭和17年（全27回）まで、毎年「全関東州野球大会」が開催されることになった。

(5) 少年野球大会

満洲の厳しい冬の生活に堪えられる健康な身体と、融和・明朗・快活な精神こそが、満洲経営には重要だという考えからのことと思われるが、満鉄は体育、スポーツに極めて熱心であった。なかでも、柔道・剣道・陸上競技・野球などには、特に人材の確保や施設の面に力を入れていたようであった。

5-66 第11回関東洲野球大会始球式（「満洲日日新聞」1926年4月19日）

軟式野球の職場対抗、中等学校の校内対抗、小学校対抗の少年野球などは、日本内地と同様、活発に行われていたし、キャッチボール遊びは、土地に余裕があっただけに、あちこちで見られた。そんな風土に育った私等が子供の頃は、10人も集まってテニスボールさえあれば、空き地を見付けて直ぐに三角ベース野球が始まった。勿論ゴムのボールだから素手でよかったし、バットがなくても手の平で間に合ったものだ。

大正7、8年（1918、9）頃から市内の各小学校毎に野球チームが出来、市主催の少年野球大会も毎年行われ、中央公園の満倶球場で、小学生の足に合わせたコースを純白のユニフォーム姿の小学生が球を追って力一杯走る可愛い仕種が見られた。

ここに、大正12年（1923）6月14日付で「少年野球大会」の記事がある。何回目の大会か正式名称は不明だが、常盤小（第三）が松林小（第六）に11－1で大勝、沙河口小が日本橋小（第二）に3－4で惜敗したとある。

また、大正14年（1925）のことだが、常盤小チームが大広場小戦を振り出しに、何回か勝

ち続け、伏見台小のグラウンドで大正小と優勝を争い２－１で勝ちを収め初めて優勝の感激を味わった。講堂で祝賀会が行われ、学校を始め保護者会、近所の商店から盛り沢山の賞品を貰った。帰りは学校前に人力車が並んでおり、選手が一人づつそれに乗り、足元に賞品の山を積んで家路についた、との想い出話もある。これも何回目の大会かは判らない。

5-67　児童の運動会

朝日小では、「昭和３年（1928）６月、少年野球大会優勝　桜井勤四郎校長」のタイトルの付いた優勝チームと父兄等が写っている写真がある。

更に同じく朝日小チームが、昭和５年（1930）には大連市の代表として、東京の早稲田（戸塚）球場で行われた第11回全国少年野球大会に出場し、初戦を突破し２回戦へ駒を進めている。

この時の資料としては、同年８月23日付の毎日新聞に「全国少年野球　Ｂ組（尋小）一勝者『大連朝日』」との記録がある。

なお、内地遠征の壮途に就く朝日ナインのはるびん丸船上での写真がある。

大連市の代表となるからには、当然大連市における予選も行われたものと思われるが、前述の「少年野球大会」がそれなのか、その大会が何時から始まり何回目まで行われ、何時如何なる事情で終わったのかは、判然としない。

昭和９年（1934）から始まった満洲日日新聞社主催の「大連全市学童軟式野球大会」以前に少年野球大会が存在したことは、不詳ながら間違いなさそうである。

そして、その満洲日日新聞社主催の「大連全市学童軟式野球大会」において、昭和13年（1938）から朝日小Ａ（６年）チームは同大会で三連覇を果たし、絶対的な強味を見せた。

5-68　少年野球大会開催予告（「満洲日日新聞」1920年12月26日）

また、昭和５年（1930）、朝日小チームは大連市の代表として、東京の早稲田（戸塚）球場で行われた第11回全国少年野球大会に出場した。

大会は８月22日午前８時から早大球場において行われた。陸軍戸山学校の軍楽隊の行進曲につれて入場、50校７百名の少年達は各々地方大会優勝旗を押し立て意気揚々と入場した。７百名の少年が一斉に国歌君ヶ代を合唱した時には、並みいる１万５千の観衆は感激の涙にく

れた。

　中川文部次官は選手等に対して訓辞を与え、次いで中川次官の始球式があった。決戦は球場内の4カ所において3日間にわたり熱戦が繰り広げられた。

　当時の記録によれば、A組（高等小学校および中等学校1、2年の低学年生徒）23チーム、並びにB組（尋常小学校児童）27チームの参加であった。

　大連朝日小チームは、大連市を代表してとのことであるが、資料によればもっと規模が大きく「満洲」代表となっている。この全国大会は戦前昭和15年（1940）まで続けられたが、大連から参加したのは、唯一朝日小チームの昭和5年（1930）のこの1回限りであった。

(6) 夏の甲子園大会への挑戦

　毎夏、朝日新聞社主催による「全国中等学校野球大会（夏の甲子園）」が大正4年（1915）に開設されて、その代表を送る満洲予選大会が、大正10年（1921）を第1回として始まり、まず大連商業が駒を進め、同11年（1922）は南満工業が代表となった。以後は大連商業が独占し、大正15年（1926）の第12回甲子園大会にも、大連商業は円城寺満－桜井修のバッテリーが決勝戦で静岡中学に2－1で惜しくも敗れたが、その善戦ぶりは全国ファンから絶賛を受け、この一戦によって全国の中等学校から、大連商業は注目を浴びたのである。一方の雄・南満工業は、工専へ昇格し、最後の卒業生を送り出して、大正15年（1926）3月に廃校となった。それからも、昭和4年（1929）に満洲代表を青島中学に譲った以外は、常に大連商業が代表を務めていたが、昭和期に入ってからは目立った成績を残せぬまま昭和10年（1935）3月に野球部が廃部となり、大連からの甲子園出場はなくなった。

　ちなみに、大正13年（1924）に始まった毎日新聞社主催の「全国中等学校選抜野球大会（春の甲子園）」には、満洲のチームは一度も選ばれたことはなかった。

(7) 都市対抗野球大会での三連覇

　都市対抗野球は、東京日日新聞社（現毎日新聞社）が企画し、昭和2年（1927）8月3日、神宮球場で第1回大会の幕を開け、日本の野球界に大きな足跡を残した。

　この年、一般社会人チームの一大争覇戦として全国から12地方都市代表のチームを推薦し、東京日日新聞社、大阪毎日新聞社共催で8月初旬東京・神宮球場で行われることになった。いわば日本最高水準の野球大会であった。そして、優勝チームには"黒獅子旗"が贈られることになった。

　大連市の代表として、大連満倶が選ばれたが、満倶は自ら条件付して、毎年行われる"実満戦"の勝者をもって大連代表とすることとし、昭和2年（1927）の「実満戦」は第1回都市対抗野球大会の予選を兼ね戦われたが、満倶が勝利し、代表の座を得て堂々と神宮球場に駒を進めることになった。かくして、第1回～第3回を大連チームが三連覇し「大連時代」と言われた。

　第1回大会は、大連満倶が優勝。明大の遊撃手だった中沢不二雄が登場し、閉会式での中沢監督の名演説は、その後も語り草となっていた。

第2回大会は、大連実業が優勝。早大の"逆モーション"投手谷口（岩瀬）五郎投手が主戦投手として人気を取った。

　第3回大会は、またも大連満倶が優勝。慶大出の小さき大投手浜崎眞二が登場した。

　"黒獅子旗"を三度玄界灘を越えて大連の地に運んだ大連満倶、大連実業の栄光、それは同時に大連市の栄光でもあった。

　なお、それ以後もただ一度第5回大会で満倶初戦敗退の他は

5-69　黒獅子旗（秦所蔵）

全てベスト・フォーまで進出、うち第6、10、14回は準優勝を果たし、「"黒獅子旗"が三度、"白獅子旗"も三度玄界灘を渡り大連へ」の栄誉をもたらし、大連市民の期待に応えてくれた。

　ちなみに、昭和13年（1938）に後楽園球場が完成したので、第12回大会からは都市対抗野球決戦の場は、神宮球場から後楽園球場へ移された。

　その後、昭和16年（1941）の第15回大会は開会直前になって「日本軍に大動員令が下ったので全国的集会禁止」の通達が出されて、突然の中止となった。これで甲子園の全国中等学校野球大会も、野球以外のスポーツ行事も、移動を伴う集会は全て中止となった。

　つまり、戦前の都市対抗野球大会は、昭和2年（1927）の第1回大会から昭和17年（1942）の第16回大会まで（中止された昭和16年の第15回大会を除く）続けられたが、これを最後に昭和18年（1943）以降は戦況の逼迫により大会は中断された。

　そして戦後、いち早く昭和21年（1946）に第17回大会として復活したが、そこには外地チームの姿はなかった。

⑻ 実満両チームと日本プロ野球

　戦前に、実満両チームから職業（プロ）野球の誕生に参加した選手は、明大を出た田部武雄や津田四郎、山本栄一郎が巨人に、松本謙治郎が阪神、石井秋雄がイーグルスに、山下実が阪急に入団した。少し下がって北原昇が南海に移籍した。逆に、プロから大連に渡って来た選手には、田部武雄の復帰、浅原直人、漆原進、青柴憲一、西村幸生等がいた。

　昭和15年（1940）は、紀元二千六百年記念にプロ全球団が渡満し、各地で満洲大リーグ戦が行われ、巨人軍が優勝した。その巨人軍が来連して、実満両チームと親善6試合の対戦が行われた。

　また、戦後は外地チームは消滅したが、プロで活躍する選手が多かった。満倶では、浜崎眞二、戸倉勝城、武宮敏明、伊藤庄七、加藤春雄等。実業からは、谷口（岩瀬）五郎、石本秀

一、安藤忍、浅原直人等。審判として、津田四郎（セ）、円城寺満（セ）、武井正清（パ）、角谷松男（パ）等がいた。

(9) 大連野球の終焉

　よい気候に恵まれた大連では、小孩児（子供）から老頭児（年寄）まで、このように健全に野球を楽しんでいたが、日中戦争から太平洋戦争へと戦局が拡大するに伴い、可笑しな和製野球用語を使うようになってから、戦時下の各職場には窮屈さが日増しに募り、野球は段々と影を潜めて行った。

　昭和16年（1941）7月、突如として「日本軍に大動員令が下ったので、全国的な集会禁止」の旨、文部次官通達が発せられ、全国地方予選がほぼ終了して開会直前の「都市対抗大会」は中止され、「夏の甲子園大会」も「全国少年野球大会」も、すべて中止となった。大連でも、「第8回大連全市学童軟式野球大会」が中止された。ただし、翌17年（1942）は、太平洋戦争開戦劈頭の戦況有利と戦意高揚に資するとして「都市対抗大会」のみ開催を許された他は、終戦まで中断のままであった。そして、終戦により外地チームは永遠に消滅してしまったのである。

　とにかく、大連人の野球好きは度外れのものだった。あの戦後の帰国までの空白の六百日、食うや食わずの生活の中、難民救済基金の募金を看板に"実満戦"が復活したばかりか中等学校対抗リーグ戦も行われ、結構観衆も集まった。

　軟球は戦時物資のゴム製品だから貴重品だったらしいが、硬球はストックがかなりあったので野球復活が出来たのだという。甲子園の常連だった大連商業野球部が急遽廃部となり、中等野球の空白時代が永く続いた不可解な事態も、昭和21年（1946）の1シーズンだけにしろ復活したのは、野球狂の街、大連の終幕を飾るに相応しいイベントであった。

関連略年表

明治27年 (1894年)	日清戦争勃発、日本軍遼東半島占領。
明治28年 (1895年)	日清講和条約批准。三国干渉により、遼東半島返還。
明治29年 (1896年)	清露間に東清鉄道建設の契約が結ばれる。
明治30年 (1897年)	東清鉄道建設工事開始。11月、ドイツが、同国宣教師2名が山東省で殺されたことを理由に山東半島に出兵、膠州湾を占領。これに対し、ロシアが清国の撤兵斡旋依頼を口実に12月シベリア艦隊を旅順に派遣し、駐留する。
明治31年 (1898年)	3月、清露間にパブロフ条約が締結。6月、ロシアが東清鉄道幹線ハルビンより旅順大連に接する南線の敷設及び旅順、大連を租借し、関東州庁を旅順に設置する。
明治32年 (1899年)	ロシア皇帝ニコライ二世の名義で「暫行関東州統治規則」を頒布。大連湾に「遠方」を意味する都市ダリーニーを建設し、自由貿易港とすることを内外に宣言。
明治33年 (1900年)	旅順駅竣工。義和団事件の影響を口実にロシア軍が満洲に派兵。
明治34年 (1901年)	東清鉄道全線完成。
明治35年 (1902年)	ロシアによるダリーニー特別市制が実施され、東清鉄道技師長サハロフが市長に就任。
明治36年 (1903年)	ロシア軍が奉天を占領、日露間に緊張が高まる。
明治37年 (1904年)	2月、日本艦隊が旅順のロシア艦隊を攻撃、5月に日本軍がダリーニーを無血占領。本願寺の大谷尊師が乃木町に仮布教所を設ける。6月、日本郵船株式会社が大連出張所を開設。8月、横浜正金銀行が青泥窪出張所を乃木町に開業。9月に中央気象台が臨時観測所を乃木町に設置。
明治38年 (1905年)	4月、大阪商船が大阪〜大連線を開設、第一船として舞鶴丸が就航。5月、信濃町市場開設。6月、伏見台に中国人のための教育機関として南満州鉄道株式会社により公学堂を設置。9月、日露講和条約、ポーツマスにて調印。関東都督府開庁初代都督長に大島義昌が就任。中国人の旅順工科学堂入学生の予備課程及び現地公学堂教師養成のため、旅順師範学校設立。10月、遼東新報、初号を発刊、大連における日刊新聞の濫觴。日清勧商場、浪速勧商場開設。

明治39年 （1906年）	3月、（伏見台）尋常高等小学校創設、開校当時の修学児童、75名。大阪商船、事務所を大山通りに移転、大二丸、鉄領丸を配船する。9月、米国領事館、児玉町に開館。関東都督府開庁し、大連民政署開設される。関東都督府官制施行に伴い、監部通に郵便局開局（2階に郵便電話局）。
明治40年 （1907年）	8月、産土神社が開かれる。明治43年より大連神社と呼称。9月、浪速町に三越呉服店が出張所員詰所を開所（43年7月大山通に詰所新築移転）。南満州鉄道株式会社の社員養成学校として、乃木町に大連育成学校開校。10月、大連満鉄発電所が市内に電気の供給を開始。南満州鉄道株式会社設立。11月、満洲日日新聞創刊。
明治41年 （1908年）	3月、「日本橋」竣工。大連民政署、大広場に竣工。8月、大連電気鉄道による市内路面電車開通。10月に漢字新聞として泰東日報創刊。11月、関東逓信局が通信管理局と改称（大正7年大広場に局舎が新築竣工）。12月、南満州鉄道株式会社本社、露西亜町から東公園町に移転。
明治42年 （1907年）	1月、満洲日日新聞が「マンチュリア・デリー・ニュース」本紙付録として英文版を発行。2月、小崗市小売市場開設。4月、（日本橋）尋常小学校、大連第二尋常高等小学校仮校舎にて授業開始。5月、関東都督府旅順中学校授業開始。9月、大連特別市制実施。初代市長に石本鑓太郎就任。南満州鉄道株式会社が電気遊園（後の小村公園）を開園。10月に南山麓に築造された人口の貯水池を含む鏡ケ池遊園地開設。夏季はボート、冬季はスケートリンクとして青少年の体育の場となる。12月、大広場に横浜正金銀行大連支店新築。
明治43年 （1908年）	6月、大清銀行大連分行が大広場に新築竣工。7月、大陸初の日本人高等女学校として関東都督府高等女学校設立。9月、旅順工科学堂授業開始。12月、南満州鉄道株式会社が沙河口に鉄道工場を創設。
明治44年 （1909年）	3月、西公園に大連第三尋常高等小学校創設、4月に西通2丁目に仮校舎で開校。5月に南満州鉄道株式会社が南満州工業学校創設（大正11年5月南満州工業専門学校に昇格）。9月、沙河口尋常小学校開校。12月、福昌公司、東山町に埠頭労働者の収容所碧山荘の建設に着工。
明治45年 （1910年）	5月、三越呉服店、大山通北詰日本橋近くに大連出張所新築移転し、6月開業。
大正元年 （1912年）	8月、満洲日日新聞附録から独立し、「マンチュリア・ディリー・ニュース」発刊。
大正2年 （1913年）	4月、大連第一尋常高等小学校柳樹屯分教場廃止し、大連柳樹屯尋常高等小学校となる。
大正3年 （1914年）	3月、満鉄大連ヤマトホテルが大広場に新築竣工。山縣通小売市場開設。大広場に英国領事館竣工。6月、官立大連高等女学校授業開始（旧私立大連高等女学院を合併）。周水子に競馬場開設（昭和5年飛行場開設後は天の川畔に移転）。10月に沙河口神社社殿竣工。

大正4年 （1915年）	4月、大山通8番地に第一尋常高等小学校分教場設置（後の朝日尋常小学校）。9月、東公園町に大連高等小学校開校。（日本橋）尋常小学校、大連第二尋常小学校と改称。（朝日）尋常小学校、大連第一尋常小学校と改称、11月東公園町に校舎新築移転。10月、関東都督府による「大連及び旅順市規則」制定に基づき、特別市制を実施。11月、星ヶ浦ヤマトホテルの敷地北側にゴルフ場開設。
大正5年 （1916年）	5月、大連新聞創刊。
大正6年 （1917年）	2月、（大広場）尋常小学校、大連第四尋常小学校として設立。5月、官立大連高等女学校、神明町に新築校舎竣工し移転。6月、東洋拓殖株式会社大連支店が近江町に事務所開設。
大正7年 （1918年）	1月、朝鮮銀行大連支店大広場に新築竣工。4月、（伏見台）尋常小学校が伏見台に移転し、伏見台尋常高等小学校と改称。6月、小崗子に露店市場開設。12月、大阪商船、山縣通に大連支店を新築し、大山通から移転。
大正8年 （1919年）	4月、大連市役所が大広場に新築竣工。関東府を廃して、関東庁設置される。大連市立実科高等女学校設立。
大正9年 （1920年）	2月、日本人に英仏独露支の外国語、中国人の青年に日本語を教授する目的で大連語学校開設（4月授業開始）。3月に大連市立商工学校設立。（春日）尋常小学校、3月に大連第5尋常小学校として西公園に設立、4月より授業開始。5月に中国新聞の論評を翻訳し、「亜細亜評論」と題して発行。関東都督府高等女学校、関東都督府立旅順高等女学校と改称。6月、南満州工業学校（明治44年設立）が南満州工業専門学校となる。8月、実業グラウンド開場、一方、西公園グラウンドを拡充改修し、満倶球場も開場。9月、漢字新聞「関東報」創刊。
大正10年 （1921年）	4月、（大正）尋常小学校、沙河口尋常小学校として開校。大連市立商工学校が入学式を挙行、授業開始。6月に大連民政署警務課が独立して大連警務署となる。7月、大連市立実科高等女学校、弥生町新築校舎に移転。
大正11年 （1922年）	2月、（松林）尋常小学校、大連第六尋常小学校として常陸町に設置、4月開校式挙行。大連市立実科高女学校、大連市立高等女学校と改称。3月に旅順工科大学完成が公布され、大学、大学予科、附属工学専門部を設置、旅順工科学堂は廃止。4月、西公園に大連能楽堂竣工。7月、満洲日日新聞の漢字版附録の発行権を譲り受け、「満洲報」が創刊。8月に南満州電気㈱天の川発電所完成。社団法人大連競馬倶楽部設立。
大正12年 （1923年）	1月、満洲法制学院、私立学校の認可を受ける。大連市立商工学校校舎新築、開校式挙行。6月、大連女子工芸学舎、常盤町に移転、大連女子工芸学校と改称。8月、関東庁地方法院が旅順から大連に移設する。9月、大連第六尋常学校、朝鮮人学校設置（大正14年3月に廃止）。12月、（南山麓）尋常小学校、大連南山麓尋常高等小学校として設置。13年4月より授業開始。

大正13年 （1924年）	1月、（東洋協会設立の）甲種商業学校、大連商業学校と改称。大連商業高校から独立し、天神町校舎にて大連女子商業学校が設立される。3月、帝国通信が東京帝国通信の支社として創立、通信を発行。関東都督府旅順中学校、旅順第一中学校と改称。中国人は旅順第二中学校に分離。4月、南山麓尋常小学校新築校舎落成、移転し、開校記念日とする。嶺前尋常小学校、新校舎にて開校。関東庁立大連第二中学校、入学式を挙行。8月、関東州市制発布により、地方自治制度の下で本格的な市政を開始。9月、大連語学校、羽衣町新校舎へ移転。10月に旅順大連を結ぶ旅大道路南線が竣工。
大正14年 （1925年）	4月、「亜細亜評論」が「大連タイムス」と改題（後に「遼東タイムス」と改称）。日満通信創刊。（日本橋）尋常小学校が大連日本橋尋常小学校に、第三尋常小学校が大連常盤尋常小学校に、大連第一尋常小学校が大連朝日尋常小学校に、大連第四尋常小学校が大広場尋常小学校に、沙河口尋常小学校が大連大正尋常小学校に、大連第六尋常小学校が大連松林尋常小学校に、嶺前尋常小学校が大連嶺前尋常小学校に改称。8月、西山屯にある官営の大連無線電信局沙河口受信所から放送開始。
大正15年 （1926年）	1月、関東庁より公園の移管を受け、西公園と称するが、昭和3年に中央公園と名称変更。2月、播磨町に、園山民平により大連音楽学校創設。4月、前年12月に満鉄大連医院が薩摩町に新築竣工し、4月1日より開院。朝日広場にあった表忠碑を緑山山麓の景勝地に忠霊塔を建設し移転。5月に旅順工科大学授業開始。7月、大連柳樹屯尋常高等小学校がロシア軍兵営跡を修築利用し、移転。
昭和2年 （1927年）	5月に千代田町小売市場開設。羽衣町の大連語学学校内に羽衣女学院創設。9月、大連聖徳尋常小学校新校舎落成し、移転。11月に満洲日日新聞が遼東新報を買収し満洲日報と改題。
昭和3年 （1928年）	2月、大連女子工芸学校、大連技芸女学校と改称。3月、南満州電気株式会社が大連市内の路線バスの営業を開始。官立大連高等女学校、大連神明高等女学校と改称。4月、（伏見台）尋常高等小学校が伏見台尋常小学校と改称。早苗高等小学校、授業開始。大連市立高等女学校、大連弥生高等女学校と改称。5月、三越呉服店、3階建て新店舗に建て替え、大連支店として開業。9月、大連市中央卸売市場、入船町に設立。大連運動場が竣工。10月、日本航空輸送株式会社設立。路線は東京―大阪―福岡―大連線、大阪―福岡―上海線。11月に南満州鉄道株式会社が出資、電気遊園内に中国人による北京料理店登瀛閣を開業。
昭和4年 （1929年）	2月、日本航空輸送会社大連支所を開設。7月、日本航空輸送会社、フォッカー・スーパーユニバーサル旅客機で旅客機輸送開始。9月、早苗高等小学校、新校舎へ移転し、開校記念日とする。12月に200店舗の専門商店が連なる連鎖商店街が営業開始。
昭和5年 （1930年）	3月、大連南山麓尋常高等小学校が大連南山麓尋常小学校に、羽衣女学院が大連羽衣高等女学校に改称。4月、沙河口尋常高等小学校が沙河口尋常小学校に改称。大連大正尋常小学校、第二学年以上第四学年迄児童131名を下藤尋常小学校に分離。

	大連商業学校女子部が独立し、大連女子商業学校を設立。7月、下藤尋常小学校新校舎一部落成し、移転。9月に日本航空輸送株式会社が日満連絡定期航空路用の飛行場を周水子に開設。遼東百貨店、浪速町に開業。
昭和6年 (1931年)	6月、南満商科学院、関東庁より私立学校として認可を受ける。9月に柳条湖で満洲事変勃発。12月、映画館の中央館が西広場に新築開館。
昭和7年 (1932年)	3月、満洲国成立。4月、日本大使館内に関東局が設置され、関東庁逓信局がその管下に入る。大連市立商工学校、大連市立実業学校と改称し、本科及び専修科設置。遼東タイムスが満洲タイムスと改題。
昭和8年 (1933年)	3月、光明台尋常小学校を光明台に設置、4月より授業開始。旅順第一中学校、旅順中学校と改称。9月、浪速町に畿久屋百貨店竣工、開業。日満合弁による満洲電信電話株式会社が設立される。
昭和9年 (1934年)	4月、大連市立大連中学校が開校式を挙行。大連日本橋尋常小学校、廿井子分教場設置。大連技芸女学校、大連女子専修学校と改称。
昭和10年 (1935年)	3月、大連日本橋尋常小学校廿井子分教場が独立し、廿井子小学校となる。4月、静浦尋常小学校、大連嶺前尋常小学校内に設置され、4月より授業開始。大連市立大連中学校、下萩町に新校舎竣工。関東庁立大連工業学校が開校式を挙行。6月、大谷光瑞が播磨町に私立大連高等女学校を設立。8月に大連能楽殿竣工。9月、沙河口神社改築竣工、正遷座祭を挙行。満洲日日新聞(満洲日報)が大連新聞を買収し、大連唯一の邦字新聞となる。11月に大連観光協会設立。
昭和11年 (1936年)	4月、南満州電気株式会社が大連都市交通株式会社に改組。8月、東洋拓殖株式会社が大連支店を大広場に新築移転。12月に私立大連高等商業学校開校。聖徳街の丘上に満洲電信電話株式会社新放送局開設。
昭和12年 (1937年)	4月、大連向陽尋常小学校が春日小学校で仮開校、向陽台に新校舎落成、移転。大連日出尋常小学校が朝日小学校を母体として開校。大連女子専修学校、大連昭和高等女学校と改称。5月に新大連駅が竣工し、6月1日より開業。7月に日中戦争勃発。9月、三越大連支店が連鎖商店街電車通りを隔てた常盤橋西に新店舗新築開店。信濃町小売市場が、三階建ての大連市場として羽衣町(三越裏)に移転。
昭和13年 (1938年)	4月、関東州立大連第三中学校、下藤小学校を仮校舎として入学式を挙行。6月、長者町に関東州庁の新庁舎が竣工し旅順より移転、大連民政署が吸収される。10月、大連日出尋常小学校、日出町番外地に校舎竣工、授業開始。
昭和14年 (1939年)	4月、南満附設工業実務学校、鉄道工務員養成所と改称し、大連鉄道学院に移管。旅順医科専門学校、鮫島町に旅順医院附属医学校として発足。
昭和15年 (1940年)	沙河口に大連工業学校校舎竣工。日本美術連盟の推薦による日本著名画家絵画展が開催される。

昭和16年（1941年）	4月、国民学校令公布に伴い、大連の尋常小学校が一斉に国民学校と改称。関東州庁立大連芙蓉高等女学校開校。9月、関東州芸文連盟成立、17文芸団体を管轄。12月、太平洋戦争勃発。
昭和17年（1942年）	4月、大連上霞国民学校新校舎完成し、移転。9月、関東州庁立大連芙蓉高等女学校、蔦町に校舎新築移転。秋に大連協和劇団設立。
昭和18年（1943年）	2月、昭和9年（1934）から大連駅―ハルビン駅間の約950kmを運行してきた特急列車アジア号が太平洋戦争の激化に伴い運転を休止。
昭和19年（1944年）	4月、私立大連高等商業学校、大連経済専門学校と改称。夏より米軍機による大連空襲開始。
昭和20年（1945年）	8月、米国の原爆投下とソ連参戦により日本が無条件降伏し、終戦。ソ連軍による大連占領開始、大連港、旅順港、満鉄等が接収される。11月、旅順の日本人が一部技術者を除き、大連への移住を命じられる。中国側大連市政府が樹立。
昭和21年（1946年）	10月、ソ連軍が旅順・大連地区からの撤退実施を発表。11月、日本人の引き揚げ開始、第一次の6千名が埠頭収容所に集結。12月に引き揚げ船永徳丸が日本へ出港。
昭和22年（1947年）	3月、第一次最後の引き揚げ船が出港（第二次は翌年7月より開始）。残留日本人の子弟のため、大連日僑学校開校（昭和28年閉校）。

（本年表は秦執筆原稿より劉・仲が整理、作成したものである）

参考文献

金澤求也『南満洲写真大観（第3版）』満州日日新聞社　明治44年（1911）7月
大西守一『満洲大観記念写真帖』東京堂　大正8年（1919）9月
土屋清見『大連写真貼』日華堂書店　大正10年（1921）2月
橘秀一『満洲写真大観』満州日日新聞社　大正10年（1921）11月
別所友吉『満洲写真大観』満州日日新聞　大正10年（1921）11月
橘秀一『創刊第十五周年紀年満洲写真大観』満洲日日新聞社　大正10年（1921）11月
篠崎嘉郎『大連』大阪屋号書店　大正11年（1936）1月
桜井忠温『将軍乃木』実業之日本社　昭和3年（1928）9月
南満洲鉄道社長室情報課『満洲写真帖』中日文化協会　昭和4年（1929）3月
西創生編著『満州藝術壇の人々』曠陽社出版部　昭和4年（1915）9月（『日本人物情報大系　第19巻　満州編9』1999年、皓星社）
清水正巳編輯『大連新名所　連鎖商店御案内』大連連鎖商店事務所　昭和4年（1929）12月
吉田初三郎『大連　鳥瞰図』ジャパン・ツーリスト・ビューロー大連支部　昭和4年（1929）
吉田初三郎『大連　星ヶ浦』南満州鉄道鉄道部　昭和4年（1929）
吉田初三郎『旅順　鳥瞰図』南満州鉄道鉄道部　昭和4年（1929）
吉田初三郎『大和南山　金州』南満州鉄道鉄道部　昭和4年（1929）
大連連鎖商店街『大連土産の栞』大連連鎖商店　昭和5年（1930）7月
横井春野編『全国少年野球大会史』大日本少年野球協会　昭和6年（1931）8月
宮崎愿一／安藤忍／立上武三共著『大連実業団二十年史』遼東新報　安藤商店　昭和7年（1932）7月
佐藤美夫『満洲建国大秘史「日の出」三月号附録』新潮社　昭和8年（1933）3月
満洲日日新聞社編『満洲年鑑』昭和9年（1934）11年～17年
高橋勇八『大連案内』大陸出版協会　昭和10年（1935）8月
西澤嘉助編「バス案内」南満洲電気　昭和10年（1935）11月
蛯原八郎『海外邦字新聞雑誌史　付海外邦人外字新聞雑誌』名著普及会　昭和11年（1921）年1月
丸山郁之助『産業の大連』大連市役所　昭和11年（1936）3月
松村源吉『全満洲名勝写真帖』松村好文堂　昭和11年（1936）4月
加藤郁哉『リーフレット　旅順』満鉄鉄道部旅客課　昭和11年（1936）8月
井上謙三郎編輯『大連市史』大連市役所　昭和11年（1936）9月
無記名『旅順』南満州鉄道鉄道部　昭和11年（1936）
松岡洋右『満鐵を語る』第一出版社、昭和12年（1937）5月
中元清寿編集『旅順（第3版）』旅順市役所　昭和12年（1937）5月
松宮吉郎『リーフレット　大連』満鉄鉄道総局営業局旅客課　昭和12年（1937）6月
「大連」（パンフレット）満鉄鉄道総局営業部　昭和12年（1937）6月
大連観光協会編「大連観光案内」（パンフレット）大連観光協会　昭和12年（1938）12月
無記名『大連』南満州鉄道鉄道部　昭和12年（1937）
大連観光協会編『大連観光案内』大連観光協会　昭和12年（1937）
林富喜子『南満の思ひ出　影壁』春秋社　昭和14（1939）年3月

河村清『満洲の物産』満州事情案内所　康徳6年（1939）3月
森田明『大連、旅順、観光案内』国際刊行案内出版部　昭和14年（1939）5月
山崎一郎『最新満洲写真帖』大正写真工芸所　昭和14年（2002）11月
金丸清哉『満洲雑暦』満洲日々新聞社　昭和14年（1939）12月
德富正敬『満洲建国読本』日本電報通信社　昭和15年（1940）2月
大連都市交通編「大連観光」（パンフレット）大連都市交通　昭和15年（1940）2月
池田信治『旅順戦抄』関東州戦蹟保存会　昭和15年（1940）4月
奥村義信『満洲娘娘考』満洲事情案内所　康徳7年（1940）6月
神原周平『満洲』東洋経済新報社　昭和15年（1940）11月
大連都市交通編『大連観光』大連都市交通　昭和15年（1940）
矢野仁一『満洲近代史』弘文堂書房　昭和16年（1941）12月
筈見恒夫『映画五十年史』鱒書房　昭和17年（1942）7月
細川虎太郎『躍進満洲画帖』新京観光協会　康徳9年（1942）8月
鴛淵一『満洲碑記考』目黒書店　昭和18年（1943）1月
菊池寛『満鐵外史（後篇）』満洲新聞社　康徳10年（1943）1月
仁村俊『航空五十年史』鱒書房　昭和18年（1943）10月
成富勇『最新　大連番地入り案内』大陸出版社　昭和19（1944）年1月
鷲尾雨工『満洲建國の人々（駒井徳三）』潮文閣　昭和19年（1944）4月
大和球士『野球五十年』時事通信社　昭和30年（1955）7月
菊池寛『満鐵外史（前篇）』満鉄会　昭和32年（1957）9月
馬立龍雄『プロ野球二十五年』報知新聞社　昭和36年（1961）8月
原田政盛『王覇の斗争　我が満蒙日記』錦正社　昭和37年（1962）8月
大蔵公望『満州開発四十年史【上巻】』謙光社　昭和39年（1964）1月
大蔵公望『満州開発四十年史【下巻】』謙光社　昭和39年（1964）6月
大蔵公望『満州開発四十年史【補巻】』謙光社　昭和40年（1965）1月
大阪商船三井船舶『大阪商船株式会社八十年史』大阪商船三井船舶　昭和40年（1965）1月
満洲回顧集刊行会『あゝ満洲　国つくり産業開発者の手記』農林出版　昭和40年（1965）3月
相賀徹夫編『世界原色百科事典7』小学館　昭和41年（1966）11月
山口重次『消えた帝国　満州』毎日新聞社　昭和42年（1967）2月
日本社会人野球協会『都市対抗野球大会四十年史「戦前の歩み」』日本社会人野球協会　昭和44年（1996）8月
太平洋野球連盟　佐野博編『大連満洲倶楽部』満鉄会　昭和44年（1969）10月
竹森一男『満鉄興亡史』秋田書店　昭和45年（1970）2月
清岡卓行『アカシヤの大連』講談社　昭和45年（1970）3月
長田暁二『復刻版　日本軍歌大全集』全音楽譜出版社　昭和45（1970）年5月
大和球士『改定増補　野球百年』時事通信社　昭和45年（1970）5月
市原善積　ほか『おもいでの満洲鉄道（写真集）』誠文堂新光社　昭和45年（1970）6月
満洲國史編纂刊行会『満洲國史』総論、満蒙同胞援護会　昭和45年（1970）6月
原田政盛『活きている満洲国の話』里見日本文化学研究所　昭和45年（1970）7月
満洲國史編纂刊行会『満洲國史』各論、満蒙同胞援護会　昭和46年（1971）1月
満史会『写真集　満洲慕情』謙光社　昭和46年（1971）1月
『日本郵船戦時船史』日本郵船　昭和46年（1971）5月

佐久間晃・富山衛『想い出の満洲』恵雅堂出版　昭和46年（1971）7月
満史会『満洲慕情　補巻』謙光社　昭和46年（1971）12月
満史会『写真集　満洲慕情　補巻』謙光社　昭和46年（1971）12月
松下満連子『再見大連（五版）』謙光社　昭和47年（1972）5月
『大連市史（復刻版）』（大連市役所）大連市史刊行会　昭和47年（1972）5月
満史会『満洲慕情（四版）』謙光社　昭和47年（1972）7月
満洲航空史話編纂委員会編『満洲航空史話』満州航空史話編纂委員会　昭和47年（1972）11月
浜野健三郎『あゝ満洲』秋元書房　昭和47年（1972）
木村遼次『大連物語（第3版）』謙光社　昭和48年（1973）4月
木村遼次『ふるさと大連（七版）』謙光社　昭和48年（1973）4月
水野久直『産霊　松山珵三』松山珵三師伝記刊行会　昭和48年（1973）6月
南満洲教育会教科書編集部『満洲小学唱歌集　小学校1年〜6年・付高等小学1年（復刻版）』謙光社　昭和48年（1973）11月
松下満連子『迎春花』謙光社　昭和48年（1973）11月
寺村謙一『回想の旅順・大連』大連市史刊行会　昭和49年（1974）4月
記念事業・編集委員会『晨光　大連二中創立五十周年記念誌』大連二中光丘会　昭和49年（1974）7月
竹森一男『満鉄の建設（「榊谷仙次郎」伝記）』図書出版社　昭和49年（1974）11月
満洲と日本人編集委員会編『季刊　満洲と日本人』創刊号より終刊号（含特別号）大湊書房　昭和50年（1975）8月〜昭和63（1988）7月
菊池寛『満鉄外史前篇』原書房　昭和50年（1975）12月
広瀬謙三・松井一之共著『高校野球優勝物語』恒文社　昭和50年（1975）
森崎和世『からゆきさん』朝日新聞社　昭和51年（1976）5月
鈴木美嶺『都市対抗野球優勝物語』恒文社　昭和51年（1976）10月
市原善積『満鉄特急あじあ号』原書房　昭和51年（1976）12月
小林弘二『満州移民の村』筑摩書房　昭和52年（1977）5月
大連常磐会『アカシヤの想い出』大連常磐会　昭和52年（1977）9月
林青梧『満鉄特急あじあ物語』講談社　昭和52年（1977）10月
関東逓信局『関東逓信三十年史（復刻版）』日本郵趣味出版　昭和52年（1977）12月
藤川宥二『満洲国と日本海軍』堀部タイプセンター　昭和52年（1977）12月
楳本捨三『関東軍・満軍の相剋』秀英書房　昭和53年（1978）7月
寺村謙一『再訪　大連』一の丸出版　昭和53年（1978）7月
松井孝也『別冊　一億人の昭和史　日本植民地史②　満洲』毎日新聞社　昭和53年（1978）8月
村瀬富美子『鞍山の空は遠く茜に』丸善名古屋　出版サービスセンター　昭和53年（1978）8月
川崎忠昭『おとうさんの絵本　大連のうた』すばる書房　昭和53年（1978）9月
楳本捨三『皇帝の鏡』秀英書房　昭和54年（1979）2月
牧野喜久男『日本航空史　別冊一億人の昭和史』毎日新聞社　昭和54年（1979）5月
北小路健『写真集　さらば　大連・旅順』国書刊行会　昭和54年（1979）7月
角田房子『墓標なき八万の死者（満蒙開拓団の壊滅）』（中公文庫）中央公論社　昭和54年（1979）7月
草柳大蔵『実録・満鉄調査部　上』朝日新聞社　昭和54年（1979）9月
草柳大蔵『実録・満鉄調査部　下』朝日新聞社　昭和54年（1979）10月
菊池寛『満鉄外史（全)』原書房　昭和54年（1979）11月
牧野喜久男『別冊　一億人の昭和史　日本プロ野球史』毎日新聞社　昭和55年（1980）4月

牧野喜久男『別冊　1億人の昭和史　日本植民地史4　続満州』毎日新聞社　昭和55年（1980）11月
江上照彦『満鉄王国　興亡の四十年』サンケイ出版　昭和55年（1980）11月
今井弥吉『満洲難民行』築地書館　昭和55年（1980）11月
垣原弘和『你好・満洲』岡山日日新聞社　昭和55年（1980）12月
北小路健『写真集　さらば　大連・旅順（第三刷）』国書刊行会　昭和56年（1981）8月
北小路健『満洲の旅　1981　大連』国書刊行会　昭和56年（1981）12月
岩室博『伏水会報──創立70周年記念誌──』伏水会本部　昭和56年（1981）12月
満洲事情案内所『満洲・民族・言語（復刊）』第一書房　昭和57年（1982）2月
満洲事情案内所『満商招牌考（復刊）』第一書房　昭和57年（1982）2月
国分修『写真集　さらば新京（第三刷）』国書刊行会　昭和57年（1982）5月
澤地久枝『もうひとつの満洲』文芸春秋　昭和57年（1982）6月
飯坂太郎『昔日の満州』国書刊行会　昭和57年（1982）6月
嶋田道彌『満洲教育史　復刻版』青史社　昭和57（1982）年8月
満鉄若葉会編『曠野に生きた若者たち』満鉄育成学校同窓会　昭和57年（1982）10月
林郁『満州・その幻の国ゆえに──中国残留妻と孤児の記録──』筑摩書房　昭和58年（1983）7月
読売新聞大阪本社社会部編『引き揚げ（第4刷）』読売新聞社　昭和58年（1983）7月
清岡卓行『大連小景集』講談社　昭和58年（1983）8月
宇佐美喬爾『ああ満鉄』講談社　昭和58年（1983）9月
大連会本部大連会会報『大連』第8号～第74号（最終記念号）　昭和59年（1983）2月～平成25年（2013）7月
文芸春秋編『されどわが「満洲」』文芸春秋　昭和59年（1984）7月
南満州鉄道株式会社編『（復刻版）想い出の満州鉄道　各駅停車』国書刊行会　昭和59年（1984）9月
上坂冬子『男装の麗人・川島芳子』文芸春秋　昭和59年（1984）11月
佐藤生人『満州男』ゆまに　昭和59年（1984）12月
小泉吾郎投稿『実満戦のことゞも』大連会会報　第8号　昭和59年（1984）
小泉吾郎投稿『大連スポーツ界　よもやま話』大連会会報　第9号　昭和59年（1984）
鈴木正次『実録　大連回想』河出書房新社　昭和60年（1985）2月
永井康雄『昭和史　別巻日本植民地史　満洲・朝鮮・台湾』毎日新聞社　昭和60年（1985）3月
角田房子『満州武装移民の妻（雪椿の生涯）』徳間文庫　昭和60年（1985）8月
渡辺龍策『川島芳子　その生涯（見果てぬ愴海）』徳間文庫　昭和60年（1985）8月
光丘会本部事務局　光丘会会報『晨光』第1号～第39号（最終号、昭和60年（1985）9月～平成16年（2004）7月
松本栄一『写真　遙かなる大地［1］満洲再見　満洲に溢れる光と影』教育書籍　平成60年（1985）12月
原明緒人編『遥かなる大地［2］満洲再見　満洲の大地と共に生きて　特別付録　カラー版覆刻　旧「満洲国地図」』教育書籍　昭和60年（1985）12月
常盤小学校同窓会　常盤会会報『ときわ』第1～第44号（最終版）　昭和61年（1986）1月～平成19年（2007）1月
園山精一『日本航空郵便物語』日本郵趣出版　昭和61年（1986）2月
城島国弘『大連港──ありし都の物語──』大阪書籍　昭和61年（1986）3月
富永孝子『大連・空白の六百日』新評論　昭和61年（1986）7月
八巻明彦『軍歌歳時記』ヒューマンドキュメント社戦話刊行会　昭和61年（1986）7月
世界文化社編『忘れえぬ満鉄』世界文化社　昭和61年（1986）7月

武田英克『満州中央銀行始末記』PHP研究所　昭和61年（1986）8月
高野悦子『黒龍江への旅』新潮社　昭和61年（1986）9月
鷹山たか子『奉天お政』郁朋社　昭和62年（1987）4月
清岡卓行『大連港で』福武書店　昭和62年（1987）年7月
大連神社八十年祭奉賛会『大連神社八十年史』啓隆社　昭和62年（1987）10月
神長文夫『大連　一九八七年・夏』PHP研究所　昭和62年（1987）12月
友清高志『満洲慟哭』講談社　昭和62年（1987）12月
世界文化社編『忘れえぬ満鐵』世界文化社　昭和63年（1988）7月
石沢英太郎『さらば大連』光文社文庫　昭和63年（1988）8月
武藤富男『私と満州国』文芸春秋　昭和63年（1988）9月
小松茂朗『さらば大連』図書出版社　昭和63年（1988）10月
富永孝子『遺言なき自決』新評論　昭和63年（1988）10月
満州中央銀行史研究会編『満州中央銀行史』東洋経済新報社　昭和63年（1988）11月
河村幸一・辻武治『たうんまっぷ大連（第二版）』たうんまっぷ頒布会　平成元年（1989）3月
倉橋正直『北のからゆきさん』共栄書房、平成元年（1989）3月
井上謙三郎編輯『大連市史（普及版）附録　新聞切抜帖（大連版）』（復刻：『大連市史』大連市役所〈昭和11年9月〉）地久館　平成元年（1989）4月
甲斐正人『興れり白雲──大連の墓標に刻むレクイエム──』大分プリント社　平成元年（1989）6月
愛新覚羅顕琦『清朝の王女に生れて』（中公文庫）中央公論社　平成2年（1990）4月
宇田博『落陽の市街図』六法出版社　平成2年（1990）10月
池宮城幸興『写真集　大連旅游』池宮商会　平成2年（1990）10月
河村幸一・辻武治『たうんまっぷ大連附録地名・建物新旧対照表第2版』私家版　平成3年（1991）3月
玉田澄子『大地の風』ハート出版　平成3年（1991）6月
野間恒・山田地生編『世界の艦船　別冊　日本の客船（1）』海人社　平成3年（1991）7月
塩田長和『日本映画五十年史〈1941～91〉』藤原書店　平成4年（1992）2月
愛新覚羅浩『流転の王妃の昭和史』（新潮文庫）新潮社　平成4年（1992）3月
山川暁『皇帝溥儀と関東軍』フットワーク出版　平成4年（1992）4月
伴野朗『落陽　曠野に燃ゆ』角川文庫　平成4年（1992）8月
宇田博『大連・旅順はいま』六法出版社　平成4年（1992）11月
田中幹雄編『甦る熱球』田中幹雄　平成4年（1992）11月
友清高志『鞍山昭和製鋼所』徳間書店　平成4年（1992）12月
山本有造編『「満洲国」の研究』京都大学人文科学研究所　平成5年（1993）
深田妙『戦時下花嫁の見た「外地」旅順からの手紙』インパクト出版会　平成6年（1994）2月
久保正明『歩　あゆみ　一期一会の絆』久保正明　平成6年（1994）5月
古城希夫『闇に埋もれて』近代文芸社　平成6年（1994）7月
松原一枝『大連ダンスホールの夜』荒地出版社　平成6年（1994）10月
北小路健『写真集　さらば　大連・旅順　第2版』国書刊行会　平成7年（1995）1月
宮本活雄編『アサヒグラフ別冊日本映画100年』朝日新聞社　平成7年（1995）4月
佐藤今朝夫『さらば奉天（第7刷）』国書刊行会　平成7年（1995）5月
森田浩『プロ野球人名事典　1995』日外アソシエーツ　平成7年（1995）5月
赤塚不二夫ほか『ボクの満州（漫画家たちの敗戦体験）』亜紀書房　平成7年（1995）7月
岩下壽之『大連だより　昭和十六～十八年』新風舎　平成7年（1995）8月

NHK取材班編『満州国ラストエンペラー』角川書店　平成7年（1995）8月
杉田望『満鉄中央試験所』徳間文庫　平成7年（1995）8月
若菜正『満洲の記録　満映フィルムに映された満州』集英社　平成7年（1995）8月
藤原作弥『満洲、少国民の戦記』現代教養文庫　平成7年（1995）12月
若菜正『満洲の記録　満映フィルムに映された満洲』集英社　平成7年（1995）8月
宇田博『片道航路』六法出版社　平成8年（1996）2月
開内恭寛『文集　大連日僑学校』大連日僑学校同窓会文集編集委員会　平成8年（1996）3月
渡辺みどり『愛新覚羅浩の生涯（昭和の貴婦人）』文春文庫　平成8年（1996）4月
相本哲邦編『満洲侵略の果て――百五十五万人の歴史』大湊書房　平成8年（1996）6月
藤原作弥『満洲の風』集英社　平成8年（1996）7月
太平洋戦争研究会『図説　満州帝国』河出書房新社　平成8年（1996）7月
西澤泰彦『図説　満洲都市物語』河出書房新社　平成8年（1996）8月
王人家『水師営今昔物語』大連会会報40号　平成8年（1996）9月
大原英雄『大連港へ――遼東半島俘虜記』新風舎　平成9年（1997）2月
新田光子『大連神社史　ある海外神社の社会史』おうふう　平成9年（1997）3月
岩下壽之『大連桃源台の家　昭和十九～二十年』新風舎　平成9年（1997）3月
石堂清倫『大連の日本人引揚の記録』青木書店　平成9年（1977）4月
山下春夫『満洲の大地を生きのびて』日本図書刊行会　平成9年（1997）6月
岩下壽之『大連を遠くはなれて　昭和二十一～二十三年』新風舎　平成10年（1998）12月
川村湊『満洲鉄道まぼろし旅行』文芸春秋　平成10年（1998）10月
冨塚清『航研機――世界記録樹立への軌跡』三樹書房　平成10年（1998）11月
河村幸一・辻武治『たうんまっぷ大連（第五版）』たうんまっぷ頒布会　平成11年（1999）4月
柳沢遊『日本人の植民地経験　大連日本人症候業者の歴史』青木書店　平成11年（1999）年5月
甲斐正人『大大連のいしずえ』20世紀大連会議　平成11年（1999）7月
西澤泰彦『図説　大連都市物語』河出書房新社　平成11年（1999）8月
西脇良朋編『満洲・関東州・華北中等学校野球史』西脇良朋　平成11年（1999）9月
雲井瑠璃『瀬戸内海を泳ぐ魚のように　上・下』草思社　平成12年（2000）1月
山口猛『哀愁の満洲映画』三天書房　平成12年（2000）年3月
安藤徹『大連百年』朝日堂清水活版　平成12年（2000）年4月
安藤徹『大連百年　変わりゆく年・再会の故郷』アンディ・フォト・オフィス　平成12年（2000）4月
20世紀大連会議　The Great Connection　第1号～第21号（最終号）　平成12年（2000）4月～平成22年（2010）10月
李相哲『満州における日本人経営新聞の歴史』凱風社　平成12年（2000）5月
西澤泰彦『図説　満鉄「満洲」の巨人』河出書房新社　平成12年（2000）8月
星亮一『満州歴史街道』光人社　平成12年（2000）9月
柘植久慶『旅順』ＰＨＰ研究所　平成13年（2001）3月
「大連の電車」『Great Connection』第3号　20世紀大連会議　平成13年（2001）3月
「大連のスポーツ（野球物語）『Great Connection』第3号　20世紀大連会議　平成13（2001）3月
「大陸の電車」『Great Connection』第3号　20世紀大連会議　平成13年（2001）3月
『別冊歴史読本　関東軍全戦史』（戦記シリーズ51）新人物往来社　平成13年（2001）5月
鮎川哲也『ペトロフ事件』光文社文庫　平成13年（2001）7月
島田浩・花井良夫『B29による大連空襲の記録』島田浩・花井良夫　平成13年（2001）7月

井上ひさし『井上ひさしの大連　写真と地図で見る満洲』小学館　平成14年（2002）1月
小林英夫『満鉄「知の集団」の誕生と死』吉川弘文館　平成14年（2002）8月
西澤泰彦『図説　満鉄「満洲」の巨人』吉川弘文館　平成14年（2002）8月
吉岡哲巨編『航空百年史』双葉社　平成14年（2002）8月
喜多由浩『満洲唱歌よ、もう一度』産経新聞ニュースサービス　平成14年（2002）11月
谷信勝・秦源治編『日本の客船とその船内郵便Ⅲ〈特集　日満連絡船　大連航路〉』切手の友　平成15年（2003）4月
浅野幾代『大連物語』文芸社　平成15年（2003）4月
岡田和裕『満州辺境紀行』光人社　平成15年（2003）年4月
呂同挙撮影『大連老房子　大連・古い建物』池宮商会　平成15年（2003）6月
塚瀬進『満洲国「民族共和」の実像』文芸社　平成15年（2003）6月
内村重義『おきな草は黙して』文芸社　平成15年（2003）6月
河村幸一・辻武治『大連第三小学校・常盤小学校　通学区域タウンマップ』大連常盤会本部　平成15年（2003）7月
倉本和子『満州の遺産』文芸社　平成15年（2003）8月
喜多由浩『満州唱歌よ、もう一度』産業経済新聞ニュースサービス　平成15年（2003）11月
早瀬利之『石原莞爾　満州合衆国——国家百年の夢を描いた将軍の真実』光人社　平成15年（2003）11月
来嶋靖生『歌のうちそと　自歌自注と大連回想』河出書房　平成15年（2003）12月
小林英夫・加藤聖文・南郷みどり『満鉄経済調査会と南郷龍音』(満洲国通貨金融政策史料) 社会評論社　平成16年（2004）4月
永浜梅子『久志の海に碧く』文芸社　平成16年（2004）7月
中見立夫ほか『満洲とはなんだったのか』藤原書店　平成16年（2004）7月
塚瀬進『満州の日本人』吉川弘文館　平成16年（2004）9月
島田浩『文と写真で甦える「満鉄の遺産　大連病院」』20世紀大連会議　平成16年（2004）10月
山本武彦『帰る海　"あじあ号"への想いを胸に』文芸社　平成16年（2004）12月
太平洋戦争研究会『「満州帝国」がよくわかる本』PHP文庫　平成16年（2004）12月
佐野眞一『阿片王　満州の夜と霧』新潮社　平成17年（2005）7月
小林英夫『満鉄調査部「元祖シンクタンク」の誕生と崩壊』平凡社　平成17年（2005）9月
太田尚樹『満州裏史　甘粕正彦と岸信介が背負ったもの』講談社　平成17年（2005）11月
「実満戦のあけぼの（実満野球戦史）」『Great Connection』第10号　20世紀大連会議　平成17（2005）
下山周作投稿『野球狂のマチ・大連（上）』大連常盤会会報第42号　平成18年（2006）1月
入来典訳『遼東半島に伝わる民話　星・海・花』啓隆社　平成18年（2006）4月
江頭静枝『プラトニック・ラブ』創栄出版　平成18年（2006）4月
今若良二『満洲帝国　歴史群像シリーズ（84）』学習研究社　平成18年（2006）4月
安藤裕『昔を今に　大連一中二十三回生卒業50年誌』大連一中みどり会　平成18年（2006）7月
杉目昇『「曠野」忘じ難く』20世紀大連会議　平成18年（2006）7月
入来典訳『この土地この人　満洲の伝説』啓隆社　平成18年（2006）8月
下山周作「野球狂のマチ・大連（下）」大連常盤会会報第43号　平成18年（2006）8月
世界文化社編『忘れえぬ満鉄』（復刻版）世界文化社　平成18年（2006）8月
菊川有臣『昼下がりの大連』アピアランス工房　平成18年（2006）8月
南満工専伏水会編集委員会『夢と友情を結び　伏水会95周年写真集』南満洲工業専門学校伏水会　平成18年（2006）9月

内藤陽介『満洲切手』角川学芸出版　平成18年（2006）9月
伏水会本部　伏水会会報46号　2006（創立95周年記念）　平成18年（2006）9月
大連常盤小学校創立九十五周年記念最終大会記念誌編集委員会『遥かなる常盤』大連常磐会　平成18年（2006）10月
加藤聖文『満鉄全史「国策会社」の全貌』講談社　平成18年（2006）11月
秦源治『絵葉書で刻んだ塑像　心のふるさと　大連』20世紀大連会議　平成18年（2006）12月
山本健夫「大連の路面電車」大連会会報61号　平成19年（2007）1月
青柳龍平『懐旧大連　永遠に』20世紀大連会議　平成19年（2007）3月
引揚げ60周年記念事業企画委員会編『引揚60周年記念誌〜いま後世に語り継ぐこと〜』国際善隣協会　平成19年（2007）3月
山本有造編『満洲　記憶と歴史』京都大学学術出版会　平成19年（2007）3月
江頭静枝『追はるるごとく』インパクト出版会　平成19年（2007）6月
甲斐正人『大連を予見した漱石』20世紀大連会議　平成19年（2007）6月
甲斐正人編集『地図で見る大連発展の足あと』20世紀大連会議　平成19年（2007）7月
山本健夫「大連市内路線バス」大連会会報62号　平成19年（2007）7月
南満州鉄道鉄道総局『満洲風物帖』慧文社　平成19年（2007）10月
中村欣博『大連に夢を託した男　瓜谷長造伝』文芸社　平成19年（2007）10月
渋谷由里『「漢奸」と英雄の満洲』講談社　平成20年（2008）1月
西澤泰彦『日本植民地建築論』名古屋大学出版会　平成20年（2008）2月
松原一枝『幻の大連』新潮社　平成20年（2008）年3月
満鉄会『満鉄四十年史（第二刷)』吉川弘文館　平成20年（2008）4月
竹中憲一『大連歴史散歩』晧星社　平成20年（2008）6月
成田弘『日本の航空郵便』日本郵趣協会　平成20年（2008）8月
秦源治『大連連鎖商店街ものがたり』20世紀大連会議　平成20年（2008）8月
秦源治『夢満載の大連航路　あ・ら・か・る・と』20世紀大連会議　平成20年（2008）10月
野球体育博物館『野球殿堂　1959-2009』ベースボール・マガジン社　平成21年（2009）3月
秦源治『満鐵特急「あじあ」』20世紀大連会議　平成21年（2008）4月
秦源治『日露の遺産　大連　露西亜町と大広場』20世紀大連会議　平成21年（2009）5月
秦源治『日本民間航空史（初飛行から終戦まで)』20世紀大連会議　平成21年（2009）5月
スポーツ・スピリットNo.33『高校野球　年代別　強豪ランキング』スポーツ・マガジン社　平成21年（2009）9月
甲斐正人編集『歴史的文化財50選──建築物──』20世紀大連会議　平成21年（2009）11月
秦源治『わが国　野球界をリードした　大連野球界』20世紀大連会議　平成21年（2009）12月
大連市史編集委員会編『続　大連市史』大連会　平成21年1（2009）12月
佐伯友賢『寿号物語写真画像』鳥取市歴史博物館　平成21年（2009）
仲万美子「歌舞伎、文学、能楽の大連公演（1935年）は誰によって鑑賞／支援されたか──現地刊行の新聞報道記事からみた分析」『同志社女子大学総合文化研究所紀要』第28巻　平成22年（2010）3月
貴志俊彦『満州国のビジュアル・メディア』文芸社　平成22年（2010）6月
入来典訳『のどかな人達　続　満洲の伝説』啓隆社　平成22年（2010）10月
中嶋謙昌「大連能楽界の形成──二十世紀初頭の植民地都市と能楽」『藝能史研究』194号　平成23年（2011）7月
秦源治『大連の電車・バス　ア・ラ・カルト』20世紀大連資料室　平成23年（2011）9月

青柳龍平『永遠なる懐旧』20世紀大連資料室　平成23年（2011）12月
天野博之『満鉄特急「あじあ」の誕生』原書房　平成24年（2012）7月
秦源治・甲斐正人補校『大連　小学校沿革史　総覧』20世紀大連資料室　平成24年（2012）7月
秦源治・甲斐正人補校『関東州の中等学校各校沿革史　総覧』20世紀大連資料室　平成24年（2012）12月
青柳龍平・甲斐正人補校『租借40年の栄光　附（大学・高専の部）』20世紀大連資料室　平成25年（2013）2月
秦源治・谷口正子・甲斐正人補校『大連の公園　水師営物語』20世紀大連資料室、平成25年（2013）9月
藤原清貴『怪物たちの満洲帝国』洋泉社　平成25年（2013）11月
甲斐正人編集『租借40年の栄光アルバム①――明治40年頃の大連――』（明治44年2月15日金澤求也『南満洲写真町帖』より）20世紀大連資料室　平成25年（2013）11月
甲斐正人編集『租借40年の栄光アルバム②――大正15年頃の大連――』（大正10年2月10日土屋清見・日華堂書店『大連写真帳』より）20世紀大連資料室　平成25年（2013）11月
甲斐正人編集『租借40年の栄光アルバム③――昭和20年頃の大連――』（昭和46年1月18日満史会・鬼塚華・謙光社『満州慕情』より）20世紀大連資料室　平成25年（2013）11月
王冬蘭「大連にあった幻の能舞台――一九四五年までの現地における能楽活動の場所」『藝能史研究』205号　平成26年（2014）4月
甲斐正人『大連・ロマン⑪　大連教育史の不可解を解明する』20世紀大連資料室　平成26年（2014）6月
島田浩・花井良夫『大連・ロマン⑫　B29による大連空襲の記録』20世紀大連資料室　平成26年（2014）6月
島田浩・秦源治『大連・ロマン⑬　満鉄の遺産　大連病院・ヤマトホテル』20世紀大連資料室　平成26年（2014）6月
秦源治『大連・ロマン⑭　野戦鉄道提理部と大連の市電・バス』20世紀大連資料室　平成26年（2014）6月
富永孝子『国と世紀を変えた愛　張学良と宋美齢、六六年目の告白』KADOKAWA　平成26年（2014）6月
張鑫鳳　Chang Shin-feng『旧満洲の真実』藤原書店　平成26年（2014）12月
甲斐正人『大連・ロマン⑮　盛期大連の市勢・タウンマップの意義』20世紀大連資料室　平成27年（2015）6月
王冬蘭「森川荘吉と大連能楽殿・水道橋能楽堂」『藝能史研究』216号　平成29年（2017）1月
喜多由浩『満洲文化物語　ユートピアを目指した日本人』集広舎　平成29年（2017）4月
仲万美子・中島謙昌・辰巳満次郎共編著『海外で鳴り響いた邦楽：東アジアの能楽・長唄を中心に』2018年3月（トヨタ財団研究助成プログラム2010年～2012年の調査研究の研究成果の一部）
李元奇・楊思『大連舊影　昔の大連』人民美術出版社、1998年4月
李元奇『大連旧影』人民美術出版社　1999年4月
方軍・王勝利『大連近百年風雲図録』遼寧人民出版　1999年8月
顧明義・方軍・馬麗芬等主編『大連近百年史』（上・下）遼寧人民出版社　1999年9月
馬麗芬・韓悦行・伝敏主編『大連近百年史見聞』遼寧人民出版社、1999年9月
簡明大連港図史編委会『簡明大連港図史』大連出版社　平成21年（2009）8月
嵇汝广『記憶　大連老街』大連出版社　2012年9月
大連晩報社周刊部編『印象　大連老人地儿』大連出版社　2012年9月
NAKA Mamiko "Performances of Art Song in Dalian and Seoul by Touring Japanese Vocalists" Roundtable: The Art Song and Cultural Identity in the Colonial Settings of East Asia and Australia, presented at International Musicological Society, 20th Quinquennial Congress in Tokyo, Tokyo University of the Art,

Ueno Campus, Tpkyo, 平成29年（2017）3月23日

NAKA Mamiko "Interactions between composer, poet, vocalist, critic and audience for the reception, composition, and performance of Art Song in Japan in the first half of 20th century, as seen through the pages of contemporary periodicals" presented at The International Symposium: the Art Song and Cultural Identity in the Colonial Settings of East Asia and Australia, DoshishaWomen's College of Liberal Arts, Imadegawa Campus, Kyoto, 平成29年（2017）3月26日

NAKA Mamiko "Colonial and Postcolonial Song: The Musical Aftermath of Japan's Withdrawal from Asia "Dairen(Dalian) as the (musical) crossroads between Europe and Japan", presented at The Biennial Conference of the Japanese Studies Association of Australia, University of Wollongong, Australia, 平成29年（2017）6月28日

（以上3件は文部省科学研究費基盤研究C「植民地における近代音楽の帰属意識――東アジアとオーストラリアの芸術歌曲の場合」（研究代表者：時田アリソン、15K02117）の研究成果の一部の口頭発表。）

あとがき

　本書は、秦源治氏が長年にわたって大連の生活記憶として著してきた『絵葉書に刻んだ塑像「心のふるさと大連」』（20世紀大連会議、以下同、平成18年12月）、『大連・連鎖商店街ものがたり』（平成20年8月）、『夢満載の大連航路　あ・ら・か・る・と』（平成20年10月）など10数冊の編著書からの抜粋と、劉建輝論文「近代植民地と文化——遼東半島の場合」（千田稔・宇野隆夫編『東アジアと「半島空間」——山東半島と遼東半島』思文閣出版　2003年1月）「受け継がれる帝国の記憶——大連近代都市空間の成立とその変遷」（千田稔編『東アジアの都市形態と文明史・国際シンポジウム21』国際日本文化研究センター　2004年1月）、仲万美子書き下ろし原稿「娯楽——ライブ視聴・鑑賞空間」（第4章第2節）を編集し、同一テーマのもとで再構成したものである。その成り立ちから、私たちは、いわゆる大連の通史ではなく、あくまで秦氏が記憶し、また記録した「断片的」な事象を尊重し、一生活者の目で見たこの植民地の歴史を再現しようと考えたのである。夏目漱石の「満韓ところどころ」にあやかって、題名を「大連ところどころ」とした所以である。

　秦氏は、著者プロフィールにもあるように、洋服店の三男として大正15年（1926）に大連で生まれ、昭和22年（1947）の引き揚げまでおよそ20年間大連で生活した。帰国後、この生まれ育った「故郷」への思いが断ち切れず、昭和50年（1975）頃から大連関連の絵はがきや旅行案内、地図、回想録などの資料を収集し始め、その研究に没頭してきた。そして上記のような成果を同じ大連出身者である甲斐正人氏（故人、満洲からの帰国者組織「20世紀大連会議」代表）のご協力のもとで精力的に刊行してきた。

　一方、劉と仲は、それぞれ一時大連で学生生活を送った体験と、母方の祖父母がそこで生活した経験を持つ影響で、こちらも20数年前から大連の成り立ち、とりわけその植民地としてのさまざまな近代的な事象に関心を寄せ、細々ながら研究を重ねてきた。とりわけ国際日本文化研究センター（日文研）で展開された植民地研究の一環として、約1000枚の大連関連の画像資料（絵葉書、旅行案内、地図、写真等）を収集し、それを研究材料に使用してきたことも今回の編集に大変資したと思われる。本書にその1000枚から約330枚の画像を厳選し、各記述に合わせて掲載したことで、なんとか副題で謳えた通り、画像資料によって帝国のフロンティアとしての大連をたどることができたのである。

　このように、著者の三人は、立場こそ異なるが、それぞれの大連への思いが一つの縁となって、今回の共同作業を実現したのである。ただ、紙数の関係で、残念ながら、今回は秦氏の膨大な著書から一部の記述しか抽出できず、たとえば連絡船や航空路、学校、野球など、本人が一番力を入れて執筆した文章を大幅にカットしたのがやはり大変心残りとなっている。秦氏に申し訳ない気持ちで一杯である。

　もう一つ、本書は秦氏の著書を中心に再構成したこともあって、どうしても日本人滞在者の目線に終始し、中国側から見たさまざまな歴史事象が欠落していることである。一部の画

像によりいささかながら提示したつもりだが、やはり大連の全体像としてはまったくバランスが取れていない。今後の課題として、いずれこの部分を補い、よりこの植民地としての都市を客観かつ全面的に把握することを目指したいものである。

　最後に、本書の刊行は、第三期中期計画機関基幹事業として日文研で展開されている大衆文化研究プロジェクト等の研究成果の一つとして認められ、人間文化研究機構の機構長裁量経費を受けて実現できたことを大変光栄に思い、機構に対し深く感謝の意を表したい。また、出版事情が大変厳しい中、刊行をご快諾頂いた晃洋書房社長植田実氏、営業部マネージャー芦田康二氏にも厚くお礼を申し上げたいと思う。

　　2018年2月9日

劉建輝・仲万美子

秦　源治（はた　げんじ）

大正15年12月、洋服店の三男として大連で生まれる。
昭和8年に大連常盤尋常小学校、14年に大連第二中学校、19年に南満洲工業専門学校に入学。昭和21年3月南満工専を繰上げ卒業、翌年3月に引揚船「高砂丸」で帰国。その後、三重県鈴鹿市に居し、昭和23年地元の百五銀行に就職、同61年に定年退職。昭和50年頃から、大連関係の絵はがき・資料を収集し始め、大連会に入会。平成11年大分市の甲斐正人氏（故人）を代表とする満洲からの帰国者の組織「20世紀大連会議」に入会、以後、大連の生活記憶を記録する活動に携わり、今日に至る。

劉　建輝（りゅう　けんき）

1961年中国・遼寧省生まれ。
1982年遼寧大学外国語学部卒業。1990年神戸大学大学院文化学研究科博士課程修了、文学博士号取得。中国・南開大学外国語言文学部、北京大学比較文学・比較文化研究所助教授を経て、2013年より国際日本文化研究センター教授。単著に『増補・魔都上海──日本知識人の「近代」体験』（ちくま学芸文庫、2010年）、『日中二百年──支え合う近代』（武田ランダムハウスジャパン、2012年）、共編著に『東アジアにおける近代知の空間の形成』（東方書店、2014年）、『異邦から／へのまなざし──見られる日本・見る日本』（思文閣出版、2017年）などがある。

仲　万美子（なか　まみこ）

大阪大学大学院文学研究科博士後期課程修了、博士（文学）。同志社女子大学教授。国際日本文化研究センター客員教員（教授〈2014～17年〉）。専門は比較音楽文化学。共著に『音楽文化学のすすめ──いまここにある音楽を理解するために』（ナカニシヤ出版）、編著『民族音楽の再創造──越境を担う継承者たちの戦略を探る』（JASPMワーキングペーパーシリーズNo. 9、日本ポピュラー音楽学会）、論文に「歌舞伎、文楽、能楽の大連公演（1935年）は誰によって鑑賞／支援されたか──現地刊行の新聞報道記事からみた分析」『同志社女子大学総合文化研究所紀要』（2011年）などがある。

大連ところどころ
──画像でたどる帝国のフロンティア──

2018年3月27日　初版第1刷発行	＊定価はカバーに表示してあります

著者の了解により検印省略

著　者　　秦　　源　治
　　　　　劉　　建　輝 ©
　　　　　仲　　万美子

発行者　　植　田　　実

発行所　株式会社　晃　洋　書　房

〒615-0026　京都市右京区西院北矢掛町7番地
電話　075(312)0788番代
振替口座　01040-6-32280

ブックデザイン　尾崎閑也　　　印刷・製本　亜細亜印刷㈱

ISBN 978-4-7710-3049-7

JCOPY　〈(社)出版者著作権管理機構　委託出版物〉

本書の無断複写は著作権法上での例外を除き禁じられています．
複写される場合は，そのつど事前に，(社)出版者著作権管理機構
（電話 03-3513-6969, FAX 03-3513-6979, e-mail: info@jcopy.or.jp）
の許諾を得てください．